O³ᵢ
111

RECHERCHES

sur

LA TOPOGRAPHIE

DE CARTHAGE.

RECHERCHES

SUR

LA TOPOGRAPHIE

DE

CARTHAGE,

Par M. DUREAU DE LA MALLE,

MEMBRE DE L'INSTITUT,

AVEC DES NOTES

Par M. DUSGATE.

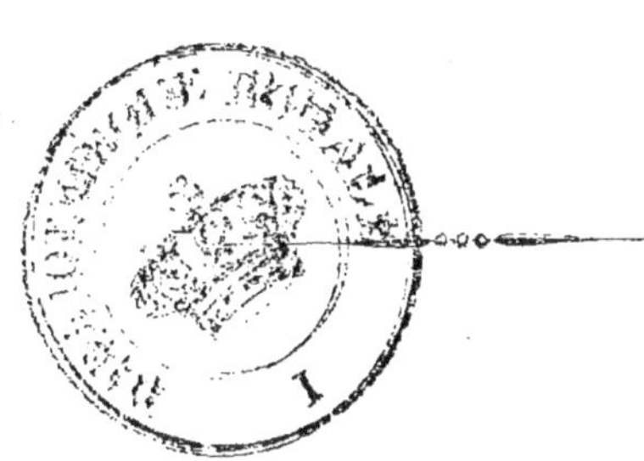

PARIS,

TYPOGRAPHIE DE FIRMIN DIDOT FRÈRES,

IMPRIMEURS DE L'INSTITUT, RUE JACOB, N° 24.

—

1835.

$\mathcal{A}$

MONSIEUR LE BARON

SILVESTRE DE SACY,

PAIR DE FRANCE,

AU FONDATEUR DE L'ENSEIGNEMENT DES LANGUES
ORIENTALES,

AU DIGNE SECRÉTAIRE PERPÉTUEL DE L'ACADÉMIE DES
INSCRIPTIONS ET BELLES-LETTRES,

A NOTRE MAÎTRE, NOTRE MODÈLE, NOTRE EXEMPLE DANS
L'ACCOMPLISSEMENT DE TOUS LES DEVOIRS,

Cet ouvrage est dédié comme un faible

hommage de l'attachement sincère et de la profonde vénération de l'un de ses confrères.

Puisse être conservée long-temps à la science
et à son pays une vie remplie par tant de
vertus, d'honorables services et de travaux
utiles !

TABLE

DES CHAPITRES.

FIN DE LA TABLE DES CHAPITRES.

RECHERCHES

LA TOPOGRAPHIE

DE CARTHAGE.

Jusqu'ici tous les savants, les géographes, les voyageurs se sont accordés à placer cette ville dans le golfe compris entre le Ras-Zébib à l'ouest et le Ras-Addar à l'est, le promontoire d'Apollon et le cap Hermæum des anciens.

C'était là tout ce qu'il y avait de certain sur la position de cette ville fameuse, dont les ruines même, dit-on, avaient péri.

Les uns, tels que Bélidor [1], Shaw [2], d'Anville [3] et Estrup [4], mettaient la ville et l'embouchure du port au nord-ouest de la péninsule, près du cap Qamart; d'autres, tels que M. de Châteaubriand [5] et l'ingénieur hollandais Humbert, dont le premier a adopté et exposé les opinions, plaçaient la ville et le port au sud-est du promontoire. En un mot, les pre-

[1] Architect. hydr.
[2] T. I, p. 199, trad. franç.
[3] Géogr. anc., t. III, p. 83.
[4] Lineæ Topographicæ Carthagi-nis Tyriæ, in Miscell. Hafn., t. II, fasc. 1, 1821.
[5] Itinéraire, t. III, p. 180 et suiv., 8°, 3ᵉ édit., 1812.

I

miers la posaient en face d'Utique, les seconds en face de Tunis.

Ce point était si controversé et les idées si obscures à ce sujet, que Heeren[1], que Mannert, si bien au courant de tous les travaux qui peuvent éclaircir la matière qu'ils traitent, avouent leur incertitude à cet égard, et la prouvent en faisant du site de Carthage une description confuse et presque inintelligible.

Mannert, dans sa *Géographie raisonnée des Grecs et des Romains*[2], consacre une vingtaine de pages à des recherches sur la position de Carthage, sur sa circonférence, sur l'emplacement de ses principaux édifices et de ses ports. On y trouve réunis un grand nombre de passages épars dans les auteurs anciens, et c'est en les combinant avec assez de sagacité que le savant allemand cherche à donner une idée de l'enceinte et de l'intérieur de la ville antique. Mais la géographie ancienne, sans bonnes cartes modernes, se réduit à peu de chose. Privé de ce secours, Mannert n'a pu se garantir de plusieurs erreurs graves, et le plan de Carthage qu'il joint à sa description, a besoin d'être rectifié dans presque tous ses détails. Trompé par un passage d'Orose[3], Mannert place Byrsa à une trop grande distance de la mer[4], et dans l'enceinte même qui environnait la ville du côté de la terre; le *triple mur* est pour lui un mur *à trois étages*[5]; il ne peut comprendre[6] comment le mur dè vingt-cinq

[1] Politique et commerce des peuples anciens, t. IV, p. 31, trad. française.

[2] *Geographie der Griechen und Römer, aus den Quellen bearbeitet von Konrad Mannert*, vol. X, part. II (Leipzig, 1825, in-8°), p. 264-284. Voy. ma planche 1.

[3] IV, XXII.

[4] P. 265.

[5] P. 266.

[6] P. 267.

stades élevé par Scipion a pu s'étendre du lac de Tunis jusqu'à la mer, parce qu'il ne s'est pas rendu compte des changements produits par les alluvions du Bagrada sur toute la côte entre Carthage et Utique, changements qui, de nos jours, ont presque fait disparaître ou qui du moins ont notablement élargi la langue de terre, laquelle, selon le témoignage unanime des anciens, joignait au continent la presqu'île occupée par la ville punique. Enfin, par une erreur qui doit étonner de la part d'un homme aussi habile, Mannert suppose [1] que l'entrée du port donnait, non pas dans la haute mer, mais dans le lac de Tunis. Ces erreurs ont dû nécessairement en produire d'autres qu'il est inutile de relever ici, et nous croyons pouvoir assurer que, malgré le soin avec lequel Mannert avait réuni et coordonné les témoignages de l'antiquité, le sujet traité par lui méritait d'être examiné et discuté de nouveau.

M. Charles Ritter, dans sa *Géographie comparée* [2], ouvrage qui, par l'érudition immense de l'auteur, comme par les vues d'un ordre élevé qu'il renferme, doit être rangé parmi les productions scientifiques les plus importantes de notre époque, M. Ritter, disons-nous, a décrit en détail les environs du golfe de Tunis, d'après Guillaume de Nangis, Montoiche, Campomanes, Stanley, Shaw, M. Gill, Jackson, Caroni [3], Châteaubriand, Blaquière [4], Noah [5], et d'après les pa-

---

[1] P. 272.

[2] *Die Erdkunde, oder allgemeine vergleichende Geographie*, première part., Berlin, 1822, in-8°, p. 914—921. Voy. ma planche n° 1.

[3] *Ragguaglio del viaggio di un dilettante nella Barberia*, Milano, 1805. Il l'appelle, à tort, Coronelli.

[4] *Letters*, t. I, p. 168.

[5] *Trav. in Europe and Africa*, New-York, 1819, in-8°.

piers du comte Camille Borgia que, toutefois, il ne paraît avoir connus que par ce qu'en dit M. Estrup. Quant à la position de la Carthage punique, nous devons regretter que M. Ritter, au lieu de se livrer lui-même à des recherches et des combinaisons, au lieu de ne consulter que sa propre sagacité, se soit contenté de donner un extrait de la Dissertation de M. Estrup dont il nous reste à parler. Sans doute, l'hypothèse de ce savant semble acquérir une grande autorité par l'approbation d'un écrivain du mérite de M. Ritter. Toutefois nos lecteurs jugeront si nos raisonnements, appuyés sur les nouveaux matériaux qui étaient à notre disposition, et sur l'examen attentif de tous les passages des auteurs anciens propres à jeter quelque lumière sur les points contestés, n'ont pas dû nous conduire à des résultats entièrement différents de ceux qu'a obtenus le savant de Copenhague.

De bonnes cartes topographiques, donnant le plan et le relief du terrain sur une grande échelle, pouvaient seules fournir les moyens de fixer la véritable position de la Carthage punique, de ses ports, de sa triple défense, de sa citadelle, et d'expliquer les récits détaillés que Polybe, Tite-Live, Appien et Diodore nous ont faits de la topographie de Carthage, en décrivant les expéditions d'Agathocle, de Régulus, du premier Scipion, de Scipion Émilien, et la guerre des Mercenaires, terminée par Amilcar, le père du fameux Annibal.

M. Falbe, capitaine de vaisseau et consul-général de Danemarck à Tunis, a rendu ce service à la science. Il a passé plusieurs années à étudier, à relever, à mesurer avec précision le terrain qu'occupent les ruines de Carthage. Il vient de publier deux cartes très-exactes [1] du cap et de la péninsule sur lesquels était assise cette ville. Il nous semble avoir mis hors de doute plusieurs positions importantes; mais en rendant à ce travail consciencieux toute la justice qu'il mérite, on peut, si l'on étudie avec soin les récits des anciens, ajouter quelques faits nouveaux à la topographie de la ville punique, et donner un tableau assez exact de la Carthage romaine, même de l'état de ses ruines jusqu'à l'époque actuelle.

Ce sont ces recherches, dont M. Falbe a posé les bases pour la première époque, et qu'il a négligées pour les deux dernières, qui seront l'objet de cet ouvrage.

Carthage, qui a civilisé la Libye, soumis l'Afrique et l'Espagne, qui a porté ses flottes guerrières ou commerçantes depuis l'Écosse jusqu'aux rives tropicales de l'Afrique, qui a conquis la Sardaigne et la Sicile, assujetti la Méditerranée presque entière, Carthage qui, pendant près d'un siècle, a arrêté l'essor de Rome conquérante, qui a entraîné dans sa chute la Grèce et l'Asie, Carthage enfin, dont l'incendie a signalé la ruine des libertés de l'univers, s'est acquis une telle célébrité dans l'histoire, qu'elle mérite, à coup sûr, d'être exhumée de ses décombres. Le contraste de sa grandeur passée et de son anéantissement actuel, exemple mémorable des vicissitudes de la fortune, invite nos faibles mains à déblayer ses

---

[1] Pl. ı. Plan du terrain et des ruines de Carthage, levé et dessiné en 1831, par M. Falbe, capitaine de vaisseau et consul-général de Danemarck à Tunis. — Pl. ıı. La côte de Tunis, depuis Porto-Farina jusqu'à Mahadia, avec notes et corrections par le même.

ruines, à relever ses ports, ses môles, ses arsenaux, ses temples, ses murailles qui semblaient indestructibles, et à lui rendre enfin, s'il est possible, dans un tableau précis et fidèle, la splendeur dont elle brilla lors de son indépendance, et l'éclat qu'elle fit jaillir de nouveau sur l'Afrique, lorsque, rebâtie par les Romains, elle s'éleva au rang de la troisième ville de l'Empire [1].

Les renseignements les plus précis et les plus détaillés sur la position et la topographie de la Carthage punique, nous sont fournis par Polybe, par Tite-Live, et surtout par Appien. Ce triple témoignage peut, il est vrai, se réduire presque à un seul, celui de Polybe. Mais c'est celui d'un témoin oculaire, d'un homme de guerre, d'un historien exact et véridique, qui nous dit lui-même [2] être resté deux ans en Afrique avec Scipion Émilien [3], et qui, par ses relations intimes avec le général, pouvait connaître avec précision tous les faits, toutes les circonstances locales relatives à la disposition de Carthage et au siége de cette ville fameuse.

La comparaison de l'histoire de la seconde guerre punique, écrite à la fois par Tite-Live et par Polybe, a prouvé que, pour les descriptions des lieux, et même

---

[1] Ausone le dit positivement, 286, 2 :

> *Ordo nobilium urbium.*
> Constantinopoli assurgit Carthago priori
> Non toto cessura gradu, quia tertia dici
> Fastidit, non ausa locum sperare secundum.
> Nunc quoque si cedat, Romam vix passa priorem....
> Angustas mutastis opes et nomina, tu cum
> Byzantina Lygos, tu Punica Byrsa fuisti.

P. 209, 210, edit. Carnot.

[2] XXXIX, III, 6, édition de Schweighaeuser.

[3] Voy. l'excellent article POLYBE de notre savant confrère, M. Daunou, dans la *Biographie universelle* publiée par Michaud, tome XXXV, p. 228.

pour l'ordre et l'enchaînement des faits, l'historien latin a presque toujours traduit l'écrivain grec, et a même donné par là une preuve de sa confiance dans l'exactitude des récits de Polybe. Je ne crois pas qu'on ait fait la même remarque pour Appien ; mais la division de son histoire, semblable à celle de Polybe, de plus la confrontation de la troisième guerre punique, écrite par Appien, avec les fragments qui nous restent de Polybe sur le même événement [1], prouvent évidemment, ce me semble, que l'écrivain alexandrin, du temps d'Adrien, a pris pour guide dans ses récits détaillés le précepteur de Scipion, et qu'ainsi on peut lui accorder sur ce point la pleine et entière confiance que les savants de toutes les époques n'ont jamais refusée à Polybe.

Diodore n'offre que très-peu de détails relatifs à notre sujet ; de plus, comme cet historien pèche un peu par l'inexactitude, et que ses sources principales pour Carthage sont les ouvrages de Philinus, de Timée [2], et de Sosilus [3] qui avait écrit en sept livres l'histoire d'Annibal, et que Polybe accuse d'erreur, on doit n'admettre qu'avec précaution et son témoignage et celui des auteurs qui en forment la base.

---

[1] Voyez le passage formel d'Appien, VIII, 132. Comparez le chap. LXXVI, liv. VIII d'Appien, avec les chap. II et III du liv. XXXIX de Polybe, et le chap. LXXX d'Appien avec le chap. IV de Polybe, ibid., ibid., et voyez Harles, *Introduct. in hist. ling. Græc.*, p. 128, qui affirme, mais sans donner les preuves, qu'Appien a copié Polybe. Le premier le dit lui-même deux ou trois fois, surtout au récit de l'incendie de Carthage, où il répète en propres termes la conversation de Polybe et de Scipion. *De reb. pun.* VIII, 132.

[2] Voyez Heyne, *de fontibus Diodori Siculi*, p. 89, ed. Diod. Biponti.

[3] C. Nepos, *vit. Annib.* c. XIII.

POSITION DE CARTHAGE.

Carthage, dit Polybe[1], est située dans un golfe, sur une espèce de chersonèse, et est entourée, dans la plus grande partie de son enceinte, d'un côté par la mer, de l'autre par le lac. L'isthme qui l'attache à la Libye a de largeur environ 25 *stades*. Du côté où cet isthme se tourne vers la mer, est placée la ville d'Utique ; l'autre côté, bordé par le lac, regarde Tunis.

Appien[2] a copié cette description. Nous avons donc deux positions certaines assez près de Carthage, οὐ μακρὰν, dit Polybe, Utique au nord-ouest, et Tunis et le lac au sud-ouest. La distance de Tunis à Carthage nous est donnée par Polybe[3] et Tite-Live[4] : elle était de cent vingt stades selon le premier, de douze milles d'après le second. Elle est encore à peu près la même aujourd'hui entre Tunis et l'extrémité des murs ruinés de l'ancienne Carthage. On peut en induire que cette ville était placée au sud-ouest du cap Carthage. D'autres circonstances prouveront ce fait

[1] I, 73.

[2] Punic., VIII, 95.

[3] I, 67. XIV, 10.

[4] XXX, 9. Les anciennes éditions de Tite-Live portent douze milles, nombre qui s'accorde beaucoup mieux avec les cartes modernes, que la distance donnée par Polybe.

En suivant les bords du lac, depuis la ville de Tunis jusqu'aux citernes de Malqá, la carte du capitaine Smyth offre une distance de 9 mill. géographiques ou de 11,3 mill. romains; celle de M. Falbé, à peine 8 milles géographiques, ou 10 milles romains.

Shaw avait déjà remarqué que la distance de 12 milles, donnée par Tite-Live, est plus en harmonie avec les lieux, que celle qui est indiquée par Polybe.   Dusg.

jusqu'à l'évidence, et je puis assurer déja qu'on chercherait en vain dans toute l'antiquité un passage qui autorisât à placer le port et la citadelle de Byrsa au nord-ouest de ce cap.

Polybe[1] nous dit que Scipion l'Africain occupa la position élevée de Tunis pour mettre ses drapeaux en vue des Carthaginois, ἐν συνόψει, et que, de presque tous les points de Carthage, on pouvait voir Tunis. Diodore[2] dit que le camp d'Agathocle, placé à Tunis, est en face de Carthage; Justin[3], que ce général assit son camp à cinq milles de Carthage, du côté de Tunis, pour qu'ils aperçussent, du haut de leurs murs, l'incendie de leurs villes et de leurs campagnes. Tite-Live[4] reproduit ces assertions, et ajoute que de Tunis on pouvait voir non seulement la ville, mais la mer qui l'entoure[5]. Ce sont des preuves évidentes que le port de Carthage était placé au sud-ouest du promontoire; sans quoi, s'il avait été situé au nord-ouest, la

[1] XIV, 10. c. f. I, 86.

[2] XX, 14.

[3] XXII, 6.

[4] XXX, 9.

[5] M. Falbe dit, Recherches sur l'emplacement de Carth., p. 26 :

« Pour détruire les doutes qui ont été élevés sur la possibilité d'apercevoir de la ville de Tunis les bâtiments qui entraient dans le port de Carthage, je donne (pl. iv, n° 2) une vue de cette partie de la côte; et j'ajouterai que chaque felouque ou petite embarcation à voile est facile à découvrir aussitôt qu'elle a dépassé la petite hauteur n° 74. D'un autre côté, il est impossible d'apercevoir de Tunis la mer dans la direction des dunes sablonneuses de Qamart, et encore moins le rivage lui-même, dans la position où le docteur Estrup a placé le port de Carthage.

« Je dois pourtant avouer, ajoute M. Falbe, qu'un jour je découvris dans cette direction, du haut de la ville de Tunis, la voilure d'un vaisseau de ligne qui naviguait dans le golfe, à plusieurs milles au N. du cap Qamart; mais j'avais une bonne longue-vue, instrument aussi inconnu aux anciens, qu'un vaisseau dont la mâture s'élève à 200 pieds au-dessus des flots. »

(M. Falbe, p. 26, note 1).

prolongation des collines d'Ariana, qui ont 5oo pieds de hauteur, et les dunes de 1oo pieds de haut qui se rattachent au cap Qamart, eussent dérobé la vue des vaisseaux sortant du port, et à plus forte raison de la mer qui entourait la ville. C'est aussi l'opinion de MM. de Châteaubriand [1], Humbert et Falbe, et il nous semble que les passages que j'ai rapportés doivent la mettre hors de doute.

M. Falbe a, de plus, retrouvé au sud-ouest l'entrée [2] du port extérieur [3] et les restes du môle qui la protégeait contre les vents. La première se distingue par une coupure ensablée qui forme dans le rivage une dépression sensible; plusieurs parties des substructions du môle se distinguent dans les temps calmes à une petite profondeur au-dessous du niveau de la mer. Il paraît, du reste, que les vagues, qui, par les vents d'est et de nord, brisent sur cette côte avec une grande violence, le détruisent chaque jour de plus en plus;

[1] Châteaubriand, Itinéraire de Paris à Jérusalem, t. III, p. 184.

[2] Appien (Punic. VIII, 95) semble indiquer que l'entrée du port regarde le soleil couchant; la carte de M. Falbe, au contraire, nous la représente dirigée plutôt vers le sud. Or, quelque difficile qu'il paraisse de pouvoir concilier le témoignage de l'historien d'Alexandrie avec l'état actuel des choses, je crois cependant y être parvenu.

Le récit d'Appien, ou plutôt de Polybe, n'indique pas à quelle époque de l'année il entend que l'entrée du port regarde le coucher du soleil. Or, ce coucher varie avec les saisons, et se rapproche, tantôt au nord, tantôt au sud, selon la position du soleil par rapport à l'équateur.

Le calcul donne pour le coucher de cet astre, pendant le solstice d'hiver, et pour la latitude de Carthage (37° 8' 30'', d'après le capit. Gaultier, Connaissance des temps, 1821), une direction de 30° au sud de l'ouest.

Alors, en effet, le soleil se couche dans la direction de l'embouchure du port, et ce passage d'Appien, loin d'infirmer l'hypothèse de M. Falbe, devient un témoignage de plus en sa faveur. » DUREAU.

[3] Voyez pl. 1 de M. Falbe, n° 42 et n°s 44, 45, 46 et 47.

car en 1613, Purchas [1], qui dit s'être promené en canot sur ce point, assure que des portions assez considérables du môle se montraient à peu de profondeur au-dessous du niveau de la mer.

POSITION DE LA TÆNIA.

La position de Tunis et du lac une fois bien déterminée nous donne celle de la langue de terre ou *Tænia* qui, dit Appien [2], étroite et allongée, de la largeur environ d'un demi-stade, se dirigeait vers le couchant entre le lac et la mer. La partie qui suit du texte d'Appien a été un peu mutilée, comme le remarque Schweighaeuser. Ce savant a prouvé qu'entre ἀπλῷ τείχει [3] et περίκρημνα ὄντα il existe une lacune qu'il propose de remplir par cette phrase : καὶ περιτετείχιστο τῆς πόλεως τὰ μὲν πρὸς τῆς θαλάσσης, ἀπλῷ τείχει, π. ο. etc. Mais c'est ici que l'excellente carte de M. Falbe et le relief du terrain exactement figuré nous sont éminemment utiles pour rétablir le texte altéré d'Appien. Car il n'y a pas de *Tænia* au nord-ouest du cap Carthage, tandis qu'une bande de sable, une dune étroite et allongée s'étend encore aujourd'hui entre le lac de Tunis et la Méditerranée jusqu'au fort

[1] Purchas Pilgrim. Lond. 1613, éd. in-fol. , p. 499.

[2] VIII, 95.

[3] Il reste encore, dit le P. Caroni, beaucoup de traces de *Carthage punique*, surtout vers le lac, où existent les vestiges d'une porte et des deux piliers latéraux où elle était jadis attachée. *Ragguaglio del viaggio in Barberia del P. Caroni, Bernabita*, part. II, p. 68.

de la Goulette, même jusqu'au village de Rhadès, et que cette bande de terre, qui a toujours été et qui est encore aujourd'hui la chaussée du lac, n'a encore que quelques stades de largeur au point où elle confine avec l'entrée et le môle du port de Carthage [1]. Elle n'est large que d'un demi-stade près de la Goulette, elle l'est un peu plus au point indiqué; mais Appien lui-même nous dit que Censorinus [2] la fit élargir en comblant une partie du lac qui la baigne, afin d'avoir un emplacement plus vaste pour y établir ses machines

---

[1] L'identité et la direction de la *Tænia* sont encore prouvées par ce passage de Victor Vitensis (Persec. Vand., lib. I. p. 8, c. f. not. Ruinart, p. 149. Qui dum ad *Maxilitanum* littus exisset, quod *Ligula* vulgi consuetudine vocitatur. (Ce passage de Victor Vitensis est d'autant plus précieux, que Maxula, aujourd'hui Mo-raisah [1], est placé par Ptolémée [2] entre l'embouchure du fleuve Catada (Miliana) et Carpis (Gourbes), deux points situés sur le côté opposé du golfe de Carthage, et dont les positions sont bien déterminées; dès lors, plus de doute sur la direction de la *Tænia*, ou *Ligula*, vers le fort actuel de la Goulette).

                       Dusg.

[2] Appian. Punic., VIII, 98.

« Censorinus, dit Appien, pendant que Manilius attaque la triple défense du côté de l'isthme, s'avance par la *Tænia*, l'élargit en comblant la portion du lac adjacente afin d'avoir plus d'espace pour ses troupes. Il y plaça deux béliers, manœuvrés, l'un par six mille légionnaires, l'autre par autant de rameurs de sa flotte. »

Il est évident que deux énormes beliers, les mantelets dont il fallait les couvrir, et les douze mille hommes employés à les faire agir, sans compter les troupes nécessaires pour protéger les travailleurs, ne pouvaient tenir, à plus forte raison se développer et combattre sur une chaussée de la largeur de 48 toises, ou d'un demi-stade. Ce fut, je crois, le motif qui avait fait négliger cette partie de leur enceinte aux Carthaginois, quand ils étaient maîtres de la mer, persuadés qu'à cause de l'exiguïté de l'espace ils n'avaient pas à redouter d'attaque sérieuse sur ce point. Car l'ennemi qui se serait aventuré sur la langue de la Goulette eût été dans une position très-dangereuse, vulnérable de toutes parts, du côté de la terre aussi bien que du côté de la mer et du lac. Aussi, quand Carthage eut refait une marine, Scipion ne l'attaqua plus du côté de la *Tænia*.

[1] Shaw, t. 1, p. 198.

[2] Ptolémée, lib. IV, c. III. Voyez aussi Plin. Hist. nat. lib. V, cap. IV.

et pousser l'attaque contre l'angle des murs qui était la partie la plus faible de l'enceinte de Carthage.

On sait d'ailleurs, par l'exemple de la langue de terre d'Aboukir et du lac Menzaleh, dont la disposition est identique, combien ces chaussées d'alluvion sont sujettes à changer de forme, étant composées de sables mobiles, et sans cesse exposées aux vicissitudes des sécheresses, des inondations du lac qu'elles contiennent, et aux ensablements que la mer y détruit ou y accumule dans les tempêtes, sous l'influence des vents opposés qui dominent tour à tour.

Cette position de la *Tænia*, une fois établie, nous donne celle de l'angle faible des murs qui, dit Appien [1], s'étendait le long de la dune et se recourbait ensuite vers les ports. Cette partie de l'enceinte était faible et basse, ayant été négligée dès l'origine de la fortification.

En effet, on voit que Censorinus [2] attaqua à la fois cet angle et par la chaussée où il avait établi son infanterie et ses machines, et par le lac où il avait fait entrer sa flotte. Aussi, lorsque vint la canicule, ses marins, exposés aux exhalaisons pestilentielles de cette lagune, furent atteints de maladies graves, et il fut contraint de faire passer sa flotte du lac dans la Méditerranée.

SITUATION DES PORTS.

En partant de ces positions déja bien établies, et en appuyant notre marche sur ces jalons fixes, plantés le

[1] Punic. VIII, 95.   [2] Punic. VIII, 98.

long de la route que nous parcourons, nous arriverons à déterminer avec certitude la direction et la position des deux ports de Carthage, c'est-à-dire, le port extérieur ou marchand, et le *Cothôn* [1], bassin creusé à main d'homme, qui contenait l'arsenal et la marine militaire; car, ainsi que nous l'a montré Appien, ils étaient assez voisins de l'angle faible des murs et au nord-est de cette partie de l'enceinte. Voici comment Appien, qui a certainement copié la description de Polybe, témoin oculaire et l'historien par excellence pour cette sorte de faits, nous représente ces ports [2] : « Les deux ports communiquaient l'un avec l'autre et avec la mer par une seule entrée (ou goulet) de 70 pieds [3] de largeur, qui se fermait avec des chaînes de fer [4]. Le premier était le port des marchands et contenait des points d'attache, πείσματα, nombreux et de

[1] Festus, dit Bochart, Geograph. sacr. p. 512, ait *Cothones appellari portus in mari non naturales, sed arte et manu factos.* Ce que Virgile (Æneid. I, 431) a exprimé par ce vers :

Hìc, portus alii effodiunt,

que Servius commente en citant cette définition. Punica vox radix KATHAM, incidere, ajoute Bochart. Sur l'affinité des langues punique et hébraïque, voyez ce que dit saint Jérôme sur ce mot *Hamam, Aquæ calidæ,* Shaw et enfin M. Falbe. Nonnulli putant aquas calidas, *Ajamine* vel *Hajamim, aquas calidas* juxta punicæ linguæ viciniam, quæ Hebrææ contermina est, hoc vocabulo signari. S. Hieronym. Quest. hebraic. in Genes. t. III, p. 362, ed. Wallarsii et Scip. Maffei, Venet. 1767. Le mot *Cothon* ne se trouve pas dans Festus, qui donne sa définition au mot *Ca-* *tones.* J'ai cru devoir relever cette petite inexactitude, qui a été reproduite dans la traduction française de Strabon.

[2] Punic. VIII, 96.

[3] 66 pieds de roi, ou 21^{m}5.

[4] Le port de Tyr, métropole de Carthage, nous offre encore aujourd'hui, comme au temps de sa prospérité, une image fidèle de celui de sa colonie. « Le village de *Sour* est assis sur la jonction de cet isthme à l'ancienne île, dont il ne couvre pas plus du tiers. La pointe que le terrain présente au nord, est occupée par un bassin qui fut un port creusé de main d'homme. Il est tellement comblé de sable, que les petits enfants le traversent sans se mouiller les reins. L'ouverture, qui est à la pointe même, est défendue par deux tours correspondantes, où jadis l'on attachait une chaîne de 50

diverse nature, pour amarrer les navires[1]. Au milieu du port intérieur s'élève une île; l'île et le port sont bordés par de vastes quais, κρηπίσι, sur lesquels sont bâties des loges (ou cales), qui contiennent deux cent vingt vaisseaux [2] et des magasins de bois et d'agrès. En avant de chaque loge s'élèvent deux colonnes ioniques; aussi le port et l'île présentent l'apparence de deux portiques [3]. C'est dans cette île qu'était placé le palais de l'amiral, qui, de ce point, pouvait tout voir dans l'arsenal. C'est de là qu'il faisait donner le signal

à 60 pieds, pour fermer entièrement le port. » (Volney, Voyage en Syrie et en Égypte, in-8°, 4e édit., t. II, p. 105.) Dusg.

[1] C'est le sens que j'ai attribué ici au mot πείσματα, que tous les lexiques traduisent *retinacula, funes*, Ce sont des anneaux en fer ou en cordes fixés à des bornes, comme je l'ai vu aux ports antiques d'Ostie, d'Ancône, de Civita-Vecchia, de Terracine. Si l'on prend πείσματα dans le sens de *funes*, Carthage eût donc fourni des câbles pour s'amarrer, ce qui est peu probable, à tous les vaisseaux qui entraient dans son port.

[2] L'échelle adoptée par M. Falbe dans la construction de sa carte, l'a forcé de donner à l'étendue des deux ports de Carthage des dimensions en rapport avec cette échelle, mais qui paraissent peu en harmonie avec les idées de grandeur que s'en forme l'imagination éblouie par les récits de son ancienne célébrité.

Pour nous assurer jusqu'à quel point cette supposition était fondée, et obvier aux objections qu'on pourrait en tirer contre la position que M. Falbe leur assigne, nous avons calculé l'aire elliptique des deux ports, ainsi que celle de l'île circulaire qui se trouve dans le port intérieur, et dont nous avons tenu compte dans notre calcul.

Dimensions, d'après la carte de M. Falbe :

		mèt.	mèt. carr.
Bassin n° 43.	{ grand axe.	500	
	{ petit axe.	230	
Aire......................			90 321
Bassin n° 48.	{ grand axe.	400	
	{ petit axe.	300	
Aire......................			76 577
Diamètre de l'île...		150	
Aire......................			17 671

L'aire que nous assignons au port militaire, offre une étendue suffisante pour contenir les deux cent vingt navires qui, selon le récit d'Appien, y étaient renfermés. Celle du port extérieur pouvait également suffire à tous les besoins de la marine marchande; elle offre une surface plus que double de celle du bassin de la Goulette, dont l'étendue surpasse celle du port d'Alger, d'après le plan du capitaine du génie Boutin, publié par le Dépôt de la guerre.

Enfin, pour lever tous les doutes à cet égard, nous ajouterons que la surface des deux bassins réunis est les $\frac{2}{3}$ de celle du Champ-de-Mars, à Paris, dont j'estime l'aire à 70 arpents, de 30 toises de côté. D.

[3] La place Saint-Pierre, à *Rome*,

par la trompette, ou ses ordres par la voix du héraut.
En effet, cette île était située près de l'entrée [1] qui
communiquait avec le port extérieur, et assez élevée
pour que l'amiral pût voir tout ce qui arrivait par
mer, sans que les navigateurs vissent ce qui était dans
le *Cothón*. Les marchands, même en entrant dans
leur port, ne pouvaient apercevoir l'intérieur de l'arsenal; car il était entouré d'un double mur, et il y
avait des portes qui introduisaient les commerçants du
premier port dans la ville sans passer par le *Cothón*. »

L'entrée du port extérieur, qui se fermait avec des
chaînes, est celle que Scipion réussit à fermer [2].

« A partir de la bande de terre qui était entre le lac
et la mer, il fit jeter une digue qui s'avançait presque
en droite ligne vers l'embouchure du port, peu dis-
tante du rivage [3]. Cette jetée avait vingt-quatre pieds
de large au sommet, et quatre-vingt-seize à la base. »
(Elle fut construite comme celles des rades de Cher-
bourg et de Plymouth l'ont été depuis, en jetant à
flot perdu d'énormes quartiers de roches qui, par leur
cohésion et l'inclinaison de leur plan, pussent résister

---

entourée de deux portiques circulaires à quatre rangs de colonnes,
en peut donner une idée assez
juste. Le port d'Éphèse, relevé par
MM. Huyot et Dedreux, architectes,
et dont ils m'ont communiqué un
grand plan et une vue *panoramique,*
offre la même disposition de. portiques à colonnes.

[1] La communication du *Cothón*
avec le port extérieur était faite
probablement à l'instar de celle qui
servait à unir les deux ports d'A-
lexandrie, et qui avait lieu par une
arche voûtée pratiquée dans la

chaussée qui unissait la ville à l'île
de Pharos; *quâ exitus navibus erat
fornice exstructo,* dit Cæsar, Bell.
Alexandr., c. XIX. Vid. tab. h. l.
ed. Clarke.

Là aussi, du port extérieur on ne
pouvait voir dans l'autre, et cependant les deux ports communiquaient
par eau librement entre eux.

[2] Appian, VIII, 121.

[3] M. Falbe a reconnu et figuré
cette jetée sur sa pl. 1, nᵒˢ 41, 45.
J'ai éloigné un peu la jetée, supposant qu'elle dût être placée hors de
la portée du trait. Voy. mon pl. III.

à l'action des flots.) « *Scipion* disposait d'une nombreuse armée qu'il faisait travailler jour et nuit, et les Carthaginois, qui d'abord avaient ri de ce projet gigantesque, allaient se trouver entièrement bloqués; car, ne pouvant recevoir de vivres par terre, et la mer leur étant fermée, la faim les eût contraints de se rendre à discrétion. C'est alors qu'ils entreprirent d'ouvrir une nouvelle issue dans une autre partie de leur port qui regardait la pleine mer. Ils choisirent ce point, parce que la profondeur de l'eau et la violence des vagues qui s'y brisent rendaient impossible aux Romains de le fermer avec une digue. Hommes, femmes et enfants, tout y travailla jour et nuit, en commençant par la partie intérieure, et avec tant de secret que Scipion ne put rien savoir des prisonniers qu'il faisait pendant cet intervalle, sinon qu'on entendait un grand bruit dans les ports, mais qu'on en ignorait la cause et l'objet. En même temps ils construisaient, avec d'anciens matériaux, des *trirèmes* et des *quinquérèmes* avec une adresse et une activité singulières. Enfin, lorsque tout fut prêt, les Carthaginois, au point du jour, ouvrirent la communication avec la mer, et sortirent avec cinquante *trirèmes* et un grand nombre d'autres navires qu'ils avaient fabriqués dans cet intervalle. »

J'ai traduit en entier ce récit d'Appien, parce qu'il fixe la position des deux entrées du port de Carthage. Ces mots, ἀνέωξαν περὶ ἔῳ, que Schweighaeuser traduit par *circa diluculum*, au point du jour, comme le prouvent la teneur de la narration et le long temps employé à former cette nouvelle entrée (Strabon [1] le fixe à deux

____

[1] L. XVII, p. 833. t. V, p. 474, trad. franç.

mois), ces mots ont été interprétés par le docteur Estrup[1] comme indiquant une direction vers l'Orient, *Canalem versus Orientem conduxerunt.* Mais les traces de cette nouvelle entrée du port existent encore ; elles sont au nord-est, où elles ont été reconnues par M. Humbert, par M. de Châteaubriand[2], et dernièrement par M. Falbe, qui les a tracées sur sa carte[3].

Je regarde donc comme établie la position des ports et de leurs deux entrées, sur laquelle l'inspection de la grande carte de M. Falbe[4] ne peut laisser aucun doute.

POSITION DU FORUM ET DE BYRSA.

Maintenant, en suivant la marche régulière et la méthode rigoureuse que nous nous sommes prescrites, la position du *Cothôn* nous donne celle du *Forum* ou de l'*Agora.* En effet, Appien nous dit[5] que cette place publique était voisine du *Cothôn.* Τὴν ἀγορὰν ἐγγὺς οὖσαν τοῦ Κώθωνος.

Le temple d'Apollon était situé sur cette place[6], ou du moins très-près. Car Scipion passe la nuit sous les armes sur l'*Agora* avec ses troupes qui, au point du jour, entrent dans le temple d'Apollon ; et Tite-

---

[1] Lineæ Topographicæ Carthaginis Tyriæ in miscell. Hafn. t. II, fasc. 1, 1821, p. 42 et not. 18.

[2] Itinéraire, t. III, p. 181, 182, 184, in-8°, 3ᵉ édit., 1812.

[3] Nᵒ 5o.

[4] Voy. pl. 1, nᵒˢ 42 et 5o et mon plan III.

[5] VIII, cxxvii, c. f. Diod. XX, 44.

[6] Je la place au nᵒ 55, pl. 1, de M. Falbe. Les ruines indiquées sur ce point sont peut-être les substructions du temple de Bâl, Ἥλιος ou Apollon. Le *Forum* a été tracé sur notre plan III d'après cette indication précise.

Live[1] nous indique que la Curie, ou salle ordinaire des séances du sénat, était sur le Forum. Probablement les séances se tenaient dans une salle du temple d'Apollon. Les affaires secrètes étaient soumises à la délibération dans le temple d'Esculape placé à Byrsa[2].

Cherchons à présent l'emplacement de Byrsa ou de la citadelle[3]. Cette position est importante, car les ruines subsistent[4]. Elle nous servira de point d'appui pour déterminer la situation de la triple défense, et de la portion de la ville appelée Mégara. La description d'Appien[5] ne laisse aucun doute à cet égard. C'était, dit-il, le point le plus fortifié de toute la ville. On y montait de l'*Agora* par trois rues[6] bordées de maisons à six étages. C'était, comme on voit, la partie la plus peuplée de Carthage. Ces rues étaient même assez étroites, comme c'est l'usage dans les pays chauds, puisque les Romains, avec des planches et des solives placées sur les terrasses des maisons, se faisaient un passage d'une rue à l'autre. Après s'être emparé des massifs de maisons compris entre ces trois rues, Scipion y fit mettre le feu et nettoyer le terrain de leurs débris, afin d'avoir une vaste esplanade à sa disposition pour l'attaque de Byrsa.

On peut se former une idée de la longueur de ces trois rues[7] et de la masse d'édifices qu'elles renfer-

---

[1] XXX, xxv.

[2] Tite-Live, XLII, xxiv.

[3] Byrsa avait, selon Servius, 22 stades de tour; selon Eutrope, un peu plus de deux milles.

[4] Voy. M. Falbe, pl. 1, n° 52.

[5] VIII, cxxviii.

[6] Certainement pavées en dalles de pierre, invention qu'Isidore (Orig. XV, 16) attribue aux Carthaginois et que Virgile a consignée dans ce vers (Æneid. I, 426):

Miratur strata viarum.

[7] Plus de 500 mètres, d'après l'échelle du plan de M. Falbe. Voy. mon plan III.

maient, par cette circonstance : « On employa, dit Appien, six jours et six nuits d'un travail continu à déblayer les débris que le feu n'avait pas consumés, et l'on n'en enleva qu'une faible partie. » Or, nous savons que Scipion avait en soldats et marins plus de cent vingt mille hommes, et qu'il pressa l'ouvrage sans se donner à lui-même et à son armée ni repos ni relâche. « Le septième jour, la citadelle se rendit. Il en sortit cinquante mille ames tant hommes que femmes. »

Le récit d'Appien, ou plutôt de Polybe (car la variété et la précision des détails topographiques attestent la présence d'un témoin oculaire), nous fait connaître encore un autre monument de Carthage, le temple d'Esculape. C'était, dit-il[1], le plus célèbre et le plus riche de tous les temples de la ville. Il était situé dans l'acropole. On voit qu'il couronnait le sommet de la colline de Byrsa, car l'auteur ajoute qu'il était placé sur un terrain élevé et escarpé, et qu'on n'arrivait à l'aire du temple que par un escalier de soixante degrés. C'est, je crois, à côté de ce monument qu'était situé ce palais de Didon, au grand escalier, décrit par Silius[2], d'où l'on pouvait voir toute la mer et toute la ville de Carthage. C'est là que fut dans la suite le *Vicus senis* de saint Augustin[3], le *Lucus Vandalorum*[4].

La description de Strabon[5] confirme celle d'Appien. « Au milieu de la ville, dit ce géographe, s'élève l'a-

---

[1] VIII, cxxx.

[2] VIII, cxxxii, cxxxv. Regia tecta... Celsis gradibus..., cujus de sede dabatur Cernere cuncta freta et totam Carthaginis urbem.

[3] De consensu evang. lib. I, sect. 36, vol. III, p. 11.

[4] Geograph. min. t. III, p. 17, edit. Hudson.

[5] Lib. XVII, p. 832.

cropole appelée Byrsa, hauteur assez roide, habitée tout autour. Le sommet est couronné par le temple d'Esculape. Au pied de l'acropole sont les ports et le *Cothón.* »

C'est dans l'enceinte générale de Byrsa[1], presque au milieu de l'ancienne ville, qu'était placé le fameux temple d'Astarté[2], nommée Junon par Virgile[3] et Pline[4], indiquée par Quinte-Curce[5], et appelée Cœlestis par Victor Vitensis[6], Prosper d'Aquitaine[7], et une inscription trouvée à Tunis[8]. La situation du temple de Saturne où l'on offrait des sacrifices humains[9], où Hannon déposa le manuscrit de son périple[10], et où étaient gardées les archives de la république ; les positions du temple d'Hercule, cité par Diodore comme dieu tutélaire de la ville, du temple d'Élisa que Silius[11] place au milieu de la ville, des deux chapelles que Gélon, au dire de Diodore[12], obligea les Carthaginois de construire, du temple de Jupiter où Amilcar fit jurer à son fils Annibal haine éternelle aux Romains[13], des temples de Cérès et de Proserpine[14], de

[1] Sur la colline n° 53 du plan de M. Falbe. Voyez mon plan III.

[2] Voy. Caroni, part. II, p. 74, 75. Monnaies carth. gr. br., nom des trois suffètes ; revers, le Temple de Vénus. Voyez Eckel, cité par Caroni, part. II, p. 80.

[3] Æneid. I, 445.

[4] VI, 36.

[5] IV, 11, 10.

[6] *Persec. Vandal.* Lib. I, p. 6, edit. in-18, 1537. C. III, edit. Ruinart.

[7] *De prædict. et promiss.* Lib. III, cap. XXXVIII.

[8] Muratori, n° 8, p. 17. Spon., p. 93.

[9] Diod. Sic. XI, 26, et Wesseling. not. 98, h. l. Plutarch. Apophthegm., p. 175. A. et de Ser. num. vindicta, p. 552. Diod. Sicul. XX, 14.

[10] Campomanes periplo de Hannon illustrado. p. 27. Euseb. Præpar. evang., lib. IV, XVI, p. 161. L. Vives ad August. L. VII, de Civ. D. cap. XIX, et H. Grotius in Deuteron., cap. XVIII, 10.

[11] I, 80.

[12] XI, 26.

[13] Cornelius Nepos, vit. Hannib. cap. II.

[14] Diod. Sic. XIV, 77. Munter (*Relig. der Carthager.*, p. 97, 112) pense que Cérès et Proserpine ont

l'*Ærarium*, des maisons de Hannon et d'Annibal à Carthage [1], des prisons [2], des portiques et des autres édifices publics mentionnés par les anciens, seront discutées à la fin de ce mémoire. Il faut auparavant déterminer exactement la position des diverses parties de la ville et de leurs différentes enceintes.

MÉGARA.

Je reprends donc la marche régulière que j'ai suivie, et je pars de Byrsa, colline de deux cents pieds de hauteur, dont la position est bien déterminée, qui avait les ports et le Forum au-dessous d'elle au sud, et au-dessus la triple défense et Mégara entre le nord et l'ouest comme nous allons le voir.

Il paraît évident, et d'après la description de Virgile, et comme le bon sens l'indique, que Carthage n'enferma d'abord dans son enceinte que l'acropole et les ports. Orose [3] nous l'indique en disant que la ville et Byrsa avaient une enceinte commune bordée par le lac salé, *quod stagnum vocabant*, qu'on nomme l'étang, parce que la digue formée par la langue de sable qui s'étend entre ce lac et la mer, rend ses eaux tranquilles.

La situation de la triple fortification, près de Byrsa et au couchant de cette citadelle, nous est donnée par

---

été placées dans une des chapelles du temple de Didon, et qu'elles avaient leur culte à part, suivant l'usage grec. Je crois plutôt qu'elles eurent un temple séparé dans le vaste *Hiéron* de Juno cœlestis.

[1] C. Nep. vit. Hannib. cap. vi.
[2] Suidas voce ἄγκων; Procop. Bell. Vandal., I, 20, II, 7.
[3] IV, 23.

Appien [1], qui a certainement copié la description de Polybe. Voici ses termes précis :

« A partir du midi vers le continent, du côté de l'isthme où était placée Byrsa, régnait une triple défense. La hauteur des murs était de trente coudées, sans les créneaux et les tours, qui étaient distantes entre elles de deux *plèthres* [2] et avaient chacune quatre étages, et 30 pieds depuis le sol jusqu'au fond du fossé [3]. Chaque mur avait deux étages, et comme ils étaient creux en dedans et couverts, le rez-de-chaussée servait d'écurie pour trois cents éléphants [4], et de magasin pour tout ce qui était destiné à leur nourriture. Le premier étage contenait quatre mille chevaux avec le fourrage et l'orge suffisants pour les nourrir, et de plus, des casernes pour vingt-quatre mille soldats. Telles étaient les ressources pour la guerre que les murs seuls contenaient dans leur intérieur. »

« Ces murs, dit Orose [5], étaient construits en pierre de taille, *saxo quadrato.* »

Le motif qui m'a décidé à placer cette triple défense en avant et au couchant de Byrsa, s'appuie encore sur un témoignage existant que M. Falbe a consigné dans sa belle carte, et négligé dans son explication [6]. « On y voit [7], m'a-t-il dit lui-même, les substructions d'une longue ligne de murs très-épais, dont

---

[1] VIII, xcv.

[2] Le *plèthre* est égal à 30^m73^c.

[3] Βάθος δὲ ποδῶν τριάκοντα. βάθος ne peut signifier 30 pieds *de front, latitudo pedum triginta* (trad. lat.); car on trouve sur la mer, point moins vulnérable que la partie de l'isthme, deux substructions de tours, certainement puniques, et qui ont

plus de 300 pieds de front. Je crois juste cette explication, *depuis le sol jusqu'au fond du fossé,* donnée pour la première fois.

[4] Voyez l'Appendice, note A.

[5] L. c.

[6] M. Falbe, Recherches sur l'emplac. de Carthage, p. 46.

[7] N°s 74, 75, 76 et 78.

les traces se montrent au-dessus du terrain et des broussailles. A partir du n° 74 jusqu'au n° 109, dans l'espace compris entre les n° 42, 41, 75, 78, 100, 80, 82, 83, 87 et 90, jusqu'à la mer, la terre est noire, brûlée, remplie de briques, de cendre et de charbon. Au-delà le sol est rougeâtre, et on n'y remarque aucune espèce de débris du feu, on n'y trouve que des traces isolées de l'habitation des hommes. »

Carthage, fille et alliée de Tyr, maîtresse de la mer par ses flottes, n'avait à redouter d'attaque dangereuse que du côté de l'isthme, de la part des nations belliqueuses de l'Afrique et de la Numidie. C'était là son côté faible. On pouvait par-là lui couper les vivres et la communication avec le continent. Aussi, est-ce le point que cette sage république avait fortifié avec le plus de soin, et certes, une ville qui a produit des capitaines et des hommes d'état tels que les deux Hannon, les deux Asdrubal, Amilcar, Annibal, sans compter ceux dont l'histoire n'a pas conservé les noms, ne dut point manquer d'ingénieurs habiles, comme le prouve la description qu'Appien nous a laissée de l'enceinte de cette ville.

Comme cette partie de l'enceinte des murs de Carthage est la plus difficile à fixer, parce que la charrue a nivelé le terrain généralement plat, ou d'une très-faible pente, et qu'on n'y trouve qu'à certaines distances des substructions de murs dont les pierres ont été enlevées probablement pour construire d'abord la Carthage romaine, puis la nouvelle enceinte de Carthage sous Théodose II, enfin la ville de Tunis et le fort de la Goulette, il faut s'éclairer de tous les détails topographiques qui nous restent. Je traduirai d'abord le récit de l'attaque de cette partie de l'enceinte par le consul Manilius.

« Les consuls, dit Appien [1], ayant partagé leurs troupes, attaquèrent sur deux points; Censorinus, vers l'angle faible et la *Tænia*, Manilius du côté de l'isthme et du continent. Manilius pensait emporter de vive force, d'abord le *vallum*, ensuite la fortification peu élevée qui régnait entre le mur du corps de la place et le *vallum*, enfin les hautes murailles de Carthage. Ἐγχωσῶν τε τὴν τάφρον, καὶ βραχὺ ἐπιτείχισμα τὸ ἐπ' αὐτῇ βιασόμενος, καὶ ἐπ' ἐκείνῳ ὑψηλὰ τείχη. »

« Les consuls, dit Appien [2], méprisant leur ennemi, comme incapable de se défendre (car par des manœuvres perfides racontées plus haut par cet historien [3], ils avaient dépouillé les Carthaginois de leurs armes, de leurs machines, de leurs vaisseaux, de tous leurs moyens de guerre), les consuls tentèrent l'escalade; mais trouvant devant eux de nouvelles armes [4] et des hommes bien déterminés, ils furent frappés de terreur et renoncèrent à l'attaque de vive force. C'est ainsi qu'ils échouèrent d'abord, tandis qu'ils espéraient prendre la ville sans combat. Les assiégeants ayant fait une nouvelle tentative qui fut aussi sans succès, le courage et la confiance se relevèrent chez les Carthaginois [5]. Alors les consuls, craignant d'être inquiétés par

[1] VIII, xcvii.

[2] VIII, xcviii.

[3] VIII, lxxx.

[4] Les Carthaginois, pendant le temps écoulé entre l'ordre de quitter leur ville et le retour de leurs ambassadeurs de Rome où ils avaient porté leurs réclamations, avaient fabriqué, chaque jour, cent boucliers, trois cents épées, mille javelots pour les machines, cinq cents lances ou épieux, et autant de catapultes qu'ils purent en construire. Appian., VIII, xciii. Comme ils manquaient de crins, les femmes coupèrent leurs cheveux, et remplacèrent, par ce noble sacrifice, cette matière indispensable pour l'élasticité des machines de trait.

[5] Τῶν Καρχηδονίων τὰ φρονήματα

Asdrubal qui était campé sur leurs derrières au-dessus du lac, et à peu de distance de leur position, s'établirent aussi dans deux camps retranchés, Censorinus vers le lac, sous les murs ennemis, Manilius du côté de l'isthme, sur la route qui le traverse pour se rendre au continent. Leurs camps étant fortifiés, Censorinus traversa le lac avec sa flotte pour aller chercher des bois de construction pour ses machines. Il fut battu par Phaméas [1], général de la cavalerie carthaginoise, qui lui tua cinq cents soldats parmi ceux qui coupaient les arbres, et leur enleva beaucoup d'armes. Cependant il put rapporter quelques matériaux avec lesquels il construisit des machines et des échelles. Les deux consuls renouvelèrent l'attaque contre la ville, et y échouèrent également. Manilius, après avoir fait un nouvel effort, et abattu avec beaucoup de peine une partie de la fortification avancée, renonça au dessein d'attaquer de nouveau Carthage de ce côté. »

Tel est le récit complet de l'attaque contre Carthage, la première année du siége, y compris celle de Censorinus par le lac et la *Tænia* que je décrirai bientôt. Je l'ai traduit en entier pour qu'on pût se faire une idée nette de la disposition de la triple enceinte, et ensuite de sa place et de sa direction. C'est, dans toute la topographie de Carthage, le point qui m'a coûté le plus de peine à établir. Je n'y suis parvenú que par de longs tâtonnements, et par une attention soutenue, sans cesse occupée à comparer, à démêler, à coordonner l'ensemble des opérations du siége, qui dura plus

ἐπῆρτο, mot à mot : *Le moral de la garnison se releva.* Cette locution, usitée dans nos armées, rend très-bien, dans son néologisme, la pensée d'Appien.

[1] Himilcon, surnommé Phaméas. c. f. Zonaras, IX, 27.

de trois ans, et qui occupe dans le seul Appien soixante-un chapitres.

Plusieurs savants, dont l'opinion est pour moi d'un grand poids, avaient pensé d'abord que le τριπλοῦν τεῖχος du chapitre 95 où Appien décrit l'enceinte de Carthage, désignait les enceintes séparées des trois quartiers de Carthage, la Cité, Byrsa et Mégara, de même qu'à Syracuse, Tyché, Néapolis, l'Achradine et Ortygie avaient chacune une enceinte particulière; mais Appien aurait écrit τρία τείχη, et non τριπλῷ τείχει. Ensuite cet auteur, ou Polybe qu'il a copié, serait avec lui-même dans une contradiction choquante; car, dans le récit du siége, il décrit huit enceintes distinctes, deux au Cothôn, deux à Byrsa, la triple fortification du côté de la terre, et le mur simple du côté de la mer. Il semble donc raisonnable de penser que ces deux mots τρία τείχη signifient une triple défense, et Appien le prouve en nommant [1] première-ment le fossé, τάφρον, ouvrage en terre palissadé, le *vallum* des camps romains; secondement, le βραχὺ προτείχισμα, ouvrage en pierre, comme le διατείχισμα construit par les Carthaginois, lors de l'attaque du quai par Scipion [2]; et en troisième lieu, le grand mur d'enceinte, ὑψηλὰ τείχη. Il désigne encore ailleurs [3] la triple défense avec netteté par cette phrase : *ces murs construits comme des camps retranchés.* Le fossé était sans doute plein d'eau, comme le pense Hendreich [4], et les canaux de Mégara étaient peut-être

---

[1] VIII, xcvii.

[2] App. VIII, cxxiii, cxxiv.

[3] Punic. VIII, lxxxviii. Τειχῶν

ἐς στρατοπέδου τρόπον εἰργασμένων.

[4] Carthago, p. 60.

destinés à le remplir ou à le mettre à sec tour à tour selon les besoins de la défense.

Maintenant, la direction et la position de cette triple défense doivent être établies. Il faut, avant tout, poser les bases d'après les textes anciens. Elles semblent, au premier coup d'œil, être en discordance, soit entre elles, soit avec l'état actuel des lieux. Aussi, dans cette discussion, je ne dissimulerai aucune des difficultés qu'elles présentent. Carthage occupe une péninsule bordée, au nord-est par la mer, au sud-ouest par le lac, nommé aussi la mer, parce qu'il était salé et qu'il y débouchait. L'isthme qui sépare Carthage du continent a vingt-cinq stades de largeur [1]. C'est là que Scipion établit ses lignes de circonvallation à une portée de catapulte de l'ennemi [2]; ces lignes ont vingt-cinq stades d'une mer à l'autre. Jusqu'ici Appien et Polybe sont d'accord; mais Strabon [3] donne aux murs de Carthage qui bordent l'isthme soixante stades d'une mer à l'autre : ici commence la discordance. On pourrait peser la valeur des autorités, et celles d'Appien, et surtout de Polybe, acteur du siége, militaire et historien très-instruit, l'emporteraient sur celle de Strabon qui n'a pas été à Carthage, et qui n'a pas mis la dernière main à son XVIIe livre [4]. On pourrait alléguer que Strabon, qui donne à Carthage trois cent soixante stades de circonférence, le triple de celle de Paris, avait, pour sa géographie d'Afrique, extrait des passages d'auteurs différents qui avaient employé, l'un le stade olympique, l'autre le stade de 1100 au degré,

1 Polyb., I, 73.
2 App. VIII, cxix.
3 XVII, p. 832.

4 Voy. l'article *Strabon* de Malte-Brun, Biogr. univers. de Michaud.

et qu'il n'a pas eu le temps de réduire ces mesures en stades olympiques [1]. On pourrait se rendre aussi compte de l'erreur de plus de moitié en sus qui affecte la même distance donnée par Strabon et Polybe, par Strabon et Orose. Le rapport entre 25 et 60, 160 et 360, est très-voisin, et à peu près celui qui existe entre les stades de 500 et de 1100 au degré.

Mais en admettant même, ce qui me semble improbable, que Strabon se soit servi du stade olympique de quatre-vingt-quatorze toises et demie pour la mesure totale de la circonférence de Carthage, et la mesure particulière de la triple défense du côté de l'isthme, il y aurait encore moyen de concilier ces divergences. L'isthme, selon Polybe et Appien, a vingt-cinq stades. La circonvallation de Scipion a vingt-cinq stades aussi au même point, elle est à une portée de catapulte de l'ennemi : d'accord. Mais cette portée de trait est prise à partir du *vallum*, ou première défense extérieure. Or, le mur intérieur du corps de la place suivant, dans une grande partie de son développement, les contours des collines, devait offrir beaucoup de sinuosités, d'angles rentrants. Cette direction, commandée par la nature du terrain, contribuait puissamment à la défense de la place. Alors Polybe et Appien auront donné la largeur de l'isthme et des lignes de Scipion en ligne droite, de la Sebka au lac, et Strabon le développement du mur intérieur avec tous ses angles et toutes ses sinuosités.

Quant à la direction de la triple défense d'une mer

[1] M. Lapie, en traçant les cartes des *Itinéraires anciens*, qu'il va publier, a trouvé que Strabon emploie partout, pour la Grèce, un stade de 700 au degré, et pour l'Italie, le stade olympique de 600.

à l'autre, elle est indiquée par la nature des lieux et le relief du terrain fidèlement représenté sur la carte de M. Falbe. Nous l'avons tracée sur notre plan II, à partir du n° 112 à Sidi-Daoud, en suivant les traces de murs indiqués sur la carte de M. Falbe. De là nous avons suivi la plaine jusqu'au n° 109 de M. Falbe. L'indication d'une longue file de murailles qui se terminent à l'extrémité de la Sebka ou lagune d'eau salée qui fut jadis un golfe, comme l'a prouvé Shaw, comme on le voit dans la carte manuscrite de M. Humbert, et comme le pense aussi M. Falbe, a motivé ensuite la direction de notre enceinte.

Il est certain que la Medjerdah, le Bagrada des anciens, avait jadis son embouchure assez près des dernières pentes du cap Qamart. Ce fleuve, qui, à deux lieues de la mer, est aussi large que la Seine au pont d'Austerlitz, par des causes physiques qu'ont démontrées les voyageurs dont j'ai parlé, s'est successivement rapproché de *Porto-Farina* et du Ras-Zébib, le promontoire d'Apollon des anciens. Les alluvions de ce fleuve, dont le cours est très-rapide en descendant de l'Atlas, ont empiété sur le rivage compris entre les caps Qamart et Sidi-Al-Mekki. Les traces de son ancien lit sont encore visibles sur ce delta de formation récente, à partir de l'extrémité de la Sebka jusqu'au rivage où s'abaissent les dernières pentes du Djebel-Khawi ou mont Qamart. La position des ruines d'U-tique et des *Castra-Cornelia*, jadis à l'est et maintenant à l'ouest du Bagrada, prouve jusqu'à l'évidence ce fait que Shaw a le premier mis en lumière, et sur lequel s'accordent tous les voyageurs, depuis le savant anglais jusqu'à M. Falbe.

La seule hypothèse que nous nous soyons permise pour retrouver exactement la largeur de vingt-cinq stades, donnée à l'isthme par les anciens, a été de prolonger de deux cents mètres l'extrémité de la lagune, appelée aujourd'hui Sebka, qui jadis, avant le changement du cours du Bagrada, était un golfe à fond bas où la mer portait ses eaux et qui, parfois encore, à la suite de grandes tempêtes, quand les vagues sont refoulées par un vent du nord très-violent, redevient momentanément ce qu'elle avait été autrefois. Polybe [1] indique assez bien cet état des lieux dans le récit des marches d'Amilcar contre les mercenaires qui bloquaient l'isthme, et occupaient le pont de Bagrada.

Quant à la forme anguleuse que nous avons donnée à la ligne des murs de Carthage de ce côté, outre qu'elle s'appuie en beaucoup de points sur les traces des ruines existantes, elle est encore motivée par d'autres considérations puisées dans la disposition des enceintes de toutes les villes fortifiées par les anciens, dont nous possédons des plans exacts, telles que Rome, Tarquinies, Véies [2], Messène [3], Tirynthe, etc. Nous voyons qu'on a presque toujours profité des accidents du terrain pour établir la ligne de défense.

Les peuples de la Palestine, dont Carthage tirait son origine et avait emprunté les usages, avaient connu de bonne heure, au moins 810 ans avant J.-C., l'avantage du système de fortification à angles saillants

---

[1] I, LXXV, LXXVI.

[2] Vid. memorie del. Instit. archeologic. fasc. I. tav. I. del. William. Gell., p. 15, sqq.

[3] Voy. la planche XXII du t. I de la Description de la Morée par M. Blouet. Il a déja paru 18 livraisons de ce bel ouvrage.

et rentrants, qui servent puissamment à la défense en donnant des flancs sur l'ennemi. Dans la description des murs de Jérusalem, qui nous a été transmise par les écrivains sacrés et profanes, il est sans cesse mention *des tours de l'angle, des angles ou rentrants des courtines* [1]. Jérusalem, dit Tacite [2], était entourée *de murs formés avec beaucoup d'art, d'angles saillants et rentrants, afin que les flancs des assiégeants fussent à découvert.* Je me borne à ces exemples, ayant traité spécialement ce sujet, pour ce qui regarde les Hébreux, dans ma Poliorcétique des anciens. Tyr était fortifiée sur le même plan que Jérusalem, et Carthage, colonie de Tyr, avait, nous en sommes sûrs, adopté et mis à exécution le système de défense suivi dans sa mère-patrie.

Nous terminerons ici la discussion du tracé de l'enceinte de cette partie de Carthage. Notre opinion nous semble appuyée sur des bases solides, les ruines existantes, la configuration du terrain et le système de défense usité chez les fondateurs de cette ville.

Nous devons cependant ajouter une considération importante pour constater que les ruines existantes sur l'enceinte que nous avons tracée appartiennent à la Carthage punique.

Nous savons positivement [3] que, depuis l'époque où Carthage fut relevée par les Romains jusqu'à la deuxième année du règne de Théodose II, cette cité de l'Afrique resta une ville ouverte. Nous savons en-

---

[1] Reg. IV, xiv, 13, vers. Sept. Paralip. II, xxvi, 9. ibid. Voy. ma Poliorcétique des anciens, p. 356, 358, 359. Paris, 1819.

[2] Hist. V, 11.

[3] Prosperi Aquit. chronic., p. 213.

core que cette nouvelle enceinte fut élevée aux frais
de la ville seulement, et qu'elle ne fut pas tracée sur
la ligne, mais en dedans des anciens murs de Carthage. Procope[1] nous indique que Bélisaire et Justinien
ne consacrèrent que peu de temps et d'argent à la ré-
paration de ces murs que les Vandales avaient laissé
tomber en ruine. Il est donc presque certain que les
vastes substructions répandues sur la direction donnée
aux murs dans notre plan II, et dans le plan de
M. Falbe, n°s 75, 76, 77, 78 et 109, sont les débris
de l'enceinte carthaginoise, construite avec tant de soin
et de dépenses. L'exiguïté de la masse et le peu de so-
lidité des matériaux employés dans le Bas-Empire, à
une époque de décadence, offrent un contraste frap-
pant avec les débris gigantesques[2] des constructions
de l'ancienne république.

CAMP FORTIFIÉ DE MANILIUS, FORT PRÈS DU DÉBARCADÈRE.

Je dois encore ajouter, pour aider l'intelligence à se
faire une idée nette du tracé de l'enceinte de Carthage
du côté de l'isthme, le récit des autres opérations de
Manilius pendant la première année du siége :

« Manilius, dit Appien[3], avait porté sa première
attaque contre la triple défense du côté de l'isthme.
Repoussé, il avait assis son camp retranché sur la route
qui, à travers l'isthme, se dirigeait vers le continent[4];

---

[1] Bell. Vandal. I. 21. de Ædific. VI, 5.

[2] Tels que les assises de deux
tours de trois cents pieds de front.

Voyez mon pl. II, et M. Falbe,
n°s 99 et 90.

[3] VIII, xcvii, p. 438, l. 11.

[4] Ibid., p. 439, l. 25.

il fit un nouvel effort sur ce point, et reconnut l'impossibilité de réussir [1]. Censorinus étant parti pour les élections et Manilius étant resté seul, les Carthaginois l'attaquèrent plus hardiment [2]. Ils font une sortie, la nuit, les uns armés, les autres, sans armes, chargés de planches; ils les placent sur le fossé du camp de Manilius qui faisait face aux murs de Carthage, et déja ils arrachaient les palissades. L'armée était terrifiée de cette attaque nocturne. Mais Scipion sort du camp avec la cavalerie par la porte opposée où l'ennemi ne s'était pas dirigé; il tourne les Carthaginois, les inquiète sur leurs derrières, et les contraint à se retirer dans la ville. C'est alors que Manilius [3] fortifia son camp avec plus de soin; il l'entoura d'un mur en pierre, au lieu d'un simple *vallum*, et il éleva, dans un hâvre, sur le bord de la mer, un fort destiné à protéger l'arrivage des vaisseaux qui lui apportaient des vivres. »

D'après ce récit clair et net, on peut fixer la position du camp de Manilius, de la grande route de Carthage vers la Libye, et du fort qu'il bâtit près de la mer pour protéger ses arrivages.

Le camp de ce consul était placé près du n° 109 du plan I de M. Falbe, ayant à dos le point où sont les dernières maisons de Soukara [4]. Le fort qu'il bâtit au bord de la mer, ἐπίνειον φρούριον... ἐπὶ τῆς θαλάσσης διὰ τὴν καταπλέουσαν ἀγορὰν, doit être évidemment placé sur les bords de la Sebka, qui était alors un golfe de la mer, comme nous l'avons établi plus haut, et dont

---

1 *Ibid.*, p. 439, l. 33 à 35.

2 Appian. VIII, xcix, p. 442, l. 83.

3 *Ibid.*, VIII, c, p. 443, l. 93.

4 Voy. Pl. 1 de M. Falbe, et mon plan 11.

l'extrémité formait un hâvre, ἐπίνειον, où les vaisseaux romains ancraient pour débarquer les vivres. La position de l'armée carthaginoise, l'ensemble du récit des opérations des deux armées romaines pendant cette première année du siége, nous paraît établir cette position du camp et du fort de la manière la plus positive.

M. Falbe [1] pense aussi que l'étang salé, nommé Sebka de Soukara, était anciennement une portion de la mer peu profonde qui formait le fond du golfe d'Utique. Maintenant une bande sablonneuse et des dunes couvertes de roseaux et de sparté la séparent de la mer. En effet, comme Asdrubal et Phaméas étaient campés à Ariana, sur les derrières des Romains, cette armée d'observation, forte de 80,000 hommes, leur coupait les vivres du côté de la terre. Les deux consuls ne purent donc choisir d'autre emplacement pour leurs camps qu'à portée de la mer et du lac. La mer, dont ils étaient maîtres, leur apportait facilement sur ces points les vivres et les matériaux nécessaires. Aussi nous voyons Censorinus attaquer par le lac et la *Tœnia*, et Manilius par la partie de l'isthme située près du golfe de la Sebka, où il établit un fort pour protéger l'arrivage de ses convois.

De plus, il nous semble probable, d'après l'ensemble du récit [2], que le camp de Manilius fut placé moins près des murs de Carthage que celui où Scipion s'établit la troisième année du siége. Car les deux consuls avaient échoué dans toutes leurs attaques : l'ennemi prenait l'offensive. Au contraire, ce n'est qu'après

____

[1] P. 13. [2] VIII, cap. xcvii à c.

avoir battu les Carthaginois et pris d'assaut Mégara, que Scipion porta ses lignes de circonvallation à portée de catapulte des ouvrages avancés de l'ennemi.

Ce récit justifie encore la direction que nous avons donnée au tracé des murs depuis la Sebka jusqu'auprès de Sidi-Daoud, comme on peut le voir sur notre plan. Le tracé du mur septentrional de Mégara, depuis la Sebka jusqu'à la mer, s'appuie sur une ligne de sub-structions de murs[1], et sur une suite assez étendue de collines escarpées qui formaient une bonne défense naturelle. Les anciens ne nous ont laissé aucune des-cription de cette partie de l'enceinte de Carthage.

—

ATTAQUE DE CENSORINUS PAR LE LAC ET LA *TÆNIA*.

« Censorinus, dit Appien [2], attaqua par terre et par le lac l'angle faible des murs qui était situé vis-à-vis la *Tænia* et la pointe de cette espèce de golfe : il fit élargir la chaussée en comblant la partie du lac ad-jacente; il y plaça deux énormes beliers manœuvrés chacun par six mille hommes des légions et de la flotte. Ces deux corps, excités par la rivalité, renversent une partie du mur, et déja on apercevait par cette brèche l'intérieur de la ville. Les Carthaginois n'ayant pu suf-fire à réparer pendant la nuit la ruine que les béliers avaient faite tout le long du jour, font une sortie; les uns étaient complétement armés, les autres ne por-

---

[1] Nos 108, 109, plan de M. Falbe. Voyez mon plan II.

[2] VIII, xcviii. L'époque précise est quelques jours avant la canicule. Voy. cap. xcix.

taient que des torches enflammées. Tous fondent sur les machines ennemies. La résistance du soldat romain empêcha les assiégés de brûler entièrement ces machines; cependant ils réussirent à les rendre tout-à-fait inutiles. Au point du jour, les Romains voulurent donner l'assaut par la brèche que les Carthaginois n'avaient pas encore fermée. On voyait, dans l'intérieur de l'enceinte, une grande place, position favorable pour combattre, où les Carthaginois étaient rangés en bon ordre, leurs *hoplites* en avant, derrière eux les hommes armés de pierres et de bâtons, enfin d'autres en plus grand nombre placés sur les terrasses des maisons qui entouraient cette place d'armes. Les Romains, méprisant un ennemi en partie désarmé, se jettent hardiment dans la brèche. Mais Scipion, alors tribun d'une légion, prévoyant le danger, plaça ses cohortes en échelons, près du mur et sur la brèche, leur défendit de s'engager dans la ville, et, par cette prudente disposition, assura le salut et la retraite des corps qui y avaient pénétré, et qui étaient déja repoussés et enveloppés par les Carthaginois. »

Ce récit détaillé d'Appien nous fait connaître plusieurs points de la topographie de Carthage, entre autres la largeur de la digue, qui était bordée par cette partie de l'enceinte faible et négligée. On voit en outre que cette courtine, nommée l'angle faible, touchait à la fois la *Tænia* et le lac, puisqu'on y donne l'escalade avec de l'infanterie et des vaisseaux [1].

De plus, une partie de l'intérieur de la ville du côté de l'angle et du mur simple qui formait une courbe

---

[1] Appian. VIII, xcvii, xcciii. Voyez mon plan III.

en se dirigeant vers les ports, se dévoile à nos yeux.
Là, se présente une vaste place d'armes propre à tenir
une partie de la garnison, position favorable pour la
défense et entourée de maisons en terrasses qui la
flanquaient de tous côtés et lui servaient, en quelque
sorte, de remparts. Sans doute la prévoyance carthaginoise voulut remédier à la faiblesse de cette partie
des fortifications contre laquelle, du reste, comme je
l'ai montré plus haut, l'ennemi ne pouvait porter un
grand déploiement de forces. C'est pourquoi elle se
ménagea une large esplanade qui pût contenir un corps
d'armée égal au moins à celui de l'assaillant, et lui procurer les moyens de se défendre avec avantage, dans
le cas extrême où le mur extérieur aurait été enlevé
par l'ennemi.

CIRCONFÉRENCE, POPULATION DE CARTHAGE.

Carthage, dit Strabon [1], est située sur une presqu'île entourée d'un mur qui a trois cent soixante stades
de développement et soixante stades dans la partie qui,
d'une mer à l'autre, traverse le col de l'isthme. Là se
trouvaient les écuries, στάσεις, des éléphants. On voit
par cette dernière phrase que c'est de la triple ligne
de défense, du τρίπλου τείχους d'Appien, que parle ce
géographe. Polybe [2], témoin oculaire, qui, pendant
deux ans, eut sous les yeux les plans [3] et les mesures

---

[1] Lib. XVII, p. 832.
[2] I, LXXIII.
[3] Vid. Plin. XXXV, VII.

*Hostilius Mancinus qui primus
Carthaginem irruperat, situm ejus
oppugnationesque depictas, propo-*

de Carthage et de ses environs, Appien [1], qui a décrit avec tant de précision la topographie de cette ville, ne donnent que vingt-cinq stades à l'isthme qui joint Carthage au continent. La périmétrie de la ville, selon Tite-Live [2], n'est que de vingt-trois milles [3]; selon Orose [4], que de vingt. Strabon attribue à la Carthage

nendo in foro, et ipse assistens populo spectanti singula enarrando : qua comitate proximis comitiis consulatum adeptus est.

[1] Punic. VIII, xcv, cxix.

[2] Epitom. Lib. LI.

[3] Servius donne à Byrsa 22 milles de tour ; Orose (IV, xxiii) 2 milles seulement. Ce n'est pas une discordance, comme on pourrait le croire au premier coup d'œil. Servius, qui commente un poète, indique par le nom archaïque de Byrsa, Carthage entière ; il est presque d'accord avec Tite-Live. Orose ne désigne ici que l'acropole dont il estime la circonférence à deux milles.

[4] IV, xxiii.

Je citerai ici un fragment d'un ms. latin, n° 8319, de la Bibliothèque royale que j'ai lieu de croire inédit. Il semble tiré d'un discours où l'auteur faisait l'éloge d'Alexandrie, en la comparant aux autres capitales, dont il donne le diamètre avec une précision minutieuse. Peut-être cet auteur avait-il tiré ces mesures de quelque cadastre ou d'un ancien traité de géographie aujourd'hui perdus :

Carthago vero, quæ principatum Africæ tenet, stadiis decem porrecta videatur stadiique parte quarta ; Babilon porro stadiis duodecim longa sit et pedibus ducentis atque viginti ; ipsa quoque domina omnium gentium Roma, quatuordecim stadiis et pedibus centum atque viginti longa primitus fuerit, nondum adjectis his partibus quæ multum congeminasse majestatis ejus magnificentia visitur ; Alexandriam mensi sunt sedecim quidem stadiis pedibus vero trecentis atque sexaginta quinque. Libri Moisi...

Je l'ai cité ici parce qu'il donne le diamètre de Carthage : en voici la traduction : l'écriture est du xie siècle :

« Que Carthage, qui tient le premier rang en Afrique, ait un diamètre de 10 stades $\frac{1}{4}$; que Babylone soit longue de 12 stades 220 pieds ; que Rome même, la maîtresse du monde, ait eu anciennement un diamètre de 14 stades et 120 pieds, quand on n'y avait pas encore ajouté ces faubourgs qui redoublent encore la magnificence de sa majesté : il n'en est pas moins vrai que ceux qui ont mesuré Alexandrie ont trouvé son diamètre de 16 stades et 365 pieds... »

Ici finit le fragment du manuscrit.

La dernière phrase : *Alexandriam mensi sunt*, qui est au présent, quand toutes les autres sont au subjonctif, m'a fait présumer que l'auteur, dans ce discours, prononcé peut-être dans le forum ou le sénat d'Alexandrie, cherchait à relever sa ville natale aux dépens des autres capitales du monde en lui donnant un diamètre supérieur à celui des autres villes qu'il a décrites avec une emphase digne de l'époque byzantine.

punique une population de 700,000 habitants. Florus [1] la compare seulement pour la grandeur à Rome et à Capoue.

S'il s'agissait de se décider entre ces témoignages discordants, d'après les règles d'une sage critique, on devrait préférer ceux de Polybe, de Tite-Live [2] et d'Appien à celui de Strabon qui n'a pas été à Carthage [3]. On pourrait alléguer qu'ayant adopté légèrement pour Carthage une population de 700,000 ames, il lui a fallu, pour rendre ce fait probable, égaler l'enceinte de Carthage à celle de Babylone et lui donner trois cent soixante stades de circonférence, tandis que les vingt-trois milles de Tite-Live ne font que cent quatre-vingt-quatre, et les vingt milles d'Orose que cent soixante stades; mais on peut, peut-être, concilier ces mesures si opposées sur la largeur de l'isthme. Si Strabon a entendu y comprendre le développement des murailles du corps de la place, Polybe et lui sont d'accord. Car la ligne de circonvallation que Scipion traça autour du triple mur n'avait, dit Appien [4], que vingt-cinq stades; mais le développement des angles et des sinuosités du grand mur donne cette mesure de soixante stades, comme nous l'avons dit, et comme on peut s'en assurer en portant le compas sur le tracé du mur figuré sur notre plan [5]. Quant

1 I, 16. II, 15.

2 Car Tite-Live devait avoir vu et consulté le plan et les vues de Carthage, conservés à Rome dans un des monuments du forum.

3 Voyez l'excellent article *Strabon*, Biogr. univ., t. XLIV, p. 3, de mon ancien ami, Malte-Brun, dont les sciences ont eu à regretter la mort prématurée.

4 VIII, cxix.

5 Voy. pl. 11, et l'avertissement en tête des cartes. Cette mesure a été calculée par M. Honoré, lieutenant-général du génie, qui m'a aidé de ses lumières pour le tracé des fortifications.

à la circonférence de trois cent soixante stades, ou il faut l'entendre du développement des quatre enceintes séparées de Byrsa, du Cothôn, de Mégara et du triple mur (car ces trois quartiers, de même que les quatre de Syracuse, avaient chacun une enceinte fortifiée); où il faut rejeter cette base comme erronée. L'état des lieux, si fidèlement représenté sur la grande carte de M. Falbe, rend cette étendue de 360 stades ou 33 milles deux tiers impossible à admettre.

L'erreur commise par Strabon sur la population de Carthage nous rappelle un exemple semblable. Shaw[1], voyageur si véridique et si éclairé, est resté douze ans à Alger, et il porte à 117,000 ames la population de cette ville, dont la surface diffère peu de celle du Champ-de-Mars à Paris; et Alger, au moment où elle fut prise par le général Bourmont, n'avait que 35,000 habitants[2] et n'en a aujourd'hui que 25,000. De plus, le rapprochement de deux passages formels d'Appien[3] prouve l'exagération de cette donnée. Tous les habitants, πᾶν πλῆθος, des campagnes voisines de Carthage (et nous savons qu'elles étaient très-fertiles et très-peuplées[4]) s'étaient réfugiés dans la ville avant qu'elle fût bloquée par Scipion. Après la prise de Mégara et du Cothôn, ils se retirèrent à Byrsa. Cependant, lors de la capitulation de cette citadelle, il n'en sortit que 50,000 ames, tant hommes que femmes, selon Appien[5]; 25,000 femmes et 30,000 hommes,

---

[1] Travels in Barbary, p. 68, ed. 1738, in-fol.

[2] Journal d'un officier de l'armée d'Afrique, p. 82, in-8°, 1831.

[3] VIII, cxx et cxxx.

[4] App. Punic. VIII, lxix. Diod. XX, viii. Procop. Bell. Vandal. I, xvii, t. I, p. 382 sqq. ed. 1833. Hérodien, VII, iv, 9. ed. Irmish.

[5] VIII, cxxx.

suivant Orose [1]; 40,000 hommes, suivant Florus [2]. Il faudrait donc, ce qui est tout-à-fait improbable, que, jusqu'à cette capitulation, les $\frac{13}{14}$ au moins de la population eussent péri par la faim ou le fer de l'ennemi.

Nous avons encore une autre base d'où nous pouvons déduire assez exactement la population de Carthage à cette époque du siége.

Appien nous dit [3] que Scipion ayant coupé l'isthme par des lignes de circonvallation et privé ainsi les Carthaginois de la faculté de recevoir des vivres du continent, la famine commença à se faire sentir. Ils ne pouvaient plus tirer de subsistances que par mer, en esquivant la flotte romaine. L'auteur ajoute qu'Asdrubal ne distribuait ces vivres qu'aux trente mille hommes seulement dont il avait fait des soldats. Or, en forçant la supposition, et en admettant que dans ce cas d'extrême nécessité ces trente mille hommes de 17 à 60 ans fussent le cinquième de la population totale, en comptant au plus haut pour cinquante mille les hommes qui avaient péri dans les combats, les deux premières années du siége, on voit que la population de Carthage, même y compris les habitants de la banlieue, n'a pu dépasser alors deux cents ou deux cent cinquante mille individus, y compris même les esclaves [4], qui avaient *tous* été déclarés libres le jour même où le sénat et le peuple de Carthage résolurent de se défendre les armes à la main [5].

---

[1] IV, xxiii.

[2] II, xv.

[3] Appian. VIII, cxx.

[4] Appian., VIII, lix.

[5] *Ibid.* VIII, xciii.

MÉGARA.

C'est entre l'enceinte de la cité et la triple défense qu'était situé le quartier de Mégara. C'est sur ce point d'où Manilius avait été repoussé [1] que Scipion établit sa première attaque. Les consuls précédents, excepté Pison, qui n'avait éprouvé que des échecs, avaient tenté de prendre Carthage du côté de l'angle faible et de la *Tænia* [2]. Dernièrement Mancinus avait essayé par mer une nouvelle attaque sur le mur simple qui bordait la ville du côté du cap Carthage et de la Méditerranée [3]. Ce général avait surpris l'ennemi peu attentif à garder un point de l'enceinte défendu par une chaîne de rochers très-escarpés, par une mer semée d'écueils et de bas-fonds où les vagues brisaient avec furie [4]. Il avait même franchi la muraille et pénétré avec quelques compagnies des légions et de la flotte, dans le *Pomœrium*, ou chemin de ronde intérieur où il avait pris position. Mais il manquait de vivres, il n'avait pu faire venir de renforts pour s'y soutenir; enfin il était au moment de se voir poussé et précipité dans la mer du haut de cette rive escarpée, lorsque Scipion qui, nommé consul, arrivait d'Italie avec de nouvelles troupes, vint le tirer de cette position périlleuse [5].

---

[1] Appian, VIII, xcvii.

[2] *Ibid.* VIII, xcvii.

[3] *Ibid.* VIII, cxiii, cxiv.

[4] Comparez les chap. cxiii et cxiv d'Appien avec le chap. cxx.

[5] Appian. cap. cxiii et cxiv.

J'ai voulu me servir de Zonaras, mais cet auteur byzantin du xiie siècle n'a fait qu'extraire Appien. Son récit même de l'attaque de Mancinus et de celle de Scipion est inintelligible, p. 467, 470, édit. in-fol.

Scipion porta de suite son camp sur l'isthme, devant la triple défense ; car ce général se proposait de réduire Carthage par la famine. Ce fut aussi le moyen qu'il employa pour soumettre Numance. Émilien, qui n'avait pas les qualités brillantes de Scipion l'Africain, son grand-père adoptif, soit pour ménager le sang de ses soldats, soit pour retremper dans les durs travaux d'un siége régulier la vigueur de l'armée dont Pison, son prédécesseur, avait laissé corrompre la discipline, se plaça sur ce point, assez près, οὐ μακρὰν, de l'enceinte de Carthage.

Asdrubal, avec toutes ses forces, prit position en face de Scipion dans un camp retranché à cinq stades en avant de la triple défense.

J'ai été obligé d'entrer dans ces détails, afin de donner une idée nette de l'enceinte fortifiée de Carthage, de la disposition des deux camps et de l'attaque du quartier de Mégara, dont le récit fixe la position précise, relativement à la triple ligne de défense, à Byrsa et au Cothôn qui sont des points déja bien déterminés.

« Après avoir rétabli la confiance et remis la discipline dans son armée, Scipion, dit Appien [1], pendant la nuit, et quand l'ennemi ne s'y attendait pas, dirigea une double attaque contre la partie de Carthage qu'on appelait Mégara [2]. Mégara est un quartier très-grand, qui est contigu aux murs extérieurs. Ayant envoyé des

---

[1] VIII, cxvii.

[2] Sans nous arrêter à l'étymologie de ce nom qui, selon C. Nepos, cité par Servius (in Æneid., I, 4), et Isidore (Origin., lib. XV, c. xii), vient du punique *Magar*, quod Pœni Magar Novam Villam dicunt, il est sûr que les auteurs grecs nomment ce quartier de Carthage Νεά-πολις, la Nouvelle Ville. L'aspect des ruines tracées sur la carte de M. Falbe prouve son origine plus.

troupes pour attaquer sur un point, il se porta lui-même à vingt stades de distance [1], avec des haches, des échelles et des leviers, en gardant le plus profond silence. Les sentinelles carthaginoises placées sur les murs de Mégara, averties de son approche, ayant poussé le cri d'alarme, son corps d'armée et celui qui faisait la fausse attaque y répondirent par un cri terrible. Les Carthaginois furent effrayés de voir la nuit tant d'ennemis tout à coup sur leurs flancs. Cependant il ne put s'emparer des murs malgré tous ses efforts. Heureusement, une tour déserte appartenant à un particulier, située hors des murs qu'elle égalait en hauteur, s'élevait à peu de distance de leur enceinte. Scipion y fait monter de jeunes soldats intrépides qui, avec des solives et des planches appuyées sur la tour et le mur, forment un pont, renversent l'ennemi qui défendait la muraille, s'en emparent, sautent dans Mégara et, après avoir brisé une des portes, y introduisent Scipion. Il y entre avec quatre mille hommes, et, par une prompte fuite, les Carthaginois, comme si le reste de la ville était pris, se sauvent dans Byrsa. Les cris des prisonniers, le tumulte qu'ils enten-

récente, et il est évident que Mégara était un faubourg de Carthage, qui, de même que les faubourgs Saint-Germain, Saint-Marceau, Saint-Antoine et Saint-Honoré, à Paris, avait été enveloppé peu à peu dans l'enceinte générale de la ville, dont Byrsa et les ports étaient la partie la plus ancienne et la plus peuplée. Une mesure de finances, ou un besoin réel, l'accroissement de la population, ou le desir d'augmenter le produit des entrées, ont-ils causé l'extension de l'enceinte de Carthage ? Nous l'ignorons ; mais, comme on le verra bientôt, Mégara présentait alors tous les caractères d'un faubourg encore assez faiblement peuplé.

[1] La traduction latine (t. I, p. 470, ed. Schweighaenser), ipse, per circuitum MMD passuum, rend très-inexactement la phrase grecque ἐϐάδιζε σταδίους εἴκοσι, et a induit en erreur MM. Estrup et Falbe, p. 49, 50. Voy. mon plan II.

daient derrière eux, effrayèrent tellement les Carthaginois qui étaient dans le camp retranché hors des murs, qu'ils abandonnèrent aussi cette position, et se réfugièrent avec les autres dans la citadelle. Mais, comme Mégara était remplie de jardins plantés d'arbres fruitiers, séparés par des clôtures en pierre sèche, des haies vives d'arbustes épineux, et coupés par de nombreux canaux profonds et tortueux, Scipion, craignant de s'engager dans ce terrain difficile dont les chemins étaient inconnus à ses Romains, et où l'ennemi, à la faveur de la nuit, pouvait lui dresser une embuscade, s'arrêta, et fit sonner la retraite. »

Maintenant, d'après ce récit détaillé d'Appien, on peut se faire une idée nette de la position de Mégara. Ce quartier, qui était séparé de Byrsa et de la vieille cité par un mur particulier, comme on le verra bientôt, touchait, dans une grande partie de son pourtour extérieur, la triple défense qui fermait l'isthme et s'étendait du lac à la mer, ou d'une mer à l'autre, c'est-à-dire, du n° 109 au n° 41 du plan de M. Falbe. Ce dernier a été induit en erreur, je pense, par la traduction latine qui fait faire à Scipion un circuit de MMD pas, dont le texte grec ne parle point. Il est forcé de supposer, ce qui est contraire aux textes d'Appien et de Polybe, que Scipion tourna le mur entre le bord de la mer vers le pied du *Djebel-Khawi*, tandis que l'attaque de la triple défense par Scipion, comme auparavant par Manilius, se fait directement le dos à l'isthme. Seulement Scipion fait deux attaques simultanées, distantes l'une de l'autre de vingt stades (près d'une lieue). L'une a pour but de faire une diversion, d'occuper l'ennemi sur un point qu'on ne veut pas aborder sérieusement; l'autre est la véritable attaque, et qui même réussit plus par une circonstance fortuite que par la force et des moyens d'action supérieurs. Ce dont on peut s'étonner, et ce qui ne peut s'expliquer que par la terreur panique des Carthaginois, c'est qu'ils n'aient cherché à défendre ni leur camp retranché, ni une enceinte si bien fortifiée. On peut accuser Appien d'avoir copié Polybe avec un peu de négligence; car il ne nous a pas donné (et son original contenait sûrement ce fait) la distance réciproque entre les trois lignes de cette triple défense, citée si souvent dans la description du site et l'histoire du siége de Carthage.

L'intérieur de Mégara, comme on voit, était pour Byrsa une espèce de position avancée qui même, les murs étant forcés, pouvait arrêter l'ennemi par ses clôtures en pierre, en haies vives, et par les canaux profonds, ὀχετοῖς βαθέσιν ὕδατος ποικίλοις, qui donnaient les moyens d'une défense longue et opiniâtre. Aussi, quand Carthage eut été prise et brûlée, le sénat fit lancer des imprécations contre ceux qui entreprendraient de relever Byrsa, ou d'habiter Mégara [1]. On peut croire que les canaux profonds qui découpaient ce faubourg avaient été creusés dans le but de servir à l'irrigation des jardins et des vergers, et à la défense de la ville. Ce ne put être pour la boisson des habitants; car le P. Caroni [2] assure que toutes les eaux qui baignent le terrain plat où je place Mégara sont généralement saumâtres, ainsi qu'à Tunis, et sur tout ce littoral.

[1] Appian, VIII, cxxxv. [2] Part. II, p. 68.

M. Estrup qui, par l'erreur de sa donnée fondamentale, a été entraîné à beaucoup d'autres, ayant placé le port au nord-ouest d'El-Mersa et une *Tænia* imaginaire au milieu de cette lagune, donne à Mégara la position du village actuel de Malqa; ce qui est contraire au témoignage de tous les textes, et ce que repousse la figure du terrain, comme on peut s'en assurer par la carte de M. Falbe.

ENCEINTE DE LA VIEILLE VILLE, CIRCONVALLATION
DE SCIPION.

Il nous reste encore à déterminer la position de l'enceinte qui enveloppait Byrsa, la vieille ville et les ports; or son étendue et sa direction nous sont indiquées dans le récit circonstancié d'Appien [1], qu'il faut d'abord traduire.

« Après la prise de Mégara, Scipion fit brûler le camp retranché que les Carthaginois avaient abandonné la veille, lorsqu'ils s'enfuirent dans la ville, et maître de tout l'isthme, il le coupa par un fossé prolongé d'une mer à l'autre [2], qui ne s'éloignait pas des

[1] VIII, cxix.

[2] C'est-à-dire de la mer au lac qu'Appien désigne souvent par le nom générique de mer, à cause qu'il y avait son entrée et que l'eau en était salée.

La Sebka pouvait former anciennement un golfe allongé jusqu'à mille mètres de Sidi - Daoud , et compris entre les oliviers de Soukara et le bord des pentes du Djebel-Khawi. Alors tout s'explique, les vingt-cinq stades, la ligne de Scipion à cent mètres du mur, la retraite de Scipion. Voy. mon Plan II et M. Estrup, p. 45, not. 27, sur le comblement progressif du lac de Tunis. Il a dû en être ainsi depuis deux mille ans du golfe de la Sebka.

Pompéii, jadis port de mer, en est à deux milles, et le Sarno ne peut être comparé au Bagrada.

murs ennemis de plus d'une portée de trait. L'ennemi l'inquiétait toujours dans cette opération où le soldat, sur un développement de vingt-cinq stades, devait tour à tour travailler et combattre. Ce fossé achevé (qui était la circonvallation), il en fit un autre de même grandeur à une faible distance (la contrevallation), qui regardait le continent de l'Afrique; il y ajouta deux fossés transversaux qui donnèrent à l'ouvrage total la forme d'un parallélogramme, et les hérissa tous de palissades. Derrière les palissades s'élevait l'*agger*. Du côté qui regardait Carthage, il construisit un mur dans toute la longueur des vingt-cinq stades, de douze pieds de haut sans les parapets et les tours qui flanquaient la courtine par intervalle. La largeur du mur était moitié de la hauteur. Au milieu était une tour en pierre, très-haute, surmontée d'une tour de bois à quatre étages, d'où la vue plongeait sur la ville. Il acheva cet ouvrage en vingt jours et vingt nuits. Toute l'armée y fut employée, se relayant tour à tour pour travailler et se battre, pour manger et pour dormir. Cela fait, il fit entrer son armée dans ces lignes. »

On voit par ce récit, qui atteste l'œil d'un témoin oculaire et la plume exacte de Polybe, que cette enceinte de la vieille ville était parallèle à celle de la triple défense, et coupait l'isthme dans une largeur égale, vingt-cinq stades. Le compas porté sur la carte de M. Falbe, depuis la Sebka jusqu'au lac, donne exactement cette distance.

« Ces lignes fortifiées, dit Appien, servaient de camp à Scipion, de défense contre l'ennemi, et coupaient à Carthage l'arrivée des convois [1] qui lui venaient du con-

---

[1] Τὴν ἀγορὰν, mot à mot le marché, les vivres (App. VIII, cxx).

tinent, puisque, excepté du côté de l'isthme, Carthage
était partout entourée par la mer. Toute la population
rurale s'étant réfugiée dans la ville, les habitants, bloqués par la flotte romaine, n'osant faire sortir des
vaisseaux, et les marchands étrangers en étant écartés
par la même cause, ils ne recevaient plus que rarement
et par mer, quand le vent était favorable, les vivres
dont la plus grande partie leur arrivait auparavant par
terre. Ce fut le principe de leurs maux. Ils commencèrent à souffrir beaucoup de la faim. Bithyas, général
de leur cavalerie, qui était sorti pour leur procurer
des vivres avant la prise de Mégara, n'osa pas tenter
de forcer les lignes romaines. Il faisait un long détour,
il apportait les provisions au bord de la mer, d'où on
les transportait à Carthage sur des vaisseaux. La flotte
romaine, à la vérité, stationnait près de la ville; mais
la ligne du blocus maritime n'était ni serrée, ni continue, ni permanente, la côte étant escarpée et
sans abri. Les vaisseaux ne pouvaient en outre s'y
mettre à l'ancre plus près de la ville, à cause des Carthaginois qui les criblaient de traits du haut de leurs
murs, et des vagues qui y brisent avec violence contre
les rochers. Aussi les vaisseaux de charge de Bithyas,
et les marchands à qui l'appât du gain faisait mépriser
le danger, attendaient qu'un vent fort soufflât de la
mer [1], et entraient dans le port, à pleines voiles, malgré

---

[1] En termes de marine, un vent frais soufflant du large, c'est-à-dire par des vents d'est ou de sud-est.

« Les vents de nord et de nord-est sont très-fréquents sur toute cette côte, et particulièrement dans la belle saison; on leur donne le nom d'*Imbatto*, ou brise du large, qui s'élève à 10 heures du matin, et rafraîchit l'air pendant le jour. Ce n'est donc pas à ce vent qu'on pourrait appliquer la qualification de *rare*, dont se sert Appien. » M. Falbe, p. 23, note 1.

les trirèmes, qui ne pouvaient égaler leur vitesse. Mais cette occasion ne s'offrait que rarement et lorsqu'il soufflait du large un vent frais. »

C'est alors que Scipion ferma avec sa jetée l'entrée du port, et que les Carthaginois, comme je l'ai dit [1], ouvrirent une nouvelle embouchure du *Cothón* jusqu'à la mer, et sortirent de ce port avec une nombreuse escadre.

Cette description d'Appien nous représente le profil de la côte qui entourait la ville de Carthage. On voit que la jetée exécutée par Scipion, comme celle que César entreprit à Brindes et le cardinal de Richelieu à la Rochelle, était indispensable pour couper entièrement à l'ennemi ses communications avec la mer.

Il ne nous reste plus, pour compléter la topographie des enceintes de Carthage, qu'à décrire le mur et les quais placés sur le bord de la mer, dont la situation, dans les auteurs anciens, confirmée par les débris de substructions et les sondes placées sur les cartes du capitaine Smyth et de M. Falbe, n'est susceptible d'aucune espèce de doute.

—

QUAIS, MURS BORDANT LA VILLE DU COTÉ DE LA MER.

Voici le récit d'Appien [2] : « Après le combat naval en pleine mer contre la flotte romaine, les petits bâtiments des Carthaginois, dans leur retraite précipitée vers le *Cothón*, s'étaient tellement entassés dans le goulet creusé dernièrement par les Carthaginois, que

[1] Appian. VIII, cxxi.   [2] Punic. VIII, cxxiii.

4.

les grands vaisseaux n'y purent entrer. Ceux-ci se réfugièrent sous le quai assez large qui, depuis longtemps, avait été construit en avant du mur de la ville, pour le débarquement et l'étalage des marchandises apportées sur des vaisseaux étrangers. On y avait ajouté, dans le cours du siége, un retranchement d'une hauteur médiocre, παρατείχισμα βραχὺ, placé à quelque distance du quai, afin que les ennemis, s'ils s'emparaient de ce quai, n'eussent pas une vaste esplanade à leur disposition pour établir leur attaque. C'est donc à ce quai que les vaisseaux carthaginois, qui n'avaient pu pénétrer dans le port, vinrent s'amarrer, la proue tournée vers l'ennemi. Les Romains, qui vinrent les y attaquer, avaient à se défendre et contre l'équipage des vaisseaux et contre les troupes de terre placées, les unes sur le quai, les autres sur le retranchement élevé parallèlement à ce même quai. La nuit mit fin au combat, et les vaisseaux carthaginois, qui ne furent ni pris, ni coulés à fond, se réfugièrent dans le *Cothôn.* »

La description de ce quai dans Appien est claire, grace aux développements, aux répétitions qu'il accumule ici pour mettre l'objet sous les yeux et le peindre d'une manière fidèle. Le quai des *West India docks*, qui sont les *Cothôns* de Londres, en offre une image assez exacte. Les magasins, placés à cent pieds en arrière du quai d'abordage, représentent le retranchement des Carthaginois, intermédiaire entre leur quai sur la Méditerranée et le mur d'enceinte de la ville. Le mot seul διάθεσιν [1], peu important pour notre to-

---

[1] Χῶμα, ὃ.... ἐμπόροις ἐς διάθεσιν φορτίων ἐγένετο. Freinshemius (Supplement, lib. LI, 16) traduit : Aggerem ad exponendas merces, un

pographie, a reçu trois interprétations différentes.

Deux mots techniques d'Appien, παρατείχισμα βραχὺ, méritent au contraire une discussion; car ils fixent à peu près la largeur de l'esplanade entre le quai baigné par la mer et le mur d'enceinte de Carthage. Schweighaeuser, peu versé dans la connaissance de la poliorcétique ancienne et moderne, a fait sur ce passage une note très-obscure [1]; elle donne une fausse idée de cet ouvrage de défense, qui était une des quatre espèces d'*agger* ou de χῶμα, terme générique qui exprime des objets très-divers et des idées très-différentes. Ainsi le χῶμα [2], dont parle Appien, à l'abri duquel se réfugient et s'amarrent les vaisseaux, est un quai, revêtu en pierre, destiné à soutenir l'effort des vagues. Aussi Appien ou Polybe qu'il a copié, pour désigner un second rempart, emploie le mot technique et précis παρατείχισμα, que le traducteur latin rend par ceux de *lorica*, d'*agger*. Ces mots donnent une fausse idée de la chose. Ce παρατείχισμα est un retranchement intermédiaire, un autre *agger* composé d'un fossé et d'un

quai pour l'étalage des marchandises; Gelenius, un quai pour le débarquement des ballots; Schweighaeuser enfin, Agger in usum mercatorum ad venum exponendas merces. J'ai préféré l'explication de Gelenius (quoique Schweighaeuser cite trois passages d'Appien qui donnent à διάθεσιν le sens de *vente*) par cette raison, qu'une place pour la vente des marchandises étrangères semblait mieux située dans la partie très-fréquentée de la ville, près des ports et de l'agora, par exemple, que dans un quai *extra-muros*, nécessairement inhabité. Ce n'était pas un champ de foire hors de la ville, comme à Beaucaire, à Guibray, occupé momentanément par le commerce, mais, dit Appien, une esplanade destinée à recevoir les importations, et servant toute l'année à cet objet. Du reste, je le répète, le sens précis de ce mot n'est nullement nécessaire à l'explication du tableau topographique que j'ai représenté fidèlement d'après l'auteur grec.

[1] T. III, p. 489, lin. 4.

[2] App. VIII, cxxiii.

glacis palissadé avec un chemin couvert derrière la palissade. C'est un terre-plein revêtu de maçonnerie, puisqu'on l'abat avec le belier [1], un rempart qui, dominant les approches, donnait de l'avantage aux armes de jet, et couvrait les défenseurs contre les traits de l'ennemi. C'est le *vallum* des camps romains stationnaires. Ce qui importe surtout à notre topographie, c'est que le passage d'Appien prouve que la distance du quai ou de la mer au mur d'enceinte de Carthage était assez grande, puisque les vaisseaux amarrés au quai ne sont soutenus que par le jet des armes de trait. A partir du quai et de l'*agger* intermédiaire, il fallait que l'esplanade eût une assez grande étendue, sans quoi les balistes et les catapultes placées sur les murs élevés de Carthage [2], qui portaient plus loin que les petites armes de jet, auraient appuyé de leur tir la défense des vaisseaux amarrés et exposés à un grand péril.

« Le lendemain matin, dit Appien, Scipion s'empara [3] de ce quai. Cet ouvrage devenait un point d'attaque très-avantageux pour entamer le port (Cothôn). Alors, ayant amené beaucoup de machines et battu avec des béliers la fortification intermédiaire, il en renversa une partie. Les Carthaginois firent une sortie la nuit, et se portèrent contre les machines des Ro-

---

1 App. VIII, cxxiv.

2 Nous savons qu'il y en avait plusieurs milliers.

3 Ἐπεχείρει τῷ χώματι. Ce verbe qui, avec le datif, signifie *aborder, attaquer*, mot à mot *mettre la main à une chose*, doit se prendre ici dans le sens de *s'emparer de*, comme cap. 97, lin 35. La suite du récit et le bon sens le prouvent. Car le quai baigné par la mer ne pouvait se prendre qu'avec des vaisseaux. Scipion ne possédait pas un pouce de terrain sur ce côté de l'enceinte de Carthage, et la mer n'y était pas navigable. L'auteur résume en un mot la prise du quai sans donner les détails de l'attaque.

mains, non par terre, car c'était impraticable [1], ni avec des vaisseaux, car la mer sur ce point est pleine de bas-fonds. Ils y marchèrent tout nus, portant des torches non allumées pour n'être pas aperçus de loin. Ils entrent dans la mer sans être vus, et s'avancent les uns à la nage, les autres ayant de l'eau jusqu'à la poitrine. Lorsqu'ils sont arrivés près des machines, ils allument leurs torches, et alors le feu les ayant découverts, ils reçurent sur leurs corps nus de terribles blessures. Mais telle fut leur audace et la vigueur de leur désespoir, que, malgré ce désavantage, ils enfoncèrent les Romains et brûlèrent leurs machines. La terreur même fut si grande, que Scipion fut contraint de faire tuer quelques-uns des fuyards pour forcer les autres à rentrer dans leur camp, où ils passèrent tout le reste de la nuit sous les armes. Les Carthaginois, après avoir brûlé les machines, retournèrent à la nage dans la ville. »

Ce récit d'Appien est difficile à concevoir d'une manière nette et précise. On voit d'abord que la partie du quai où les Romains avaient établi leurs machines n'était pas celle où les vaisseaux carthaginois s'étaient amarrés la veille, puisqu'elle était impraticable aux vaisseaux, tandis que, sur l'autre point, il s'était livré un combat naval. Ce quai ne pouvait être non plus entre le lac et les ports, parce qu'Appien fait une tout

---

[1] Probablement à cause des lignes de circonvallation établies sur le front d'attaque. Les sondes sont de deux brasses sur ce point dans la belle carte du capitaine Smyth; sur toute la ligne des n°s 47 à 51 du Pl. 1 de M. Falbe, les roches sont plus ou moins à fleur d'eau (Carthage, p. 22, ou Recherches sur l'emplacement de Carthage par le même); ce qui explique comment les Carthaginois étaient tantôt à la nage, tantôt marchant dans l'eau jusqu'à la poitrine, et pourquoi on n'y pouvait aborder par mer.

autre description du terrain, quand Censorinus attaque l'angle faible des murs qui, à partir de la triple défense, se dirigeait en courbe vers les ports. L'auteur a supprimé les circonstances intermédiaires qui eussent éclairé son récit; comment et par où les nageurs montèrent sur le quai du bord de la mer dont les Romains étaient maîtres, et ce qui les empêchait d'arriver aux machines par terre. Aussi la traduction latine de Schweighaeuser est-elle d'un vague et d'une incertitude extrême. Il n'a point fait de notes sur ce chapitre, le plus obscur sans contredit de toute l'histoire de la troisième guerre punique. Cependant, dans ce chapitre trop concis, Appien distingue avec soin le χῶμα [1] du παρατείχισμα, l'*ante-murale*, qui correspond à nos ouvrages avancés.

La suite du récit de l'attaque contre cette fortification extérieure au corps de la place montrera, je crois, que nous avons bien saisi le sens de l'auteur, et suppléé, suivant ses propres idées, les faits intermédiaires qui manquent à sa narration.

« Au point du jour [2], les Carthaginois, délivrés de la crainte des machines ennemies, réparèrent la partie de leurs fortifications tombée sous les coups du bélier, et y élevèrent des tours de distance en distance. Les Romains, tout en fabriquant de nouvelles machines, poussèrent plusieurs *agger* dans la direction des tours, et du haut de cette chaussée, ils lançaient, avec la fronde, des vases contenant du soufre, de la poix et des torches enflammées contre les tours ennemies, dont

---

[1] Ce mot correspond ici au *ripa* du latin des inscriptions : curator alvei Tiberis ac *riparum*. Seulement ce quai, cette chaussée est en pierres, au lieu que celles des fleuves ne sont qu'en terre.

[2] Appian. VIII, cxxv.

ils brûlèrent quelques-unes. Enfin, Scipion s'étant
rendu maître de toute la fortification avancée, la mu-
nit d'un fossé, y éleva un mur en brique égal en
hauteur au mur de Carthage, et à peu de distance
de ce mur; il y plaça quatre mille hommes de trait,
force suffisante pour contenir l'ennemi, et partit pour
enlever les positions et détruire les corps d'armées
placés hors de Carthage, qui envoyaient encore des
vivres à cette ville. »

C'est ici qu'il importe de saisir la véritable acception
du mot χῶμα; car ce nom générique est employé par
Appien [1] dans deux sens différents à cinq lignes de
distance. Les Romains, dit-il, poussent leurs *agger*
dans la direction des tours carthaginoises, χώματα
ἤγειρον ἀντιμέτωπα τοῖς πύργοις. C'est ici l'*agger* d'attaque [2], cette chaussée en plan incliné qui s'élevait
insensiblement jusqu'au corps de la place, et sur la
plate-forme de laquelle on élevait des tours pour dominer les murs de la ville ennemie. Cependant plus bas,
Appien nomme aussi, du terme générique χῶμα [3], la
fortification avancée des Carthaginois, qu'il a désignée
auparavant par le nom propre de παρατείχισμα [4], c'est-
à-dire cette ligne de défense intermédiaire entre le
mur de Carthage et le quai qu'il appelle aussi χῶμα [5].
Ici la signification propre du mot vague est déterminée
indubitablement par l'ensemble de la narration; mais

---

[1] Chap. cité cxxv.

[2] *Agger obsidionalis.* Dans ma
Poliorcétique des Grecs et des Romains, ouvrage achevé depuis 12
ans, mais non imprimé, j'ai traité la
matière à fond. Le premier volume,
imprimé en 1819 chez F. Didot, ne
contient que la poliorcétique des
Égyptiens et des Hébreux.

[3] Appian. VIII, cxxv.

[4] VIII, cxxiv, cxxv.

[5] VIII, cxxiii, cxxiv.

ce sont néanmoins ces mots d'un sens très-étendu qui, appliqués par les anciens à des constructions diverses, familières pour eux, hors d'usage chez nous, jettent dans les traductions un vague extrême et une obscurité désespérante, lorsque le sens propre de ces acceptions diverses n'est pas fixé avec précision pour chaque circonstance.

Scipion, selon Appien, employa tout l'été à ces diverses opérations, c'est-à-dire au rétablissement de la discipline dans son armée, à la prise de Mégara, à la construction des lignes de circonvallation en maçonnerie qui coupaient l'isthme, à l'établissement de la jetée qui ferma l'entrée du port extérieur de Carthage, à l'attaque du quai et de la fortification intermédiaire entre ce quai et les murs de la ville, enfin à la formation du retranchement et du mur en briques destiné à couper aux Carthaginois leur communication avec la mer, et à favoriser ultérieurement son attaque sur les ports.

Si l'on examine attentivement l'ensemble du récit d'Appien et l'histoire du siége de Carthage pendant les trois ans de sa durée, on sera convaincu que, malgré les forces immenses en troupes de terre et de mer employées par les Romains, il était nécessaire de procéder de cette manière lente et circonspecte pour obtenir la victoire. La position admirable de Carthage défendue par plusieurs enceintes séparées, indépendamment du *Cothon*, l'égalité des forces entre l'assaillant et l'assiégé, contraignirent Scipion à exécuter ces travaux gigantesques de circonvallation. Il lui fallut marcher pas à pas dans cette lutte difficile. Il est même probable que, si les Romains, par une perfidie plus que punique, n'eussent enlevé d'abord aux Carthaginois, déçus par l'espoir de conserver la paix, leurs armes, leurs machines et leurs vaisseaux, cette troisième guerre se serait encore terminée par un traité, et n'aurait pas eu pour résultat la ruine et la destruction de Carthage.

L'égalité de nombre dans les armées belligérantes nous est prouvée par ce seul fait, consigné dans Appien. On était à la troisième année du siége. Le corps entier de Phaméas avait passé aux Romains. Carthage avait perdu une certaine quantité de ses défenseurs, tout en repoussant les attaques de Manilius et de Censorinus, de Mancinus et de Pison. Scipion, dans la dernière campagne, leur avait fait éprouver de bien plus grandes pertes, et leur avait enlevé d'assaut Mégara et une partie du quai situé près du port. Il les tenait étroitement bloqués par terre et par mer; il leur avait coupé les vivres; il avait appelé la famine au secours de ses armes. Cependant, outre la garnison et la population de la capitale, les Carthaginois avaient encore au dehors Bithyas avec une nombreuse cavalerie [1], et Diogène, à Néphéris, avec une armée qu'Appien [2] porte à quatre-vingt-quatre mille hommes, sans la garnison de cette ville.

Ce ne fut qu'après avoir détruit cette armée, enlevé la forte position de Néphéris, qui lui coûta vingt-deux jours de siége, et par ces succès encouragé à la défection les sujets de Carthage jusqu'alors contenus dans le devoir par la présence de ce camp formidable, ce ne fut enfin qu'après avoir miné par l'action lente

[1] Appian. VIII, cxx. trup, p. 52, not 27.
[2] *Ibid.* VIII, cxxvi. Voy. M. Es-

de la famine, les forces, le courage et jusqu'au désespoir des Carthaginois, que Scipion, au commencement du printemps, entreprit d'attaquer Byrsa et le
port intérieur appelé le *Cothôn*. J'ai déja cité quelques mots d'Appien pour établir la position de ces
deux points importants, qu'on peut regarder comme
le pivot autour duquel roule l'explication de la topographie de Carthage. Je dois maintenant traduire
le récit circonstancié de cette double attaque qui termine le siége de Carthage, et dont la discussion ter-
minera aussi cette première partie de nos recherches.

ATTAQUE DU COTHON.

«Asdrubal, dit Appien [1], voyant Scipion se disposer
à attaquer le port intérieur nommé *Cothôn*, mit le feu
à la partie quadrangulaire de ce port; il croyait que
c'était sur ce point que se dirigeraient tous les efforts
de Scipion, et il y portait toute son attention. Pendant
ce temps, Lælius, à l'insçu des Carthaginois, escalada
la partie ronde du *Cothôn* qui était opposée à la portion quadrangulaire. Sa troupe ayant poussé les cris de
victoire, les Carthaginois s'épouvantent : les Romains,
méprisant leur ennemi, déja se frayent un passage sur
tous les points de l'enceinte : bientôt des machines,
des poutres et des planches sont jetées sur le canal qui
le sépare de l'île. Les défenseurs, dont la faim avait
épuisé les forces et affaibli le courage, ne leur opposent

[1] Appian. VIII, cxvvii.

qu'une faible résistance. Après avoir emporté toutes les fortifications qui entouraient le *Cothón*, Scipion occupa le forum qui en était voisin ; et là, comme la nuit ne lui permettait pas de pousser plus loin ses tentatives, il prit position avec tout le corps d'attaque, et y resta sous les armes jusqu'au retour de la lumière. Au point du jour, il y fait venir quatre mille hommes de troupes fraîches. Ceux-ci entrent dans le temple d'Apollon, se jettent sur sa statue [1] et la niche dans laquelle elle était contenue, qui étaient recouvertes de lames d'or. Ils l'en dépouillent, tranchent les lames avec leurs épées, sourds à la voix de leurs chefs, et ne se rendent au poste où Scipion les appelait qu'après avoir partagé entre eux ces dépouilles sacriléges. »

Ce récit net et précis mérite cependant une discussion approfondie. D'abord, il est évident qu'Appien, ici, par le mot *Cothón* ne désigne pas seulement, comme Strabon [2], l'île ronde située au milieu du port intérieur, mais ce port tout entier qui avait un rempart particulier. Cette enceinte extérieure du Cothôn était carrée d'un côté et ronde de l'autre. Je pense que la partie carrée de ce port regardait la mer. Car Scipion, maître du quai sur la Méditerranée, devait attaquer sur ce point, et Appien nous a dit [3] que ce général s'empara du quai et de l'esplanade, dans le but de s'en servir pour emporter les ports. Aussi Asdrubal

[1] Cette grande statue que Plutarque (Flamininus, cap. 1) appelle le grand Apollon de Carthage, fut transportée à Rome par Scipion, et placée en face du grand cirque, près de la statue en bronze de T. Q. Flamininus. Elle existait encore du temps de Plutarque.

[2] XVII, p. 832. νήσιον περιφερὲς, Εὐρίπῳ περιεχόμενον.

[3] VIII, CXXIV.

met le feu à cette portion quadrangulaire, afin d'arrêter l'ennemi, et Lælius escalade le rempart dans la partie ronde sur le point opposé. Lælius tourne l'ennemi occupé par la fausse attaque de Scipion. C'est la même manœuvre qu'à Mégara ; les Carthaginois furent trompés par la même ruse. Cette face ronde du *Cothón* doit donc être placée à l'ouest du côté de la ville basse.

Enfin, après avoir pris le rempart du *Cothón* extérieur, λαφθέντος δὲ τοῦ περὶ τὸν Κώθωνα τείχους [1], ils mettent de toutes parts, πανταχόθεν, des poutres et des planches sur les intervalles, c'est-à-dire sur cet Euripe ou canal circulaire qui entourait l'île nommée aussi *Cothón*, où était le prétoire de l'amiral, et qui était au *Cothón* tout entier ce que Byrsa était à Carthage, c'est-à-dire la citadelle du port intérieur, le quartier-général du commandant de la flotte. Ici la similitude des noms et le vague des expressions d'Appien rendent le sens de l'auteur difficile à saisir. Schweighaeuser ne l'a pas compris ; sa traduction *injectis trabibus et machinis pontibusque superantes loca hiantia* est moins précise encore que le texte, ξύλα καὶ μηχανήματα καὶ σανίδας ἐπιτιθέντες ἐπὶ τὰ διαστήματα [2]. Μηχανήματα signifie, je pense, ici, des *pon-*

----

[1] Appian. VIII, cxxvii. Ξύλα καὶ σανίδας τοῖς διαστήμασι τῶν στενωπῶν ἐπιτιθέντες, διέβαινον ὡς ἐπὶ γεφυρῶν. Ce passage, rapproché de celui que j'ai cité plus haut, rend, je crois, hors de doute l'interprétation que j'ai proposée. Ce διάστημα, ou Euripe de Strabon, devait avoir moins de largeur que le canal à Venise, au pont de Rialto, puisque l'entrée du port marchand, qui débouchait dans la pleine mer, n'avait que 70 pieds de largeur.

[2] Appien, dans l'attaque de Byrsa, VIII, cxxviii, pour exprimer le passage des Romains d'une rue à l'autre par les terrasses des maisons, emploie le même mot διάστημα, mais il explique mieux sa pensée.

tons. C'est après s'être rendu maître de l'île et de tout
le pourtour du port, c'est-à-dire, des deux *Cothôn*,
que Scipion occupe le *forum* ou l'*agora* qui en était
tout près, ἐγγὺς οὖσαν, et y prend position pour la nuit.

Appien ne nous dit pas par quel point Asdrubal
opéra sa retraite. Il est probable que ce fut par une
porte située au nord, et qui menait droit à Byrsa,
puisque nous le voyons plus tard capituler dans cette
citadelle. On peut aussi induire du silence d'Appien
dans ce récit détaillé, que le port marchand n'avait
pas d'enceinte fortifiée, et de plus, que ce port était
devenu inutile comme position militaire, depuis que
Scipion en avait fermé l'entrée avec son énorme jetée.
Ce qui confirmerait cette opinion, c'est que la Carthage romaine fut rebâtie sur l'emplacement de l'ancienne par César et par Auguste, *vestigiis magnæ
Carthaginis*, dit Pline [1], témoin oculaire, et que le
périple [2] prouve que le Cothôn était le port de la nouvelle colonie de Carthage, le *Mandracium* de Procope, qui avait pour débouché dans la mer la nouvelle
entrée que les Carthaginois avaient creusée pendant le
siége. J'ajouterai que Mannert appuie cette opinion de
tout le poids de son imposant témoignage, et néanmoins il n'a ni connu ni cité le passage décisif de
Pline.

ATTAQUE DE BYRSA.

J'ai déjà donné les passages d'Appien qui fixent la
position de Byrsa et sa situation respective à l'égard

[1] V, iii.
[2] Cité par Mannert, Géographie   des Grecs et des Romains, t. II,
p. 281.

des autres parties de Carthage. Je vais extraire du même auteur [1] quelques détails relatifs aux maisons particulières comprises entre le Cothôn, le forum et Byrsa.

Trois rues d'environ trois ou quatre cents mètres de long montaient du forum à Byrsa; elles étaient bordées partout de maisons contiguës à six étages. La défense fut terrible. On se battit, comme au fameux siége de Saragosse, de maison en maison, d'étage en étage, et en même temps dans les rues. Quand Scipion s'en fut emparé, et fut arrivé au pied de l'enceinte de Byrsa, il fit mettre le feu à ce massif d'édifices. Mais ce n'était pas un moyen suffisant pour le but du général qui voulait avoir des débouchés faciles et une vaste esplanade pour son attaque contre la citadelle. Car, dit Appien [2], ces maisons très-hautes étaient bâties en pierre, et, pour les abattre plus promptement, on ne les démolissait pas pièce à pièce, mais on les sapait par le pied, afin de faire écrouler la masse entière. Six jours et six nuits d'un travail sans relâche de toute l'armée, des chevaux et des voitures, furent employés à déblayer le terrain de ces débris. Scipion lui-même, pendant ces six jours, pressa le travail, courant partout, excitant les ouvriers, se refusant le sommeil, et ne mangeant qu'en marchant au milieu des divers ateliers. Enfin, épuisé de lassitude, il s'assit sur un lieu élevé, d'où l'on pouvait voir tout ce qui se passait. Cependant, on n'avait fait encore, dit formellement Appien [3], qu'une faible partie de la besogne, et cette horrible démolition paraissait devoir durer

[1] VIII, cxxviii. Voyez mon plan iii.

[2] VIII, cxxix.

[3] VIII, cxxx.

long-temps, lorsqu'une députation suppliante sortit
du temple d'Esculape placé au sommet de la citadelle,
et vint offrir à Scipion de lui rendre la place, pourvu
qu'on accordât la vie aux assiégés. Cinquante mille individus, tant hommes que femmes (quarante mille
hommes, selon Florus [1]; trente mille hommes et vingt-
cinq mille femmes, selon Orose [2]), sortirent de la citadelle par une petite porte de la fortification avancée [3],
et furent mis sous bonne garde. Mais les déserteurs
romains, qui n'avaient pas d'espoir de pardon, se retirent dans le temple d'Esculape, avec Asdrubal, sa
femme et ses deux enfants. De là, malgré leur petit
nombre, ils repoussaient aisément les attaques, le
temple étant placé dans un lieu élevé et entouré d'es-
carpements, que, même en temps de paix [4], on ne
franchissait que par un escalier de soixante marches.
Enfin, épuisés par le travail, les veilles, la faim et
les transes continuelles, ils abandonnèrent l'*area* du
temple, et se retranchèrent dans la nef et sur le toit.
Asdrubal, profitant de l'occasion, vint se rendre à Scipion. Celui-ci le montra aux transfuges, qui, l'ayant
reconnu, demandèrent un moment de trève; ils l'ob-
tinrent, et après avoir accablé Asdrubal de reproches
et d'injures, ils mirent le feu au temple, et se brûlèrent
avec l'édifice. Au moment où le feu s'allumait, la femme
d'Asdrubal se plaça devant Scipion, et, après un discours où respirait toute la fierté carthaginoise, égorgea

---

[1] II, 15.

[2] IV, XXII.

[3] . App. VIII, CXXX. Ἀνοιχθέντος αὐτοῖς στενοῦ διατειχίσματος.

[4] Je crois qu'Appien indique par cette exception, *en temps de paix,* καὶ παρὰ τὴν εἰρήνην, que les neuf cents transfuges avaient, pour mieux se défendre, escarpé les abords du temple d'Esculape, situé sur les roches qui couronnaient Byrsa.

ses deux fils, les jeta dans les flammes, et s'y élança après eux.

C'est alors que Scipion, par un élan spontané, prononça ces fameux vers de l'Iliade [1] sur la ruine de Troie, et avoua à Polybe, son précepteur, qui lui demanda le motif de cette citation, que, vu l'inconstance de la fortune, il avait pensé que sa patrie aurait un jour le même sort. Cette conversation, dit Appien [2], a été consignée dans son histoire par Polybe, qui était l'un des interlocuteurs.

Je vais maintenant donner la description des lieux par M. Falbe [3] : « Au nord des bassins, nᵒˢ 43 à 48, le plan présente un plateau (nᵒ 52) élevé de 188 pieds au-dessus du niveau de la mer, et composé de décombres et de débris de constructions, parmi lesquelles on reconnaît distinctement les lignes des voûtes à hauteurs diverses sur les pentes de la colline. Quelques-unes de ces voûtes (a. a.) ont une largeur de vingt à trente pieds ; la chute des voûtes et l'encombrement de ces ruines ont empêché d'en déterminer la longueur.

« La partie supérieure du plateau présente une forme carrée, déterminée par le prolongement, sur trois côtés, de murs dont les traces suivent ces directions. Au milieu du côté oriental, on voit encore les ruines d'un grand carré (b.), qui a dû être une tour ; vis-à-vis, et au milieu du côté occidental, un pavé de quatre-vingts pieds sur cent environ, construit sur des voûtes ; et près du coin sud-ouest de ce pavé, il y a encore des débris d'une bâtisse plus élevée. Le terrain supérieur

---

[1] VI, 448.
[2] VIII, cxxxii.
[3] Carthage p. 26, 27, 28.

du plateau est uni et presque de niveau, et il serait important d'y faire exécuter des fouilles. Au nord-est, les restes de murs sont plus considérables; il en subsiste quelques pans encore debout, sur la pente très-rapide qui sépare cette colline de celle n° 53, dont l'élévation est moins grande.

« Les masses de ruines qui forment, pour ainsi dire, la colline n° 52, ont deux directions principales indiquées sur le plan par les accidents du terrain, et il paraît que les décombres du plateau supérieur ont appartenu à des constructions faites elles-mêmes sur des ruines. Au revers sud-ouest du plateau, et dans la partie inférieure, on remarque auprès du n° 54, des pans considérables de murs au point c. Leur direction, qui n'est pas parallèle à celle des murs du nord-est, mais bien perpendiculaire au prolongement des voûtes indiquées par a. a. a., vient à l'appui de l'hypothèse, qu'il y a eu dans ce lieu des constructions de diverses époques; et les rangs de débris situés sur la pente de la colline, à différente hauteur, peuvent faire concevoir l'idée que l'on y trouverait les traces de la triple enceinte qui entourait *Byrsa* ou la citadelle de Carthage. »

Le récit clair et animé d'Appien offre plusieurs traits, intéressants pour la topographie de Carthage, qui ont besoin d'être développés. On peut juger déja par le temps et la masse de forces actives, telles que le feu, les bêtes de somme ou de trait, et cent vingt mille hommes employés à détruire le massif de maisons compris entre trois rues seulement (et en six jours et six nuits on n'avait achevé qu'une faible partie de cette démolition); on peut juger, dis-je, que, malgré le vœu du sénat romain, la destruction entière de Carthage fut impossible, vu le temps et le nombre de travailleurs qu'on y appliqua après le siége. On se contenta sûrement de brûler et de démanteler [1]. Encore le *Cothôn* et le port marchand sont-ils exceptés dans l'arrêt du sénat qui défend de relever Byrsa et Mégara. Comme nous savons positivement par la Chronique de saint Prosper [2] que Carthage, depuis son rétablissement, resta une ville ouverte jusqu'à la seconde année de Théodose II, où on lui permit de se fortifier; comme nous savons [3] que Bélisaire, qui releva ses murs, eut peu de temps et d'argent pour cet ouvrage, on peut regarder comme certain que ces grands débris de murs, ces substructions de tours de trois cents pieds de front, de môles, de quais, de murailles tracées sur le plan de M. Falbe [4], appartiennent exclusivement à la Carthage punique. Le coup d'œil exercé d'un architecte distinguerait aisément ces constructions antiques de celles des quatrième et sixième siècles de l'ère chrétienne. L'appareil byzantin diffère beaucoup de l'appareil punique, comme on pourra le voir dans les grandes citernes de Malqâ [5], ouvrage évidemment carthaginois, et indispensable aux besoins de cette cité, qui n'avait point alors d'aquéduc.

Je ne fais qu'indiquer la question, qui sera appuyée de nouvelles preuves dans ma seconde section sur la Carthage romaine.

[1] Semirutas Carthaginis arces. Lucan. Pharsal. VI, 585. Ce demi-vers indique que Byrsa n'était pas encore tout-à-fait détruite du temps de César et de Néron.

[2] Sancti Prosperi Tironis Aqui-tani opera omn. ed. in-fol. Paris, 1711, p. 213.

[3] Procop. Bell. Vandal., 1, 21, et de Ædific. VI, v.

[4] Nos 47 à 96. Voy. mon plan III.

[5] Dessins de Sir Grenville Temple.

Un autre détail topographique, effleuré par Appien, nous montre que Byrsa, outre son mur d'enceinte et son temple d'Esculape, qui était la citadelle de l'Acropole, avait des ouvrages avancés, διατειχίσματα, plus forts, sans doute, que celui qu'on avait élevé pendant le siége entre le quai et le mur situé au bord de la mer, et dont j'ai parlé plus haut. Florus [1] le fait entendre, en disant qu'après que tous les autres quartiers furent pris, Byrsa, *quod nomen arci fuit*, quasi altera civitas, *resistebat*.

Le récit que Diodore [2] nous a transmis de la conjuration de Bomilcar pendant la guerre d'Agathocle, détermine aussi sur ce point les limites de l'enceinte de l'acropole, puisque Bomilcar partant de Mégara avec quatre mille cinq cents conjurés, pénètre au forum, qui était près du *Cothón*, y prend position, et ne pouvant y tenir, parce que les habitants l'accablent de traits du haut des maisons élevées qui entouraient le forum, opère sa retraite sur Mégara, tout cela sans passer par Byrsa, dont le gouvernement qu'il voulait renverser était maître.

Je vais traduire en entier ce passage, qui, avec le récit d'Appien calqué certainement sur Polybe, est l'un des plus circonstanciés de ceux que l'antiquité nous a laissés sur la disposition de l'intérieur de Carthage, et qui, par conséquent, nous fournit un grand nombre de détails topographiques. On peut même présumer, d'après la variété des détails consignés dans ce récit, que la source où Diodore a puisé était un écrivain qui avait été à Carthage, que ce soit Timée, Philinus, ou des

<hr>

[1] II, 15.   [2] XX, 44.

mémoires écrits par quelque compagnon d'Agathocle, dont l'histoire ne nous a pas conservé le nom [1].

—

CONJURATION DE BOMILCAR.

« Bomilcar, dit Diodore, général de l'armée carthaginoise, ayant fait des levées dans le faubourg nommé la Nouvelle-Ville, et qui est un peu au dehors de l'ancienne Carthage, licencia tous ceux qu'il croyait attachés au gouvernement, et par cinq cents de ses concitoyens, complices de ses projets, et quatre mille mercenaires, il se fit déférer le pouvoir despotique. Il divise sa troupe en cinq corps, et entre dans la ville, massacrant tous ceux qu'il rencontre dans les rues. Une terreur incroyable se répand dans Carthage. Tous fuient, persuadés que la ville a été livrée à l'ennemi, qu'Agathocle a pénétré dans son enceinte; mais, lorsque la vérité fut connue, les jeunes citoyens courent

[1] J'avais écrit ces lignes sans avoir sous les yeux la dissertation de Heyne, *De fontibus Diodori*, mais Diodore cite lui-même deux auteurs siciliens, Callias et Antandros, comme ayant écrit l'histoire d'Agathocle. Celle de Callias de Syracuse formait vingt-deux livres. Diodore (Eclog. xxi, 12, et excerpt. Vales. p. 56) lui reproche d'avoir trop flatté le tyran. Antandros était frère d'Agathocle, et avait écrit l'histoire de ce prince. C'est tout ce qu'on en sait. Philinus d'Agrigente avait écrit une histoire de la première guerre punique, que cite Diodore, Excerpt. xxiii, 8, et Eclog. xxiii, 3. On voit donc que ce dernier historien put puiser à des sources de témoins oculaires pour la topographie de Carthage. Vid. Heyne, Diss. Laudat. p. 88. t. I, ed. Diod. Bipont. 1794.

Heyne, en ajoutant que Diodore, pour l'histoire d'Agathocle, peut avoir emprunté quelque chose à Timée (Diod. xx. 89. Ecl. xxi, 12), termine par ce jugement remarquable : Si ex uno exemplo judicium ferre licet quo inter Timæum et Calliam de Agathocle tradentes judex sedet, Diodorus, non sine memorabili aliqua integritate res Agathoclis exposuit. »

aux armes, forment leurs rangs, et marchent contre
le tyran. Celui-ci, après avoir tué tous ceux qu'il rencontre sur sa route, pénètre dans le forum : alors, les
Carthaginois ayant occupé les maisons très-hautes qui
bordent cette place publique, et de là faisant un tir
continuel, criblent de blessures les conjurés, qui, dans
cette position, étaient exposés de tous côtés aux coups
des armes de jet. Ceux-ci, trop maltraités, serrent
leurs rangs, et à travers les rues étroites, se frayent
un passage jusqu'à la Nouvelle-Ville, malgré la grêle
de traits qui pleuvent sur eux de toutes les maisons
situées sur leur route; enfin ils occupent sur une éminence une position avantageuse; mais tous les citoyens
ayant pris les armes, viennent camper devant les ré-
voltés. » L'affaire se termine par une amnistie générale
que la foi punique rompit envers le seul Bomilcar. On
le fit périr dans les plus cruelles tortures. Justin [1] ajoute
que Bomilcar fut mis en croix au milieu du forum,
afin que le même lieu où l'on avait conféré les honneurs à ses vertus fût un monument durable de la
punition de sa perversité.

Ce récit détaillé de la révolte de Bomilcar, du combat
dans les maisons, dans les places et dans les rues, et
que Diodore a extrait, sans doute, des écrits de Callias et d'Antandros, compagnons d'Agathocle, nous
fournit quelques détails topographiques curieux.

On voit d'abord qu'à cette époque [2], qui correspond
à l'an 447 de Rome, 170 ans avant le siége de Car-

---

[1] XXII, 7.

Ob quam noxam in medio foro a
Pœnis patibulo (Bomilcar) suffixus
est : ut idem locus monumentum
suppliciorum ejus esset, qui ante
fuerat ornamentum honorum.

[2] Olymp. cxviii, 309. ante Chri-
stum.

thage par Scipion Émilien, le faubourg de Mégara, la Νεάπολις de Diodore, n'était pas contigu à la ville [1]; on voit ensuite que les maisons étaient très-hautes autour du forum, et que, dans l'ancienne ville, les rues qui conduisaient à Mégara étaient étroites.

Ce récit indique en outre que cette partie de l'ancienne cité était fort peuplée, et que les habitations y étaient agglomérées.

[1] Μικρὸν ἔξω τῆς ἀρχαίας Καρχηδόνος, l. c. Ce fait de topographie est aussi indiqué dans un fragment de Salluste[1], que nous a conservé Servius[2]. *Quæ magalia sunt circumjecta civitati suburbana ædificia.* Un autre passage, cité par Servius d'après Cassius Hemina[3], présente un mot resté jusqu'ici inintelligible. *Magalia et alibi Cassius Hemina docet ita :* Sinvegiæ *magalia addenda murumque circum eam.* Peut-être est-ce le nom punique d'une portion de faubourg de Carthage, ou d'un bourg ? Car nous connaissons la rue des Mappales[4], *via Mappaliensis,* près des piscines, *juxta piscinas,* et Sinvegiæ paraît nous être donné comme presque synonyme de *Magalia* ou *Mapalia.* L'étymologie de ce mot et de son radical *eg* nous est inconnue ; ce qui est peu surprenant, puisque les scholiastes disent que c'est un mot maure ou berbère, *maura vox.* Sinvegiæ n'est inscrit dans aucun dictionnaire ; mais on y trouve *Attegiæ : Dirue* Maurorum attegias, *castella Brigantum,* dit Juvénal[5] dans une satire. Je trouve dans une inscription de Gruter[6]: MERCURIO ATTEGIAM TEGULITIAM COMPOSITAM SEV. SABULLINUS. Saumaise[7] fait à tort, je pense, un mot latin de ces *Attegiæ* maures, et le fait dériver d'*adtego.* Probablement les Sinvegiæ et les Attegiæ puniques étaient analogues à ces tours ou *columbarium* en briques, *in modum furnorum*[8], *rotunda, oblonga, incurvis lateribus,* qu'on trouve citées sans cesse dans la Bible comme étant au milieu des champs et des vignès. Enfin, elles devaient ressembler aux habitations des pâtres de la Pouille et des Maremmes italiennes, que j'ai observées de mes propres yeux, et qui ont été très-exactement figurées par M. Castellan dans les planches jointes à ses Lettres sur l'Italie[9]. Cette note ne sera pas tout-à-fait inutile, si de nouvelles fouilles à Carthage et en Afrique découvrent des inscriptions avec ces noms barbares de *Sinvegia* et d'*Attegia.*

[1] Hist. VI, 20, ed. Havercamp.

[2] Ad Æneid. I, 421.

[3] *Ibid.* Cet auteur (voy. Bayle, h. v. et Vossius, de Hist. lat.) avait écrit les annales de Rome, en quatre livres dont le dernier contenait la troisième guerre punique, dit Priscien, lib. VII, *Bellum punicum posterior.*

[4] Voyez plus bas, Carthage romaine, chap. Prétoire.

[5] XIV, 196.

[6] P. 54, n° 11.

[7] Plin. Exercit. 220, D. 615, B.

[8] Comme le dit Isidore, Orig. XV, xm, V. Mapalia.

[9] Tom. I, p. 172, pl. viii.

Un autre détail du récit, qui jette de la lumière sur les limites respectives des enceintes des trois régions de la ville, la Cité, Byrsa et Mégara, ne consiste qu'en un seul mot; mais ce mot est précieux, il ne faut pas le laisser échapper. Bomilcar ayant opéré sa retraite sur Mégara, y occupe une éminence forte par sa position, ὑπερδέξιόν τινα τόπον. Or, qu'on jette les yeux sur le plan si exact de M. Falbe, portrait fidèle de la figure du terrain de Carthage, on verra que, dans tout le vaste faubourg de Mégara, il n'y a que deux points élevés, le Djebel-Khawi, et les collines le long de la mer, près de Sidi-Bousaïd. Mannert [1] pense, et il me semble aussi que Bomilcar dut arriver de Mégara au forum en tournant au nord-est l'enceinte de Byrsa, dont il n'était pas maître, que du forum il opéra sa retraite en prolongeant les murs sud-est de l'acropole, et dut se rendre par le lieu où est aujourd'hui Malqâ, et par Mégara, qui était en sa possession, sur l'éminence de Djebel-Khawi, où il prit position. S'il était retourné par le même point où il n'avait pénétré que par surprise, la ville, alors toute en armes, l'eût coupé dans le défilé formé par l'enceinte extérieure de Byrsa, et le mur qui bordait Carthage du côté de la mer.

Si cette explication est juste, il faut que l'enceinte de Byrsa à cette époque, 309 ans avant J.-C., ait été moins étendue qu'à celle où l'auteur, quel qu'il soit, qu'a suivi Orose [2], lui donne deux milles de tour, en ajoutant que, du côté du lac, le même mur était commun à la cité et à Byrsa. Je cite ce passage important : « *Arx, cui Byrsæ nomen erat, paulo am-*

---

[1] Géographie des Grecs et des Romains, t. II, p. 269.   [2] IV, XXII.

plius quam duo millia passuum tenebat. Ex una parte *murus communis erat urbis et Byrsæ, imminens mari quod mare stagnum vocabant.* » On peut présumer que cette description de l'enceinte de Byrsa appartient à l'époque du siége ; peut-être avons-nous là un passage de Polybe négligé par Appien, et que, par cela même, le compilateur Orose a cru devoir insérer dans son abrégé de l'histoire romaine. Un fragment de Cornélius Népos, conservé par Servius [1], montre que Byrsa était enveloppée par l'enceinte de Mégara. Appien dit aussi [2] que Byrsa fut la première habitation des colons tyriens, mais qu'ensuite, lorsque leur puissance se fut accrue sur terre et sur mer, ils étendirent leur ville autour de Byrsa.

Dans une autre note, Servius donne à Byrsa vingt-deux stades de circonférence ; cette mesure se rapproche de celle d'Orose, qui attribue à cette citadelle plus de deux milles de circuit. Nous avons tracé l'enceinte de Byrsa, d'après ces données et ces mesures, les seules, à notre connaissance, que l'antiquité nous ait transmises sur la périmétrie de cette citadelle.

Le petit fragment de Justin, rapproché des passages d'Aristote sur le gouvernement de Carthage [3], nous indique l'emplacement de la curie et de la place publique où le peuple faisait l'élection des rois ou suffètes, des généraux et des premiers magistrats. Car Aristote nous dit que les rois et le sénat peuvent tout décider sans l'intervention du peuple ; mais, pour cela, il faut que les résolutions soient unanimes. Ainsi, quand Justin rapporte que Bomilcar fut supplicié au milieu de

---

[1] Ad Æneid. I, 367, 368.   [3] II, 9, Polit.
[2] Punic. VIII, 1.

ce même forum où on lui avait conféré les honneurs
suprêmes; Aristote, que le sénat seul et les suffètes pouvaient parfois nommer aux grandes places, s'ils étaient
unanimes, sinon qu'ils faisaient de suite l'exposé du
mérite des candidats et en déféraient l'élection à l'assemblée du peuple, on peut déjà en conclure que la
curie ou salle des séances ordinaires du sénat était sur
le forum, et très-probablement dans une partie du
temple de Bal ou Apollon, lequel était placé dans le
forum, près du *Cothón*, comme nous l'a dit Appien.

—

FORUM, CURIE.

Un texte positif d'Appien [1] fixe sur le forum l'emplacement de la curie. Les sénateurs, dit-il, entrés
dans la curie, se placent seuls sur leurs bancs; le
peuple entoure la curie par dehors. Quand les députés
exposent la décision cruelle des consuls, tout le sénat
pousse un cri de douleur, auquel le peuple, dans le
forum, répond par un cri terrible. Quand ils disent
avoir demandé un délai pour réclamer à Rome auprès
du sénat, le sénat et le peuple font silence à la fois;
enfin, lorsqu'ils ajoutent que les consuls ne veulent
pas même leur permettre d'envoyer une ambassade à
Rome, le sénat pousse des hurlements affreux, et le
peuple fait irruption dans la salle des séances, et mal-
traite les sénateurs qui avaient opiné pour accepter les
conditions imposées par les Romains.

[1] Punic VIII, xci, xcii.

Un passage formel de Tite-Live confirme ceux de Diodore, de Justin, d'Aristote et d'Appien, et fixe sur le forum l'emplacement de la curie, que M. Estrup [1] n'a pas su déterminer.

Pendant la trève que les Carthaginois [2] avaient obtenue du premier Scipion, avant l'arrivée d'Annibal, Octavius passe de Sicile en Afrique avec trente galères et deux cents vaisseaux de charge. La flotte est battue par une tempête qui jette la plupart des navires contre l'île d'Égimure, les autres, en face de la ville même, à l'endroit où sont les Eaux Chaudes [3]. Tous ces événements se passent à la vue de Carthage; aussi, de tous les points de la ville, on accourt au forum, les magistrats convoquent le sénat, le peuple pousse des cris tumultueux dans le vestibule, ou cour extérieure de la curie : *ex tota urbe in forum concursum est, magistratus senatum vocare, populus in curiæ vestibulo fremere.*

Ce récit, que Tite-Live a probablement tiré du XIe livre de Polybe, dont cette partie nous manque, est riche en détails topographiques, et confirme d'abord (ce qui, j'espère, ne sera plus désormais mis en question) la position de Carthage en face de la Goulette, et de la côte terminée par le promontoire Hermæum ou cap Bon. Si cette ville et son forum eussent été au nord-ouest d'El-Mersa, le rideau des collines de Byrsa aurait dérobé la vue des vaisseaux jetés sur la côte de Hammam-el-enf, *Aquæ Calidæ* de Tite-Live.

De plus, nous savons déjà, par Appien [4], que le

---

[1] P. 49.
[2] Tit.-Liv. XXX, xxiv.
[3] Voy. ci-dessus, la note, 1, p. 12.
[4] L. c.

forum était placé près du *Cothón;* Tite-Live ajoute à
cette connaissance celle de l'emplacement de la curie,
qui, de même que la curie *Hostilia* à Rome, était
située sur le forum. Cette phrase nette et précise, *ex
tota urbe in* forum *concursum est, magistratus* senatum *vocare, populus in* curiæ *vestibulo fremere,*
ne laisse aucun doute sur la position de cet édifice
public. Polybe [1] confirme encore cette position de la
curie sur le forum, lorsqu'il nous montre les ambassadeurs romains introduits dans le sénat d'abord, et
de suite dans l'assemblée du peuple.

Quand même nous n'aurions pas ces textes positifs,
les usages de la nation punique et les formes de son
gouvernement nous étant connus, on aurait pu affirmer
d'avance que la salle des séances du sénat devait être,
aussi bien que la tribune aux harangues, située sur la
place publique.

Mais l'emplacement même de cette tribune nous est
indiqué par Justin [2]; Bomilcar, attaché à une croix,
au milieu du forum, *in medio foro,* et de l'assemblée
du peuple, *in maxima populi concione,* lui adresse
des reproches du haut de sa croix, comme s'il était
sur la tribune aux harangues, *ut de summa cruce
veluti de tribunali in Pœnorum scelera concio-
naretur.*

Ainsi la position du forum est connue, et trois
monuments, la Curie, la Tribune, le temple de Bal
ou d'Apollon décoraient cette place publique. Ce fait
est positif jusque-là; une plus grande précision serait
impossible dans l'état actuel de nos connaissances sur
les ruines de Carthage.

[1] XV, 1.   [2] XXII, VII.

RUES PAVÉES OU DALLÉES.

Les rues de Carthage étaient revêtues de dalles en pierre, *strata viarum*, dit Virgile [1]. Or Servius [2] nous apprend que les Carthaginois sont les premiers qui aient revêtu de pierres les rues. Déja Pindare [3] avait consigné le même fait sur la *voirie* de Cyrène. Je crois que la phrase *vias lapidibus stravisse* signifie plutôt ici des dalles, comme celles de nos trottoirs, que de simples pavés tels que les nôtres, dont on ne trouve pas l'emploi chez les anciens, même pour les grandes routes.

La nécessité, mère de toutes les inventions, dut amener ce perfectionnement. Carthage, qui n'a presque que des puits et des sources d'eau saumâtre, ne buvait guère que de l'eau de pluie; et c'est probablement pour suppléer à l'égout des toits et pour remplir, en cas de besoin, des citernes d'une eau moins pure, à l'usage des animaux, que ses habitants ont appliqué à leurs rues un dallage en grandes pierres, probablement semblable à celui des voies romaines et des rues de Florence et de Naples.

CITERNES.

Il paraît bien positif que les citernes immenses qui existent encore bien conservées à Malqâ, près de l'an-

[1] Æneid. I, 422.   Orig. XV, 16.
[2] Servius, h. l., c. f. Isidor.,   [3] Pyth. IV, 117-124.

cienne Byrsa, sont un ouvrage carthaginois [1]. Était-ce une habitude tyrienne de ne boire que de l'eau de pluie, quand les sources étaient saumâtres [2]? Ces peuples ignoraient-ils l'art d'amener l'eau de loin sur des aquéducs? Ce qui paraît certain, c'est que l'aquéduc immense, qui se prolonge jusqu'au mont Zaghwan, n'existait pas lors des guerres d'Agathocle, de Régulus, des mercenaires, ni même dans la troisième guerre punique; sans quoi, ces ennemis de Carthage, qui, maîtres de la campagne,

---

[1] Notre confrère, le colonel Leake, m'écrit du 23 janvier 1835, que des dessins exacts des citernes ou piscines de Carthage ont été pris par M. Catherwood, et Sir Grenville Temple, qui, dit-il, vient d'explorer complétement toute la régence de Tunis. « La vue de ces portraits fidèles, apportés à Londres, m'a convaincu, dit-il, que les piscines sont véritablement un ouvrage punique, restauré seulement, dans quelques parties, par les Romains. » Les deux voyageurs anglais ont séjourné longtemps au milieu des ruines de Carthage.

[2] Quoique, en général, les puits de ce pays ne fournissent que des eaux saumâtres, il s'en trouve quelques-uns dont les eaux sont douces et bonnes à boire. Stanley [1] parle d'un puits semblable placé sur les bords de la mer, à El-Mersa, et dont les eaux douces et légères sont estimées les meilleures de toute la régence.

La grande carte de M. Falbe [2] indique aussi deux sources sur l'emplacement de Carthage; une près du n° 98, et l'autre près du n° 39; cette dernière sert à l'approvisionnement d'eau des vaisseaux mouillés à la Goulette.

L'aquéduc qui se rend à ce fort depuis le village de Malqâ, est aussi alimenté par un puits dont les eaux sont potables et qui servent à l'usage de la garnison.

Un passage de Marmol [3] (témoin et historien de l'expédition de Charles - Quint contre Tunis) vient encore appuyer les témoignages précédents, et prouve qu'*en cas de siége*, les Carthaginois avaient, outre leurs citernes publiques et privées, la ressource de quelques puits d'eau potable. Cet auteur dit : « Sur la plage même on tirait de l'eau douce, en creusant seulement trois ou quatre palmes dans le sable; les hommes et les chevaux en buvaient. »

L'armée de Charles-Quint se composait de 24,000 hommes, de 1,500 chevaux et de 1,000 matelots. Duso.

Je crois que ces puits ne suffisaient pas à la consommation totale des hommes et des chevaux, en un mot aux besoins d'une ville de 250000 habitants. D. L.

---

[1] *Observations on the city of Tunis*, London, 1786, p. 28.

[2] *Recherches sur l'emplacement de Carthage*, p. 9.

[3] *Descript. de Africa*, Granada, in-folio, 1573, t. II, pag. 352.

bloquaient étroitement cette capitale, eussent commencé, comme le firent les Vandales[1], par la priver d'eau en coupant ce conduit, et certes Diodore, Polybe, Tite-Live et Appien, qui nous ont transmis des détails topographiques nombreux, eussent parlé de cette construction gigantesque.

Utique, colonie tyrienne fondée avant Carthage, offre aussi de vastes citernes et un aquéduc fort large[2]. Or, ces deux constructions hydrauliques ne peuvent à coup sûr être de la même époque. Car l'établissement de la dernière rend l'autre inutile. Rome, qui eut de si bonne heure des aquéducs remarquables, ne nous offre aucun vestige de grandes citernes publiques. Jérusalem, Tyr et Carthage employaient ce procédé pour abreuver leurs habitants, et ce n'est que plus tard qu'ils ont adopté la méthode grecque et romaine pour se procurer cet élément indispensable aux besoins de la vie.

On voit même qu'à Carthage les grandes citernes publiques étaient placées près de l'enceinte de Byrsa, la partie la plus forte de la ville, d'où elles se distribuaient dans les piscines particulières par des conduits dont M. Falbe a reconnu le point de réunion[3].

On pourrait objecter qu'il n'en est point parlé dans l'histoire du siége, mais la raison en est évidente. Ces réservoirs étaient situés dans l'enceinte de Byrsa, qui fut attaquée la dernière, qui, après un blocus de six jours, se rendit par capitulation, et qui fut brûlée immédiatement.

[1] Procop. Bell. Vandal. II, 1.
[2] Shaw. p. 188, t. I, in-4°, trad. franç. 1743.
[3] Près des grandes citernes de Malqâ, Pl. 1, n° 62, p. 36 du texte.

Les citernes près de la mer, différentes de celles
de Malqâ, ont été décrites par Abou-Obaïd-Békri[1] :
« On voit, dit-il, à Carthage un palais appelé *Moallakah*[2], qui se distingue par une étendue et une élévation prodigieuses. Il est composé de galeries voûtées
qui forment plusieurs étages, et *il domine sur la mer.*
Du côté de l'occident, s'élève un autre monument,
appelé le Théâtre. Il est percé d'un grand nombre de
portes et de fenêtres, et s'élève également par étages.
Sur chacune des portes sont sculptées en marbre des
figures d'animaux et des représentations de toute
espèce de professions. L'édifice appelé *Houmas* (lisez
Djoumnas) se compose également de plusieurs étages ;
il est orné de piliers de marbre, de forme carrée, dont
la grosseur et la hauteur présentent des dimensions
prodigieuses. Sur le chapiteau d'une de ces colonnes,
on voit douze hommes assis autour d'une table. *Près
de là* commencent de vastes réservoirs appelés *citernes
des Diables*, encore remplis d'une eau fort ancienne,
qui existe là depuis une époque inconnue. » Édrisi
ajoute à cette description quelques détails plus précis :
« Parmi les curiosités de Carthage, dit-il[3], sont les
citernes, dont le nombre s'élève à vingt-quatre[4], sur

[1] Trad. par M. E. Quatremère, Notice des m^{ss}., t. XII, p. 497.

[2] Dans les prolégomènes d'Ebn-Khaldoun, on trouve sur cet édifice les détails suivants : « A Carthage existent encore aujourd'hui les arcades dont se compose l'édifice appelé *Moallakah*. Les habitants de Tunis ont besoin de choisir les pierres qui doivent entrer dans la construction de leurs bâtiments, et comme les pierres de ces arcades sont fort estimées des architectes, on s'attache à en démolir quelque partie ; mais ce n'est qu'après plusieurs jours d'efforts et un travail pénible, que l'on parvient à faire écrouler le moindre pan de mur. Il se tient dans cet endroit des assemblées célèbres, auxquelles j'ai souvent assisté dans ma jeunesse. » Note *ibid.*

[3] Nouv. Journ. Asiat. t. I, p. 375 et suiv.

[4] Cette description s'accorde as-

une seule ligne. La longueur de chacune d'elles est de
130 pas et sa largeur de 26. Elles sont surmontées
de coupoles, et, dans les intervalles qui les séparent
les unes des autres, sont des ouvertures et des conduits
pratiqués pour le passage des eaux. Le tout est disposé
géométriquement avec beaucoup d'art. Les eaux venaient à ces citernes d'un lieu nommé la Fontaine de
Choukar, situé dans le voisinage de *Kairowan*. »

Le passage précis de Békri fixe la position des citernes, telles qu'on les voit, nᵒˢ 65 et 38, sur le plan de
M. Falbe. La première, dit-il, qu'il nomme Moallakah,
domine sur la mer, et a le théâtre à l'ouest. Les ruines
d'un théâtre, reconnaissable par la forme de son enceinte, existent encore à l'ouest de ces piscines, et
ont été placées par M. Falbe au nᵒ 69 [1]. Les piscines,
que Békri appelle *citernes des Diables*, et qu'il indique près de l'édifice nommé *Houmas* ou *Djoumnas*,
ne sont donc pas les grandes citernes de Malqâ [2], qu'on
ne peut méconnaître dans la description claire et nette
d'Édrisi. Car Békri ajoute, en parlant des citernes de
Malqâ : « *Au centre de la ville* est creusé un immense réservoir où l'eau est amenée, d'une distance
de plusieurs journées de marche, par un aquéduc qui
tantôt est enfoncé sous terre, et tantôt passe sur plusieurs rangs d'arcades voûtées, qui s'élèvent les unes
au-dessus des autres, et semblent se perdre dans les
nuages. »

Du reste, voici leur état actuel. Shaw [3] nous dit,
« qu'en côtoyant le rivage, on trouve en plusieurs

---

sez, sauf les dimensions, avec les
détails donnés par Shaw, p. 190 de
la trad. française.

[1] Pl. 1. Voy. mon plan III.
[2] Nᵒ 38, pl. 1, de M. Falbe.
[3] Shaw. p. 190.

endroits les restes des égouts publics dont la maçonnerie est si solide qu'ils ne sont nullement endommagés. Les citernes se sont également bien conservées.
Outre celles des maisons privées, il y en avait un double
rang de publiques, dont le plus considérable était composé de plus de vingt citernes contiguës, dont chacune
avait cent pieds de long, et trente de large [1]. »

Le P. Caroni qui, ayant passé huit mois à Tunis,
a donné un plan et une description [2] très-détaillée des
piscines, attribue aux unes plus de cent quarante pieds
de longueur, plus de cinquante pieds de largeur, et
trente pieds de hauteur. Les murs, flanqués de six
tours aux angles et au milieu, ont cinq pieds d'é-
paisseur, et trente pieds de haut; ce sont celles que
Shaw n'a pas décrites, mais dont il donne le plan.
D'autres citernes, au nombre de vingt, placées sur deux
rangs, longues chacune de cent pieds et de trente
pieds de large, existaient au couchant de Mégara, vers
l'endroit où finit le grand aquéduc [3]. Ce sont les citernes décrites par Shaw; les deux récits s'accordent
parfaitement. Le P. Caroni, habile antiquaire, pense
que ces citernes appartiennent à l'époque de la Carthage punique, et qu'elles furent construites à l'instar
de celles que Gélon fit faire à Agrigente par les prisonniers carthaginois [4]. M. Leake, sur les dessins de
Sir Grenville Temple, en a jugé de même.

J'ajouterai à cette opinion un argument qui me

[1] Ce sont les grandes citernes de
Malqà. Pl. 1 de M. Falbe, n° 38.
Voy. mon plan III.

[2] Ragguaglio del Viaggio com-
pendioso d'un dilettante antiquario
sorpreso da' corsari, condotto in
Barberia e felicemente ripatriato,
a Luigi Settala. Milano, 1805,
part. II, p. 69, pl. III.

[3] N° 38, pl. 1 de M. Falbe.

[4] Diod. Sic. XI, 25. c. f. Pan-
crazi, Hist. d'Agrigente.

semble prouver clairement que les grandes citernes de Malqâ sont des constructions puniques, et ne peuvent appartenir à la colonie romaine. En effet, nous savons par Victor Vitensis [1], que ces piscines étaient hors de l'enceinte de Carthage, enceinte bâtie sous Théodose II, que les rois vandales laissèrent tomber en ruine, et que répara Justinien [2]. Est-il probable qu'on ait placé hors de la ville romaine le réservoir destiné à l'abreuver ? De plus, le grand aquéduc se prolonge jusqu'aux piscines [3], situées au pied des dernières pentes de Byrsa. Comment aurait-on fait passer les arches d'un aquéduc à travers les maisons d'une ville, car nous savons positivement que l'enceinte de la Carthage punique s'étendait fort au-delà du point où sont les citernes, et où existe aujourd'hui le village de Malqâ.

Ces deux faits, l'un historique, l'autre de position, et je pourrais dire de nécessité, me semblent prouver indubitablement que les citernes sont un ouvrage punique, et l'aquéduc une construction romaine. Je suis prêt à admettre que, l'aquéduc romain établi, les citernes carthaginoises ont pu lui servir de château d'eau, et qu'on aura profité de ce réservoir, placé sur un point élevé, pour distribuer ensuite par des égouts et des conduits dans quelques quartiers de la ville les eaux amenées des collines d'Ariana et du mont Zaghwan. Mais on doit admettre aussi que les citernes sont fort antérieures à l'aquéduc qui les eût rendues inutiles. Et pour prendre un exemple qui est sous nos yeux, l'a-

[1] De persec. Vandal. p. 90, 91, ed. in-16, 1535, p. 69, ed. Ruinart.
[2] Procop. Bell. Vandal. I, 21, de Ædific. VI, 5.
[3] Voyez le plan I, n° 38 de M. Falbe, et mon plan III.

quéduc d'Arcueil n'entre pas dans Paris, ni celui de Luciennes dans Versailles ; tous deux aboutissent à un point culminant qui, de même que le bassin de la Villette, renferme un réservoir d'où les eaux, par des conduits souterrains, se distribuent dans les différents quartiers de ces deux villes.

Nous avons dû insister sur ce point, et bien établir l'origine punique des citernes, parce que leurs positions bien fixées nous fournissent deux nouvelles bases pour l'espèce de triangulation topographique que nous allons entreprendre sur l'intérieur de Carthage.

———

THÉATRE.

Cet édifice est décrit par Virgile [1] :

.... hic alta theatris
Fundamenta locant alii, immanesque columnas
Rupibus excidunt, scenis decora alta futuris.

Sans prétendre que le théâtre décrit par Virgile existât du temps de Didon, il est sûr que les restes d'un théâtre se distinguent au n° 69 sur le plan de M. Falbe. Ils sont placés sur le bord de la mer, à l'ouest et tout près du gymnase. Comme l'auteur de l'Énéide, né en 684 de Rome, mourut en 735 [2], dix ans après la restauration de Carthage par Auguste [3], il est possible que, par un anachronisme poétique, il ait voulu flatter l'empereur en rappelant la construction de cet édifice somptueux dont ce prince aurait décoré sa nou-

[1] Æneid. I, 431.
[2] Vid. Virgilii vitam, Heyne, XLIII, en l'an 725.
t. I, p. 164 et 215, ed. Lond. 1793.
[3] Mentionnée par Dion, LII,

velle colonie. Je n'ai pu trouver dans les livres de la Bible, contemporains de la fondation de Carthage, la mention d'un théâtre à Tyr, qui eût motivé la construction du théâtre que Virgile fait élever par Didon. Mais les chapitres du livre des Rois[1] et des Paralipomènes[2], sur la construction du temple et du palais de Salomon, prouvent que Tyr possédait, à cette époque, des architectes et des sculpteurs habiles, et justifient la magnificence que le poète érudit déploie dans la fondation de Carthage, bâtie par des Tyriens deux siècles après le règne du fils de David.

Il est donc probable que les restes de ce théâtre appartiennent à la colonie romaine plutôt qu'à la Carthage punique, quoique les relations fréquentes des Carthaginois avec la Sicile et la Grèce aient pu leur donner le goût des jeux de la scène ou de l'amphithéâtre que nous voyons établis de bonne heure chez la nation grecque. Cependant l'histoire grecque et romaine ne fait mention d'aucun théâtre à Carthage. Je reviendrai sur cet édifice, dans la partie de cet ouvrage où je traiterai de la Carthage romaine; car deux écrivains arabes, l'un du XIe, l'autre du XIIe siècle, Békri et l'Édrisi, Yakouti, Ibn-Alouardi et Ebn-Ayas nous ont transmis une description détaillée de ce monument[3].

CIRQUE.

Le même doute existe à l'égard du cirque, dont

[1] III, v, II, 111.
[2] I, 14, II, 2.
[3] Voyez Notice des m[ss]. t. XII, p. 496, et Journal Asiatique, année 1828, l. c.

l'enceinte est tracée sur le plan de M. Falbe, n° 64. Cependant il est probable que l'Afrique, ayant toujours été renommée pour l'excellence de ses chevaux, et les jeux olympiques ayant commencé en Grèce dès le viiie siècle avant notre ère, Carthage dut avoir un hippodrôme destiné aux courses de chars et de chevaux.

PALAIS DE DIDON, TEMPLE DE JUNON.

On peut induire du rapprochement de deux passages de Virgile [1], que le palais de Didon était placé à Byrsa [2], tandis que le temple de Junon ou Astarté était au milieu de la ville. Là aussi, *urbe media*, d'après Silius [3] et Virgile, fut le bois sacré et le temple consacré à Didon après sa mort. Il est tout-à-fait raisonnable de croire que le temple de la fondatrice de Carthage fut élevé auprès de celui de Junon, patronne de cette ville, de même qu'à Rome le petit temple de Romulus fut placé sur le Capitole, à côté de celui de Jupiter. Si l'on fait un jour des fouilles à Carthage, on peut espérer de retrouver quelques indications de ces édifices; car, ce que les peuples conservent avec le plus de soin, ce sont les monuments des dieux ou des héros protecteurs ou fondateurs de leurs villes.

D'autres vers de l'Énéide [4] indiquent la cour du palais, *penetrali in sede sub auras*, et le *Belvédère*, *specula*, d'où l'on voyait les ports, le rivage et la

---

[1] Æneid. I, 441, 495, 630, 633.

[2] Dans ce palais (vid. Æneid. IV, 457. Ovid. Ep. VII, 99) Sichée avait un temple bâti en marbre.

[3] Bell. Punic. I, 81, sqq. Æneid. I, 446.

[4] IV, 504.

mér [1]; ces petits faits, quoique appartenant à une
époque reculée, et consignés seulement par des poètes,
touchent à la topographie de Carthage. Nous avons
dû les enregistrer, sans prétendre leur attribuer une
exactitude et une précision dont ils ne sont pas sus-
ceptibles.

PORTIQUES PUBLICS. MAISON D'HANNON.

Justin, abréviateur de Trogue Pompée, noús dit
qu'Hannon, aspirant à la tyrannie, conçut le projet
d'empoisonner le sénat de Carthage, et choisit le jour
du mariage de sa fille pour donner un festin au peuple
dans les *portiques publics*, et au sénat dans son *palais*, *plebi epulas in* publicis porticibus, *senatui in*
domo. Hannon était alors l'amiral de la flotte; nous
savons par Appien [2] que le palais de l'amiral était au
milieu de l'île du *Cothón ;* par Strabon [3] et Appien
encore, que cette île et l'enceinte extérieure du port
appelé aussi *Cothón* étaient entourées d'un double
portique. Il y a donc une grande probabilité que c'est
dans le *Cothón* qu'Hannon prépara ce banquet au sénat
et au peuple carthaginois, et le rapprochement de ces
trois passages nous fournit avec assez de précision une
position de plus dans la topographie de Carthage. Il nous
montre, en outre, que trois cents ans avant la prise de
Carthage, qui est l'époque où Hannon conçut ce détes-
table projet, la forme de l'île du *Cothón* et de l'enceinte
du port nommé aussi *Cothón*, qui entourait cette île,

---

[1] Æneid. IV, 586.   [3] L. c.
[2] L. c.

était tout-à-fait semblable à la description qu'en fait
Appien, lors du siége par Scipion Émilien. Ainsi l'é-
rection du palais de l'amiral et du double portique
remonte pour le moins au ıv⁰ siècle de Rome. C'est
un fait précieux qui constate les richesses et la splendeur de Carthage à une époque reculée sur laquelle
l'histoire ne nous a transmis qu'un très-petit nombre
de renseignements.

—

PORTES DE CARTHAGE.

Nous connaissons plusieurs de ces portes ou-
vrant sur l'enceinte extérieure. Virgile en fait déja
mention [1], *miratur portas*, et Servius dit à ce sujet
qu'il ne pouvait y en avoir moins de trois dans une
ville bâtie sous des auspices religieux. Appien [2] nous
a fait connaître la porte de Mégara qu'occupa Scipion
après la prise de ce quartier; il décrit [3] la grande route
qui se rendait au continent en coupant l'isthme. Nul
doute qu'il n'y eût une porte de ville vis-à-vis de cette
grande communication. C'est, je crois, la porte d'U-
tique indiquée par Appien [4]; elle ouvrait sur le continent, car c'est là que plusieurs des députés se séparent
des autres en retournant d'Utique à Carthage. La porte
de Théveste est indiquée par une inscription [5]; la
porte *Fornitana*, par Victor de Vite [6]. Ces détails

[1] Æneid. I, 422.
[2] L. c.
[3] L. c.
[4] VIII, 91.
[5] *Hadrianus*, Trib. pot. vii. cos. iii, *Viam a Carthagine Thevesten stravit per Leg. III. Aug.* Gruter. p. 2008, n° 3. Shaw. t. I, p. 197.
[6] *De persec. Vandal.* I, 3, p. 146, 230, ed. Ruinart.

s'appliquent, il est vrai, à la Carthage romaine ; mais on peut présumer que la nécessité de ces débouchés exista pour les Carthaginois comme pour les Romains. Une porte vers la Nécropole est légèrement indiquée par le récit de la fuite d'Asdrubal, père de Sophonisbe, qui, caché d'abord dans la ville, va se blottir dans le tombeau de son père. On peut la placer vers le Djebel-Khawi, où M. Falbe a signalé une grande quantité de tombeaux [1]. Une autre porte dut être située vers l'angle faible, et la *Tænia*, non loin du forum, et plus près de la place d'armes décrite par Appien, lors de l'attaque de Censorinus. Le récit de la fuite d'Annibal dans Trogue-Pompée et dans Tite-Live [2] implique cette position. Car Annibal, dit celui-ci, prévoyant que les députés romains sont venus pour le prendre, avant qu'ils en aient obtenu la permission du sénat, prépare tout pour sa fuite, reste toute la journée dans le forum pour écarter les soupçons, et au déclin du jour, en habit de ville, sort avec deux amis par la porte qui mène à Thapsus.

D'après Trogue Pompée, malheureusement abrégé par Justin [3], cette porte est près de la mer. Le récit semble indiquer que la maison d'Annibal était près du forum [4]. Justin diffère de Tite-Live pour la position de la *villa* d'Annibal, qu'il place près de la mer et d'une rade non loin de Carthage, peut-être le point où est à présent la Goulette, tandis que Tite-Live met

---

[1] Voyez pl. 1, entre les n°s 90 et 108, et texte, p. 43, et mon pl. 11.

[2] xxxiii, 47, 48.

[3] xxxi, 2. *Rus urbanum quod propter littus maris* habebat, ignaris servis jussisque *ad* portam reverten- tem opperiri, contendit.

[4] C. f. C. Nepos, vita Annib. xxiii, 7, et Ascon. pro Sextio, Classic. auct. e Vatican. cod. a Maio editi. t. II, p. 165, ed. 1828.

la tour d'Annibal et son embarquement dans la Byzacène, entre Acholla et Thapsus, à cinquante lieues de
Carthage.

Une autre porte d'entrée de Carthage existe encore
aujourd'hui au bord de la mer, où elle a été reconnue
par M. Falbe [1] : « Là, dit-il, existe une grande ouverture, et latéralement deux plus petites entre quatre
masses de murs dont les voûtes sont tombées ; deux
murailles plus modernes partent des deux extrémités
de ces masses, et semblent former au dedans une place
carrée de peu d'étendue. » D'après cette description,
il semble que cette porte avait la forme d'un arc de
triomphe, dans le genre de celui de Reims, qui servait
aussi de porte d'entrée à la ville. J'ai déja mentionné,
d'après Appien [2], la porte de la deuxième enceinte de
Byrsa, par où sortit la garnison de cette citadelle.

—

NÉCROPOLES DE CARTHAGE.

Plusieurs écrivains anciens nous attestent que les
Carthaginois, de même que les Tyriens, les Hébreux [3]
et les Romains, dans les premiers siècles de leur existence, avaient l'usage d'enterrer leurs morts, au lieu
de les brûler. Annibal fait enterrer Marcellus [4] et probablement aussi Sempronius Gracchus [5] ; lui-même est
enseveli à Libyssa dans un sarcophage de pierre [6].

[1] Voyez son texte, p. 38, et le
pl. i, n° 72.

[2] L. c.

[3] Voy. Michaelis, de Humatione
mortuorum ap. Hebr. in syntagm.
comment. p. 235.

[4] Tit.-Liv., XXVII, 28.

[5] Tit.-Liv. XXV, 17.

[6] Avec cette épitaphe sublime
par sa simplicité :

Annibal híc situs est.

Aurel. Victor. de Viris illustr. c. XLII.

Plaute, dans le prologue de son Pœnulus, atteste cet usage punique [1]. Cependant, à peine trouvons-nous dans l'antiquité quelques légères indications de leurs cimetières, à plus forte raison du lieu où ils étaient situés. J'ai cité le tombeau des Asdrubal; deux passages d'Appien nous mettent cependant sur la voie, et semblent fixer, si je ne m'abuse, la situation de cette Nécropole sur laquelle Hendreich et Munter, dans leurs savantes recherches sur Carthage et la religion des Carthaginois, n'avaient pu rien découvrir.

Les consuls Censorinus et Manilius, dit Appien, intiment aux Carthaginois l'ordre du sénat romain qui leur enjoint de quitter leur ville et d'en bâtir une autre à dix milles de la mer. Notre résolution inébranlable, dit Censorinus, est de détruire Carthage [2]. Hannon le supplie d'adoucir la rigueur de cet arrêt, et d'épargner

---

[1] V[s]. 59-64. Alter (Carthaginensis) est emortuus..... dico confidentius quia mihi pollinctor dixit qui eum pollinxerat. Virgile fait brûler Didon sur un bûcher (Æneid. IV, 676, V, 4). Justin (XIX, 1) cite un ordre prétendu de Darius aux Carthaginois, de brûler leurs morts, au lieu de les enterrer. C'est, à coup sûr, le contraire que Darius devait exiger, si cet arrêt, qui leur défend aussi de manger du chien (*), n'est pas un conte apocryphe. Car lui-même est enterré, comme Cyrus, comme tous les mages depuis Zoroastre. Ainsi on peut croire que Virgile a transporté à Carthage un usage grec, mais poétique, et que Justin a commis une lourde méprise pour un historien.

(*) Dans le pays de *Zab*, dont *Biscara* est la capitale, les habitants mangent encore de la chair de chien,

comme le faisaient les anciens *Canarii*, leurs prédécesseurs. (Shaw. t. I, p. 168.) Les femmes maures mangent encore de jeunes chiens pour s'engraisser. (Mém. histor. sur Tunis, par M. *Saint-Gervais*, p. 185.) Voy. aussi *Macgill*, Voyage à Tunis, p. 98.

Cet usage tartare existait jadis dans la Guyane et au Mexique. (*Humboldt*, Voy. aux Rég. équinox., in-4°, t. II, p. 625).

Les habitants de la Nouvelle-Zélande et des Iles de la Société en font leur nourriture ordinaire. (*Forster*, Voyage autour du monde en 1778, édit. angl. p. 189 et p. 208.)

Marsden rapporte la même chose des *Battas*, peuple de l'île de Sumatra.   Dus.

[2] Appian. VIII, LXXXI.

les tombes innocentes de leurs ancêtres qui seraient privées des libations et des honneurs funéraires de leurs concitoyens [1]. Ils préfèrent tous la mort, s'ils sont coupables, à la destruction de leurs temples, de leurs dieux, de leurs tombeaux, de leur cité, qui n'a pu faire injure aux Romains [2]. Censorinus leur répond : Ne feignez pas de déplorer la ruine de vos temples, ἱερὰ, de vos pénates, ἑστίας, de vos places publiques, ἀγορὰς, et de vos tombeaux, τάφους ; les tombeaux seront épargnés, tout le reste sera détruit [3].

Il me semble qu'on peut tirer de ce récit l'induction assez probable que la Nécropole et les tombeaux étaient placés dans l'enceinte de Carthage, et couverts par la triple défense dont nous avons fixé la position et figuré le tracé sur notre carte. L'état actuel des lieux appuie fortement cette conjecture. M. Falbe n'a point trouvé de traces de tombeaux en dehors des lignes des anciens murs marqués sur son plan aux n°⁵ 108 et 109 ; au contraire, il en a reconnu beaucoup de vestiges sur les pentes sud-est du Djebel-Khawi, en dedans de l'enceinte extérieure de la ville. « Ces monuments, dit-il, ressemblent à ceux d'Antioche [4]. » Le sol, m'a dit M. Falbe, dans cette partie de la ville, est maigre, âpre et sablonneux ; on n'y voit point de traces d'aucun édifice civil ou religieux. Cette dernière circonstance se retrouve aussi dans le site des Nécropoles de

---

[1] Appian. VIII, LXXXI, LXXXIV.
[2] *Ibid.*, LXXXIV.
[3] Appian. VIII, 89. Bell. punic.
[4] Pag. 43, 44 de ses Recherches sur l'emplacement de Carthage. Saint Cyprien, Epist. 82, p. 166, edit. Baluze, parle du cimetière de Carthage. Voyez mon plan II. Apulée (Florid., p. 146, ed. Bipont.) dit que les morts étaient inhumés dans le *Pomœrium* ; Diodore (XIX, 106) que les murs étaient mis en deuil dans les calamités publiques.

Tarquinies et de Vulcia, qui sont assises sur un terrain aride où la couche de calcaire coquillier dans l'une, et de travertin dans l'autre, est à peine recouverte de deux pouces de terre stérile. Les Étrusques et les Carthaginois, habiles calculateurs, n'ont consacré à leurs morts que la portion des environs ou des faubourgs de leurs villes qui était impropre à la culture, mais qui, en même temps par sa siccité, assurait une longue durée à leurs monuments funéraires.

La bande de sable qui s'étend depuis le cap Carthage jusqu'au n° 97 du plan de M. Falbe est aussi âpre, sablonneuse et stérile; on n'y a pas trouvé de vestiges de ruines autres, que celles des murs et du quai. Il serait possible que cette partie de la ville eût été consacrée aux tombeaux. Car Volterra possède, comme je m'en suis assuré par mes yeux, trois Nécropoles situées dans différents points et consacrées aux divers ordres de la cité. Y avait-il à Carthage un cimetière particulier pour le sénat et un autre pour les plébéiens? C'est ce que de nouvelles recherches feront connaître [1]. Nous savons seulement que les sénateurs et le peuple avaient des bains séparés [2].

Mannert [3], avec son jugement si sain et son érudition si étendue, tout en avouant que, faute de bonnes cartes topographiques, on ne peut se faire une idée nette des deux Carthage romaine et punique, reconnaît que la partie orientale de la péninsule ne faisait

---

[1] Je dois prier M. de Lesseps, qui est à Tunis, qui connaît les antiquités et qui dessine bien, de s'occuper de ce point et de quelques autres qui peuvent éclairer la topographie de Carthage.

[2] Val. Max. IX, v, 4.

[3] Géographie des Grecs et des Romains, part. 10, t. II, p. 265, édit. 1825, in-8.

pas partie de la ville punique. Nous ne nous attacherons pas à relever les erreurs inévitables dans lesquelles est tombé ce savant et habile géographe, qu'on doit louer au contraire d'avoir souvent si bien édifié avec de si mauvais matériaux.

TEMPLES D'HERCULE, DE CÉRÈS, DE JUPITER.

Je me plais aussi à confesser mon impuissance à rétablir les positions du temple d'Hercule, des temples de Cérès et de Proserpine, et du temple de Jupiter. Nous savons pourtant que le culte d'Hercule ou Melkarth, protecteur de Tyr, fut porté à Carthage et à Gadès [1], transporté de Carthage à Carthagène, et qu'il dut avoir un temple célèbre dans Byrsa, la vieille cité fondée par des Tyriens. « Artémidore, cité par Strabon [2] comme témoin oculaire, dit qu'aux environs du cap sacré, dans la partie que les Romains appellent *Cuneus* [3], ce dieu reçoit un culte singulier. Il n'a point de temple élevé en son honneur, comme l'a cru Éphore. On y trouve seulement en plusieurs endroits *trois ou quatre pierres l'une sur l'autre*. Ceux qui s'y rendent en pélerinage, d'après un usage transmis de père en fils, tournent ces pierres et les font changer de position, après les avoir honorées par des libations. Il ne leur est point permis d'y sacrifier des victimes, ni d'y

---

[1] Tit.-Liv. XXI, 21. Appian. Hispan. VI, 65.

[2] Lib. III, p. 138.

[3] Voyez, sur ce nom, la note 2

de la trad. franç., t. I, p. 384, que j'ai cru devoir corriger sur quelques points douteux.

mettre le pied pendant la nuit, parce qu'alors le dieu, dit-on, occupe son sanctuaire. »

Ce passage très-curieux d'Artémidore est, je crois, le plus ancien titre connu, quant à la généalogie de nos *dolmen ou pierres levées* qu'il rattache au culte d'Hercule. En Gaule, on ne se contentait pas d'offrir des libations aux dieux honorés sur ces *dolmen*. Plusieurs de ceux que j'ai fouillés m'ont offert des cendres, des charbons et des os de bœuf, de mouton, de porc et de cerf assez bien conservés pour qu'on pût, avec certitude, déterminer l'espèce d'animaux à laquelle ils avaient appartenu. Il est possible que des fouilles poussées jusqu'au sol primitif de Byrsa, qui est actuellement recouvert de 15 à 18 pieds de décombres, y fassent découvrir quelques *pierres levées* avec lesquelles les cippes puniques trouvés à Malqâ, ont, du moins pour la forme, une certaine ressemblance. Diodore [1] et Justin [2] semblent même indiquer Hercule comme patron, ou archégète de la ville de Carthage.

Quant à Cérès et Proserpine, c'étaient deux divinités grecques, introduites à Carthage par la superstition, à la suite d'une peste. Diodore [3] nous parle de leurs prêtres, de leurs rites, de leurs statues, mais sans nous dire où fut placé leur temple; j'en ai jusqu'ici cherché en vain la position dans Carthage, et Munter n'a pas été plus heureux que moi.

Quatre-vingts ans auparavant [4], Gélon avait obligé les Carthaginois par un traité à lui payer deux mille talents et à construire deux temples, ναοὺς, dans les-

----

[1] XX, 13. Vid. Munter, Relig.   der Karthager. p. 41 sqq.

[2] XVIII, 7, dans l'olympiade

[3] Diod. XIV, 76, 77.

[4] Olymp. LXXXV, 1.

xcvi, 1.

quels seraient conservées religieusement les minutes de
ce traité. Diodore [1], qui rapporte ce fait singulier,
par une négligence assez commune chez lui, ne nous
apprend pas, ce qu'eût fait Polybe, dans quelle partie
de Carthage furent élevés ces édifices, quoiqu'il ajoute
que les Carthaginois exécutèrent ponctuellement et
même avec plaisir les conditions imposées par Gélon.
J'ai cherché en vain dans l'antiquité des renseignements
plus précis. De nouvelles fouilles ou une investigation
plus heureuse que la mienne détermineront peut-être
la position de ces temples, que je me contente d'indiquer.

Pour la topographie et la description des prisons,
de l'ærarium, des temples d'Esculape, de Saturne et
d'Astarté, je les remets à la deuxième division de cet
ouvrage, qui traite de la Carthage romaine. Les détails
abondants qui nous restent dans les écrits du IIIe au
VIe siècle de notre ère nous permettront, je pense,
d'en fixer les positions avec assez d'exactitude.

DESTRUCTION DE CARTHAGE.

J'ai réservé pour la fin de ces recherches le récit de
la barbare destruction de cette ville. Ce dernier acte de
ce mémorable-siége nous représentera fidèlement la
hideuse figure de Carthage en ruine, de même que
l'histoire des trois années de sa résistance nous l'a
montrée brillante de vigueur, d'industrie, de magnifi-

[1] XI, 26.

cence, de courage et d'activité. Cette marche historique et régulière servira en même temps de transition naturelle à la peinture de sa renaissance sous les Gracques, de sa restauration par César et Auguste, enfin de cet accroissement prodigieux qui fut peut-être porté au comble sous les Antonins, et qui, vers la fin du ıv^e siècle, la maintenait encore au rang de la troisième ville de l'Empire.

« Pendant qu'on détruisait Carthage, dit Appien [1], Scipion accorda un temps limité à ses soldats pour piller tout ce qui restait dans la ville, excepté l'or, l'argent et les offrandes consacrées aux dieux. Selon Orose [2] et Florus [3], l'incendie de Carthage dura dix-sept jours; selon Appien, sept jours seulement. Grævius préfère l'opinion d'Appien, et pense que le X est une faute de copiste qui s'est glissée dans les manuscrits de Florus.

Florus même [4] déclare que ce furent les Carthaginois qui mirent eux-mêmes le feu à leurs maisons et à leurs temples, et que les Romains, quoique avec peine, se rendirent maîtres de l'incendie. En effet, il est difficile de croire qu'une ville séparée par plusieurs enceintes de murs épais bordés de larges fossés, qu'un quartier, tel que Mégara, rempli de jardins, coupé par de nombreux canaux, et où les habitations étaient clair-semées, aient pu brûler tout entiers, surtout les vainqueurs s'y opposant. Cette assertion ne doit certainement s'appliquer qu'à la partie très-peuplée de Carthage qui

---

[1] Punic. VIII, cxxxiii.

[2] IV, xxiii.

[3] II, xvi, et Grævium, h. l.

[4] II, xvi. Quanta urbs deleta sit, ignium mora probari potest. Quippe per continuos xvii (leg. vii) dies *vix potuit incendium exstingui, quod domibus ac templis suis sponte hostes immiserant.*

était comprise entre Byrsa et les ports, et dans l'enceinte même de l'acropole.

Une preuve évidente que tout ne fut pas détruit par le feu, c'est que les Siciliens et les Italiens, appelés par Scipion, vinrent reprendre les ornements de leurs villes et de leurs temples, que les Carthaginois leur avaient enlevés pour en décorer leur capitale[1]. C'étaient, dit Diodore, des portraits peints de leurs hommes illustres, des statues exécutées avec un talent remarquable, et des offrandes en or et en argent qu'on avait faites à leurs dieux. Himère y retrouva sa statue personnifiée sous les traits d'une femme et celle du poète Stésichore[2]; Ségeste, sa Diane; Gela, plusieurs objets d'art; Agrigente, le fameux taureau de Phalaris. Plusieurs villes d'Italie et d'Afrique recouvrèrent, par la libéralité de Scipion, les objets précieux dont elles avaient été dépouillées par les Carthaginois[3].

[1] App. l. c. Diodor. xxxii, t. II, p. 591, ed. Wesseling, in-f°.

[2] Cicero, Verr. II, 35.

[3] Winkelmann (Kunst gesch., I, c. 2, p. 2, p. 78, ed. in-4°) nie que les beaux-arts aient fleuri à Carthage : mais l'architecture de son Cothôn et de ses doubles portiques, le temple et la châsse d'Apollon décrits par Appien; la mention faite par Polybe (cité par Estrup, p. 38) des monuments élevés à Carthage et dans toutes ses colonies, en l'honneur d'Amilcar, fils d'Hannon; le bouclier d'argent cité par Tite-Live (XXV, 39), qui était décoré du portrait d'Asdrubal et pesait 138 livres; les statues érigées dans Carthage, à Cérès et à Proserpine (Diod. l. c.); enfin le goût des Carthaginois pour les chefs-d'œuvre de la Grèce, semblent prouver que cette assertion tranchée d'un aussi habile antiquaire doit être modifiée. Le style d'architecture des stèles votives, chargées d'inscriptions puniques (voy. pl. v de M. Falbe), des médailles phéniciennes, surtout du médaillon maxime d'argent de la Bibliothèque royale, est tout-à-fait grec, et nous induit à penser que le voisinage de la Sicile, que les relations fréquentes entre cette île et Carthage ont dû porter le goût et la culture des arts dans cette république riche et commerçante; qu'enfin, s'ils n'ont pas eu de bons artistes nationaux, ce qui n'est pas prouvé, ils se sont servis des artistes grecs, comme l'ont fait depuis les Romains, pour la décoration de leurs maisons privées, de leurs édi-

La destinée de ces admirables statues de la Sicile est tout-à-fait singulière. Transportées de Sicile à Carthage par la victoire, une autre victoire les rend à la Sicile ; le pillard Verrès les conduit à Rome, d'où un autre pillard, Genséric, les emporte et les ramène de nouveau à Carthage, dont elles avaient été enlevées six siècles auparavant.

Je ne crois pas, dans ce paragraphe, m'être trop écarté de mon sujet, car les monuments de l'art dans une ville touchent de très-près à sa topographie. Je reprends le récit d'Appien, qui se termine en nous apprenant que Scipion fit vendre le butin, brûler les armes, les machines, les vaisseaux inutiles, réduisit le domaine de Carthage en province romaine, et s'embarqua de suite avec son armée pour Rome, où il obtint le triomphe, qui eut lieu à la même époque [1] que celui de Mummius pour la prise de Corinthe, et de Metellus Macedonicus pour la défaite et la prise du faux Philippe.

———

RÉSUMÉ

DES PRINCIPAUX FAITS ÉTABLIS.

Maintenant nous croyons qu'on peut regarder comme certaines les positions de Byrsa, des ports et de leurs deux entrées, celles de la *Tænia*, de

fices publics et l'embellissement de leur capitale. Il existe à Leyde un grand nombre de monuments funéraires en terre cuite, converts d'inscriptions phéniciennes, et décorés de bustes d'individus des deux sexes remarquables par leurs traits africains et leurs cheveux nattés comme ceux des portraits monétaires de Juba.

[1] Olymp. CLX, dit Appien, VIII, CXXXIII, CXXXV.

l'angle faible et de la place d'armes située derrière ce mur. Il est juste de convenir que plusieurs de ces points importants avaient été signalés déja par MM. Humbert et Châteaubriand. Mais l'autorité de Shaw, fortifiée par la dissertation du docteur Estrup, emportant la balance, on voulait toujours placer la ville à El-Mersa et les ports dans la Sebka, quoique les textes anciens fussent en contradiction perpétuelle avec cette hypothèse. C'est à M. Falbe et à son beau plan du terrain et des ruines de Carthage qu'appartient l'honneur d'avoir mis cette vérité hors de doute.

Ce que nous avons ajouté aux travaux précédents, c'est la réunion et la discussion de tous les passages importants de l'antiquité sur la topographie de Carthage. En les appliquant au plan de M. Falbe, nous avons fixé la direction et le tracé de la triple défense de Carthage du côté de l'isthme. Nous croyons avoir déterminé positivement les deux points extrêmes de l'enceinte, l'un sur la *Tænia*, l'autre sur la Sebka, plus la direction du mur depuis la *Tænia* jusqu'au village moderne de Sidi-Daoud. Le tracé de l'enceinte, à partir de ce point jusqu'à la Sebka, n'est plus que probable; de la Sebka à la mer, il prend plus de certitude.

Les divers points d'attaque de Manilius, de Censorinus, de Mancinus et de Scipion, les positions de leurs camps, de leurs forts, de leurs lignes, nous semblent hors de doute.

Dans l'intérieur de la ville, le tracé de l'enceinte particulière de Byrsa offre une grande probabilité, celui du Cothon, une certitude.

L'établissement des Nécropoles au Djebel-Khawi et

auprès du cap Carthage n'est que probable. Ce qui est sûr, c'est que ces parties, comprises dans l'enceinte générale, n'étaient pas habitées.

On peut regarder comme certaines les positions du forum, de la curie, du temple d'Apollon, du palais d'Hannon, des portiques publics, du temple d'Esculape, de la colline en face de Byrsa décrite par Virgile.

Nous croyons avoir démontré que l'enceinte de la Carthage romaine ne date que de Théodose II; que les grandes substructions de murailles appartiennent, ainsi que les deux piscines, à la Carthage punique; que les deux tracés de ces enceintes de diverses époques suivent des lignes différentes.

Enfin, nous croyons avoir assez bien assigné la valeur des témoignages, concilié les diverses mesures des anciens sur la périmétrie de Carthage, et, d'après des bases certaines, réduit à sa juste valeur la population de cette ville si fort exagérée par Strabon.

Nous le répétons encore, si ces recherches consciencieuses ont établi quelques faits précis, et d'autres très-probables, on le doit à M. Falbe. Sans son plan si exact, qui représente avec tant de fidélité les contours et le relief du terrain, ce travail sur la topographie de Carthage eût été impossible, ou le résultat infructueux.

CARTHAGE ROMAINE.

J'ai indiqué, dans la première division de cet ouvrage, quelle était la masse des ruines de Carthage et le temps qu'il fallut à cent vingt mille travailleurs pour déblayer trois rues seulement. On a pu voir que, pour consommer la destruction, le feu fut un moins puissant auxiliaire qu'on ne l'avait présumé, parce que toutes les maisons étaient bâties en pierres, beaucoup plus communes à Carthage que le bois, et couvertes de terrasses en stuc et en maçonnerie [1]. On a vu que les quais, les môles, les huit enceintes séparées des ports, de l'acropole, de Mégara, étaient construits en grandes pierres de taille. Le simple bon sens réfute donc l'assertion d'Orose, abréviateur du ve siècle, quand il nous dit [2] que, dans cette circonstance, toutes les pierres des murs de Carthage furent réduites en poussière.

Discussion du temps employé à la destruction
de Carthage.

Un autre élément nécessaire pour la destruction,

---

[1] Voy. l'Appendice n° II.

[2] IV, xxiii. Diruta est Carthago, omni murali lapide in pulverem comminuto. Voy. l'Appendice n° III, sur les sources où a puisé Orose.

c'est-à-dire la démolition complète de Carthage, c'est
le temps qui put être employé à cette œuvre, et je me
suis attaché à le rechercher. C'est au commencement
du printemps, dit Appien [1], ἀρχομένου δ' ἔαρος, que
Scipion revient de Néphéris, et se dispose à l'attaque des
ports et de Byrsa. Il est évident que pour les préparatifs
d'*aggers*, de tranchées, de machines destinées à emporter deux citadelles aussi fortes, défendues chacune
par trois enceintes séparées, il dut employer quelques
jours, quoique l'auteur grec ait omis ces détails [2].
Carthage avait encore ses forces, sa population et surtout sa garnison presque tout entières. Depuis la prise
du *Cothón* jusqu'à la capitulation de Byrsa, il se passa
sept jours. Appien précise cet intervalle [3]. Mais,
comme, après cet événement, Scipion envoya un vaisseau à Rome pour annoncer la prise de Carthage et
demander les ordres du sénat relativement à la destruction complète de cette ville, ou à sa conservation
en la rendant une ville ouverte ; comme pendant ce
temps nous voyons l'armée employée à piller les maisons, à passer des revues, à vendre son butin, à brûler
les armes, les machines, les vaisseaux, et enfin à se dé-
lasser des fatigues d'un siége si long et si pénible [4],
il est certain que, pendant cette période, la démolition
de Carthage ne dut pas faire de progrès, et que ce
n'est pas alors que tous les blocs de ses murailles
furent réduits en poudre menue, *in pulverem com-*

[1] Punic. VIII, cxxvii.

[2] L'histoire moderne éclaire l'histoire ancienne. L'investissement formé, on n'a pas de suite donné l'assaut à la citadelle d'Anvers. Mais
nous n'avons pas le journal du siége
de Carthage, et les opérations du
siége d'Anvers nous ont été transmises jour par jour.

[3] Punic. cxxviii, cxxx.

[4] *Ibid.* cxxxiii.

minutis. Un certain temps s'écoula à Rome pour les sacrifices, les supplications, les jeux et les spectacles décernés à l'occasion de ce grand succès. Enfin le sénat s'assemble et décide que dix commissaires, choisis dans son sein parmi ses membres les plus distingués, iront en Afrique pour statuer, conjointement avec Scipion, sur le sort de Carthage, et réduire ses possessions en province romaine, de la manière la plus avantageuse à la république [1]. Les jours, les semaines, s'écoulent, et la démolition de Carthage reste suspendue, *pendent opera interrupta.*

Ce n'est qu'après l'arrivée de la commission, et sans doute après de mûres délibérations, que ce conseil des Dix décide que Scipion détruira tout ce qui reste de Carthage, proclame une défense formelle d'habiter et surtout de relever Byrsa et Mégara, avec des imprécations contre les transgresseurs [2]; cependant ils ne défendirent point d'*y entrer*, ἐπιβαίνειν. Ces mots indiqueraient, comme je l'ai dit plus haut, que le *Cothón* fut excepté de la ruine totale à laquelle Appien et Florus nous ont fait voir que Scipion s'était opposé. Il fut probablement conservé comme port marchand nécessaire à l'exportation des produits de la féconde Zeugitane et de la Byzacène qui formèrent par leur réunion la province d'Afrique, et auxquelles fut délégué l'approvisionnement de Rome. La suite du récit d'Appien montrera combien, depuis cet arrêt du conseil des Dix, on put employer de temps et d'hommes à la démolition de Carthage, dont l'enceinte était au moins

[1] Tous ces détails se trouvent dans Appien, VIII, cxxxv.

[2] Ἐπηράσαντο μάλιστα περὶ τῆς Βύρσης, ἥτις οἰκήσειεν αὐτὴν, ἢ τὰ καλούμ. Μέγαρα. Appian. VIII, cxxxv

de 160 stades et la superficie de 18 millions de mètres. La commission arrêta que toutes les villes qui, dans cette guerre, avaient fourni des secours aux Carthaginois seraient détruites, καθελεῖν ἁπάσας. Voilà un bon nombre des démolisseurs de Carthage détournés de leur emploi. Après avoir pris ces dispositions, les commissaires reviennent à Rome, et Scipion, lorsqu'il eut exécuté leurs arrêts, retourna dans cette capitale avec son armée, et y entra en triomphe vers la CLX[e] olympiade, dit vaguement Appien [1], mais réellement la troisième année de la CLVIII[e] olympiade [2]. M. Albert s'est chargé de déterminer l'époque précise du triomphe de Scipion, qui tomba la même année que celui de Métellus et de Mummius. D'après l'*Art de vérifier les dates* [3], le triomphe de Scipion Émilien sur les Carthaginois [4] est de la fin de septembre ou octobre, 608 U. C., 147 avant J.-C.

Cette date est encore indiquée par l'usage des Romains de ne se hasarder sur mer qu'entre les équinoxes de mars à septembre; les six autres mois, la

---

[1] App. *ibid.* VIII, cxxxv.

[2] Orose, IV, xxiii, dit que l'incendie de Carthage dura dix jours, et que tous les prisonniers furent vendus omme esclaves, excepté quelques itoyens d'un rang élevé, et que tou les murs furent réduits en poussièl. La même exagération se trouve ans la phrase oratoire de Cicéron, où il dit : « Nos ancêtres ne se nt pas contentés d'affaiblir Carthage et Corinthe, qui étaient loin de leurs yeux surveillants. Ils ont fait plus : de crainte qu'un jour elles ne pussent se recréer, se relever, se rétablir de nouveau, ils les ont détruites de fond en comble, *funditus sustulerunt.* »

[3] T. V, p. 128, 2e édit. de 1819.

[4] Pline, XXXIII, 11. Florus, II, 14. Tite-Live, Epitom. LII. Valerius Max. VII, 1, V, 4.

[1] Agrar., II, xxxii.

mer était regardée comme innavigable [1]. Or Scipion, chargé des dépouilles de l'Afrique, avait toutes sortes de motifs pour éviter à sa flotte les tempêtes qui se déclarent quinze jours avant ou quinze jours après l'équinoxe de septembre : donc il dut arriver à Rome avant le 22 ou même le 8 de ce mois.

Je me suis vu forcé d'entrer dans tous ces détails, et d'établir une discussion précise des faits et des dates pour détruire, s'il est possible, mais ce dont je désespère, une vieille erreur de notre enfance, née du fameux *delenda Carthago* de Caton, des déclamations oratoires et des amplifications poétiques qui, depuis Velléius jusqu'à Sannazar et au Tasse, a fourni de si belles pages à l'éloquence et à la poésie, et qui nous représente l'emplacement de Carthage comme une table rase où les ruines même avaient péri, *etiam periere ruinæ*.

C'est un fait malheureusement trop vrai, qui tient à notre nature crédule et passionnée pour le merveilleux, surtout dans la jeunesse où l'imagination prédomine sur la raison et le jugement; c'est un fait malheureusement trop vrai, je le répète, que les mensonges sublimes et les exagérations brillantes de la poésie acquièrent à la longue une autorité sur les esprits, et viennent à bout d'obscurcir les faits et d'altérer les sources pures, les récits simples et naïfs de la vérité historique. C'est grace à leur style pittoresque et animé, peut-être au merveilleux, à l'incroyable semés, de temps à autre, dans leurs récits,

[1] Vid. Ciceron. ad Atticum, lib. IX et X, passim.

que, dans le grand naufrage de la littérature antique, Hérodote et Pline sont arrivés tout entiers jusqu'à nous, tandis que le sage Tite-Live, que le sévère Salluste, que l'érudit Trogue-Pompée, que Caton et Varron, si instruits sur les origines italiennes, que Tacite même, écrivain si profond, le fléau des tyrans et des sociétés corrompues, ne nous sont parvenus qu'horriblement mutilés.

C'est ce penchant fatal, inhérent à la nature de l'esprit humain, qui nous a conservé des livres entiers sur les songes, sur les prodiges, sur la magie, et qui nous a ravi Théopompe et Phillinus, qui a sauvé la moitié de Diodore, et anéanti les sept dixièmes de Polybe. En effet, tous les écrivains anciens et modernes, qui,

> Moins jaloux de briller que désireux d'instruire,

se sont adressés à la seule raison de l'homme, ont fait un mauvais calcul, ont méconnu sa nature propre, ou plutôt le caractère prédominant dans les facultés de l'esprit humain. Ils auraient dû peut-être condescendre à notre faiblesse, enduire de miel les bords du vase, pour nous faire boire sans répugnance l'âpreté des vérités morales ou historiques. Ils auraient dû prendre pour auxiliaire l'imagination, si bien nommée *la folle du logis*, parce que, depuis le berceau jusqu'à la tombe, elle habite toujours dans le labyrinthe inexplicable des circonvolutions du cerveau de l'espèce humaine.

Hélas! je m'aperçois, qu'en les accusant, j'ai prononcé d'avance ma propre condamnation! Eh! comment puis-je espérer de réussir à dissiper le nuage obscur qui enveloppe les ruines de Carthage, lorsque l'illustre auteur *des Martyrs* et de *l'Itinéraire*, lorsque le premier écrivain politique du siècle, ayant reconnu les lieux, s'appuyant sur la longue expérience d'un savant qui avait fait, pour ainsi dire, de Carthage son domaine [1], fortifiant la véracité de ses récits de tout le poids de son éloquence et de son imagination puissante, n'a pu détruire une erreur palpable, mais qui, depuis deux mille ans, avait pris de profondes racines dans la crédulité de l'esprit humain?

« Faites votre devoir et laissez faire aux dieux » a dit un grand poète; je vais donc tâcher de remplir le mien, qui est la recherche consciencieuse de la vérité, et de prouver que la colonie romaine, établie sur les ruines de Carthage vingt-quatre ans après la prise de cette ville [2], dut trouver un grand nombre d'édifices subsistants, les uns entiers, les autres endommagés par le feu, et qu'enfin, malgré l'arrêté des dix commissaires, l'armée de Scipion, vu le peu de temps qu'elle y employa, ne put que démanteler Carthage, et non pas la détruire de fond en comble.

L'exagération des expressions oratoires a, je le répète, imprimé fortement dans les esprits cette erreur palpable; et que, malgré l'évidence des faits, je ne parviendrai peut-être pas à détruire.

Une autre opinion erronée, qui a pris aussi de profondes racines, est provenue de ce qu'on a accordé une trop grande extension aux malédictions, *diris*, prononcées par les commissaires du sénat contre ceux qui tenteraient de relever Byrsa ou Mégara [3]. Je dois si-

---

[1] Le lieutenant-colonel du génie Humbert, qui a passé vingt ans à Tunis.

[2] Voy. Art de vérifier les dates, t. V, p. 185, 186.

[3] Elle a été adoptée par le docteur Estrup, et ensuite, sur la foi du premier, par le savant Ritter. Vid. supr., pag. 4.

gnaler encore cette erreur ; je dois la soumettre à la discussion consciencieuse d'une critique solide, rapporter fidèlement les faits, les opinions, discuter, assigner la valeur des témoignages, peser l'influence des idées religieuses, déterminer leurs phases successives dans le cours des VIIe et VIIIe siècles de Rome, observer avec soin la prédominance alternative des partis démocratiques et oligarchiques dans cette période de la république romaine. Ce ne sera qu'après ces préliminaires indispensables que j'entrerai dans la topographie de Carthage romaine.

Je ne craindrai pas de m'étendre dans cette discussion, car elle est l'exorde nécessaire de mon sujet ; et, comme on pourra s'en convaincre aisément, c'est surtout l'opinion, arrêtée d'avance, qu'un Romain ne pouvait habiter sur le sol de Carthage, que cette ville avait été entièrement anéantie ; c'est, dis-je, cette opinion, admise presque sans examen, même par la savante Allemagne, qui a entraîné les érudits, les voyageurs, dans des déceptions continuelles, qui leur a fait attribuer aux Romains des constructions évidemment puniques, chercher la ville carthaginoise où elle ne pouvait être, et la colonie romaine où elle n'était pas.

La formule de l'évocation des dieux tutélaires de Carthage, et celle du dévoûment de cette ville à Pluton [1] et aux dieux mânes, nous a été, comme je

---

[1] Dis pater Vejovis. *Vejovis*, Jupiter enfant, ou Jupiter *méchant*, *vesanum*, qui a le pouvoir de nuire et non celui de protéger, ou Apollon aux flèches mortelles, ou enfin Orcus ou Pluton. Vid. Forcellini, h. v., qui cite ces interprétations opposées, données par les anciens, du mot *Vejovis*, et n'ose décider entre elles. Je penche pour l'opinion que, dans la formule imprécatoire de Macrobe, c'est la dernière explication qui doit être admise.

l'ai dit, transmise par Macrobe, qui l'avait trouvée dans Serenus Sammonicus, lequel l'avait tirée du livre d'un certain Furius, auteur très-ancien, *vetustissimi autoris.* C'est un monument fort curieux de la liturgie romaine, qui remonte peut-être au temps de Tullus Hostilius, ou des rois d'origine étrusque. Je parle du sens et du fond de la formule ; car les formes ar-chaïques du vieux langage ont disparu, comme on peut le voir aussi dans l'imprécation que Tite-Live [1] fait prononcer à Décius, lors de la bataille contre les Latins au pied du Vésuve.

Voici quelques lignes de la formule imprécatoire conservée par Macrobe [2] : *Dïs pater, Vejovis, Manes, sive vos quo alio nomine fas est nominare, ut omnes illam urbem Karthaginem exercitumque quem ego me sentio dicere, fuga, formidine, terroreque compleatis.... exercitumque hostium, urbes, agrosque eorum quos me sentio dicere, uti vos eas urbes agrosque, capita, ætatesque eorum devotas consecratasque habeatis, illis legibus quibus sunt maxime hostes devoti...* etc... Cette formule atteste positivement la prédominance de la liturgie étrusque dans le culte romain et l'époque de la domination des rois originaires de l'Étrurie. Je croirais que *Dïs pater Vejovis* ne désigne qu'un seul dieu, *Mantus,* le père des Mânes, le *Jupiter*

---

[1] VIII, ix.

> *Jane,* Jupiter, Mars pater, Quirine, Bellona,
> Lares, Divi Novensiles, Dii Indigetes.....
> Diique Manes...... legiones auxiliaque hostium,
> Mecum, Diis Manibus Telluri-

que devoveo.

La préséance donnée à Janus sur Jupiter, dans cette prière, indique, ce me semble, l'époque de Rome où régnait la dynastie latine ou sabine, et où le culte indigène avait encore la prééminence.

[2] Saturnal., III, 10.

Catachthonien, le Pluton des Grecs, et la fin de la prière : Ovibus atris tribus, *Tellus mater teque, Jupiter, obtestor*, le prouve ; car on n'offrait de victimes noires ni à Ζεὺς, ni à Apollon Ἐκήβολος, mais seulement aux dieux infernaux.

Je n'ai rien dissimulé de l'énergie de cette sorte d'excommunication. J'ai voulu la citer en propres termes, car elle dut être fulminée sans doute contre ceux qui tenteraient de relever Byrsa et Mégara. Je ne doute pas qu'au temps de Numa, des Tarquins, des Décius, même de la deuxième guerre punique, elle n'eût une grande puissance et n'eût été religieusement respectée. Les peuples, dans leurs calamités, sont poussés par la crainte à la superstition. Rome et Carthage l'ont prouvé par de nombreux exemples. Mais les quatre-vingts dernières années avaient amené de grands changements dans les mœurs et les croyances romaines. Déja les guerres de Philippe et d'Antiochus [1], la conquête de l'Asie-Mineure et de là Macédoine, le contact intime de Rome avec la Grèce et l'Asie, lui avaient fait connaître et goûter les mœurs et les usages des Grecs, leur langue et leur philosophie. Le scepticisme de Pyrrhon, la morale relâchée d'Épicure, l'athéisme même ou plutôt le matérialisme qui en forme la base, avaient déja fortement ébranlé la religion et les croyances romaines. On approchait de l'époque où deux aruspices ne pourraient plus se regarder sans rire. Le grand *arcane* sacerdotal, moyen si puissant de gouvernement, avait été dévoilé aux profanes. Le culte des dieux, la crainte de leur

[1] 553, U. C. à 565.

courroux, le respect pour leur puissance, étaient déja mis en question au commencement du VIIe siècle de Rome. Je n'en citerai pour preuve qu'un seul exemple pris dans les armées de Camille et de Scipion Émilien, toutes deux formées de l'élite des citoyens romains. Véies est prise d'assaut, comme Carthage, après un siége encore plus long que ce dernier. Dans les deux circonstances, on évoque les divinités tutélaires de la ville. C'est la même formule, le même culte avec les mêmes formes. Mais, la ville prise, les soldats de Camille, avant d'entrer dans le temple de Junon, se purifient, se revêtent d'habits blancs, et, avec un respect vraiment religieux, supplient la déesse de venir avec eux à Rome [1]. Les soldats d'Émilien, après la prise du *Cothôn*, se jettent en impies sur la chapelle et la statue d'Apollon, tranchent avec leurs épées les lames d'or dont elles étaient revêtues, traitent le dieu comme il avait traité Marsyas, et, sourds à la voix de leur chef, ne se rendent au poste où ils étaient appelés qu'après avoir partagé entre eux ces dépouilles sacriléges [2]. Cependant les deux généraux avaient chacun une grande renommée, avaient de l'autorité sur leurs troupes; tous deux étaient religieux observateurs du culte et de la discipline. Qu'eût fait Camille, si le sacrilége eût été commis à Véies? Il eût condamné la cohorte à être décimée, et l'armée l'aurait lapidée tout entière. Que fit Scipion à Carthage? Il se contenta de priver des récompenses militaires les pillards du temple d'Apollon [3]. S'il eût appliqué une peine plus sévère, son armée peut-être lui aurait désobéi. Ces

[1] Tite-Live, V, XXII. [3] Appian. punic. VIII, CXXXIII.
[2] Appian. l. c.

deux faits mémorables prouvent mieux que des raisonnements l'altération que trois siècles avaient portée dans la religion et les croyances romaines.

Le rétablissement de Carthage devint aussi une affaire de parti, dans le premier tiers du VIIe siècle de Rome. On regarda alors cette colonisation comme un premier pas de fait pour l'obtention des lois agraires. Voilà pourquoi les Gracques mirent tant d'insistance à l'obtenir et à établir la colonie sur l'emplacement de l'ancienne Carthage.

Depuis la fin de la deuxième guerre punique, le sénat, et dans ce corps même, une oligarchie s'était emparé du pouvoir. N'ayant plus à redouter de guerres d'invasion depuis l'affaiblissement de Carthage, depuis la défaite de Philippe et d'Antiochus, les grands avaient opprimé le peuple, qu'ils avaient été contraints de ménager tant qu'Annibal menaça leurs biens, leurs dignités et leur existence. Peu à peu ils l'avaient dépouillé de ses propriétés, et, par-là, de son vote, de sa participation au pouvoir d'élire et de faire des lois. L'Italie se dépeuplait, l'agriculture souffrait : l'oligarchie y remédiait par une importation énorme d'esclaves. Il semble qu'elle redoutait plus l'ascendant des plébéiens que la famine et les révoltes des serfs irrités. Cet abus du pouvoir engendra une opposition violente qui éclata en guerres civiles, et qui, sous le nom de parti des Gracques et de Scipion, de Marius et de Sylla, de César et de Pompée, agita, ensanglanta, bouleversa tout le VIIe siècle de Rome.

Caïus Gracchus et Scipion Émilien, quoique proches parents, étaient en politique des ennemis acharnés. Le premier fut même accusé de s'être débarrassé par un crime de son beau-frère que ses talents et sa renommée désignaient comme chef de l'oligarchie.

Par quel parti fut relevée Carthage ? Par celui qui avait fait revivre les lois Liciniennes, qui avait obtenu les lois agraires, les distributions gratuites, par le parti démocratique enfin, dont Caïus était le chef. Qui fut le triumvir tout-puissant chargé de la conduite des colons et du rétablissement de Carthage ? Ce même Caïus Gracchus, l'ennemi déclaré de Scipion, destructeur de cette ville. Croit-on que ce tribun ambitieux, et au moins sceptique, respecta beaucoup l'excommunication prononcée par un général qu'il haïssait, par une oligarchie qui avait massacré son frère, et qu'il abhorrait autant qu'il en était abhorré ? N'était-ce pas une victoire remportée sur cette oligarchie, sur la religion même, base de sa puissance, que cette transgression de ses arrêts solennels, que l'établissement des colons dans Byrsa et dans Mégara qui n'étaient pas, comme on l'a vu, tout-à-fait ruinées ? Caïus succombe, l'oligarchie prédomine; la colonie de Carthage languit, et n'est plus qu'un amas de pauvres chaumières, quand Marius en débris se consola, dit-on, sur les ruines de Carthage.

Par qui est-elle rétablie de nouveau ? Par un parent de Marius, par un nouveau chef du parti démocratique, par le grand César enfin, par César, vainqueur de Pompée et de Caton, qui croyait à sa fortune et à son génie, et qui certes ne redoutait, ne respectait, ne révérait ni les imprécations, ni la religion, ni les augures.

Lépide est triumvir. L'Afrique lui tombe en partage. Cet homme médiocre veut s'appuyer sur l'oligarchie à laquelle il tient par sa naissance. Il vexe, il

8.

opprime, il cherche à détruire la colonie césarienne
de Carthage. Auguste abat d'un souffle ce fantôme de
triumvir : son premier soin est de relever, de restaurer
la colonie fondée par son père adoptif. Il la repeuple
de ses vétérans qu'il joint à ceux que César y avait établis. Il lui accorde de grands priviléges, il l'orne d'édifices somptueux. C'est encore une concession faite au
parti démocratique, c'est un appât que jette au peuple
romain ce rusé politique, pour l'amener à abandonner
ses droits, et à lui déférer le pouvoir impérial.

Faut-il enfin, pour fixer avec précision l'emplacement de la colonie romaine de Carthage, l'autorité
irrécusable d'un témoin oculaire, d'un homme éclairé?
Nous la possédons. Pline, qui, dans son *Histoire naturelle*, nous dit deux fois avoir vu Carthage et l'A-
frique [1], nous a transmis l'assertion positive [2] que la
ville romaine était bâtie sur les vestiges, sur le terrain
même qu'occupa la ville carthaginoise, *colonia Carthago in vestigiis magnæ Carthaginis*. Tite-Live dit
aussi [3] que la colonie conduite par Caïus Gracchus fut
placée sur le sol même de Carthage détruite, *in solo
dirutæ Carthaginis*.

COLONIE DE CAIUS GRACCHUS.

Maintenant je dois rapporter exactement les témoignages, et suivre chronologiquement le développement
de la colonie romaine de Carthage, depuis son rétablissement par Caïus Gracchus, en 632 de Rome,

---

[1] Hist. nat. VII, III, p. 376,
lin. 2; XVII, III, p. 53, l. 22.

[2] V, III, t. I, p. 246, l. 4.
[3] Epitom. LX.

123 avant J.-C., jusqu'en 691 de notre ère, époque à laquelle cette ville tomba au pouvoir des Sarrasins [1].

C'est dans la deuxième année de son tribunat, vingt-trois ans après la prise de Carthage, dit Appien [2], que la misère des plébéiens ayant donné lieu à des séditions, on décida qu'on enverrait six mille colons en Afrique. Les fondements de la nouvelle colonie furent tracés sur l'emplacement de Carthage [3]. Le même auteur ajoute, dans son *Histoire des guerres civiles* [4], « que Caïus Gracchus passa en Afrique avec Fulvius Flaccus, son collègue dans le tribunat, pour y établir la colonie qu'on avait décrétée. » Ce lieu avait été choisi à cause de la fertilité du sol. Le sénat les chargea tous deux d'y conduire ces colons, dans le but d'ôter, pour quelque temps du moins, au parti démocratique, ses chefs les plus redoutables. Ceux-ci assignèrent pour emplacement à la ville que devait habiter la colonie romaine, *le terrain même où avait été la ville des Carthaginois* [5], sans s'embarrasser [6] de ce que Scipion, lorsqu'il la détruisit, l'avait dévouée à être pour jamais consacrée à la pâture des troupeaux.

Plutarque [7] ajoute à ces faits précis, que « la loi pour établir la colonie dans Carthage détruite par Scipion [8], fut portée sur la proposition de Rubrius, que Caïus Gracchus fut choisi par le sort pour l'y

---

[1] Morcelli, Africa christiana, 3 vol. in-4°, Brixiæ, 1816, t. III, p. 393.

[2] De rebus punicis VIII, cxxxvi. Carthago in Africa jussu senatus reparata est quæ nunc manet; annis duobus et viginti postquam a Scipione fuerat eversa (dit Eutrope, IV, 9), deducti sunt eo cives romani.

[3] Διαγραφομένων δ' ἀμφὶ τὴν Καρχηδόνα τῶν θεμελίων.

[4] I, xxiv.

[5] Οἱ δὲ τῇ ἀποικίᾳ τὴν πόλιν διέγραφον, ἔνθα ποτὲ ἦν ἡ Καρχηδονίων.

[6] Οὐδὲν φροντίσαντες, l. c.

[7] C. Gracchus, c. 10, 11.

[8] Οἰκίζεσθαι Καρχηδόνα γράψαντος, ἀνῃρημένην ὑπὸ Σκιπίωνος.

conduire, qu'il donna le nom de *Junonia* [1] à la nouvelle ville, et qu'après avoir consacré soixante et dix jours à son établissement, il revint à Rome. »

Ces textes sont tellement précis, quant à la position de la colonie romaine sur l'emplacement de Carthage punique, qu'ils n'ont pas besoin de commentaires. Seulement les deux expressions un peu hyperboliques de Carthage *détruite*, *démolie*, ἀνῃρημένη, κατεσκαπτημένη, employées par les deux auteurs du temps d'Adrien que j'ai cités et qui sont, pour cette époque de l'histoire romaine, à peu près les seules sources abondantes qui nous restent; ces expressions, dis-je, si on leur attribuait le sens d'une destruction complète qui eût fait du terrain de Carthage une table rase ou un pré bien uni, donneraient du fait en lui-même une idée fausse. Car Velléius, écrivain du temps d'Auguste et de Tibère, et Lucain, qui mourut sous Néron, prouvent que cette ville avait été démantelée, brûlée, mais non démolie entièrement. Le poëte historien, auteur de la Pharsale [2], fait aborder Curion, parti de Lilybée, entre la citadelle à demi ruinée de Byrsa et l'embouchure du Bagrada :

> Inter semirutas magnæ Carthaginis arces,
> Et Clupeam, tenuit stationis littora notæ;
> Primaque castra locat, cano procul æquore, qua se
> Bagrada lentus agit siccæ sulcator arenæ.

---

[1] Ce nom lui fut imposé sans doute d'après l'ancienne tradition rapportée par Virgile (Æneid. I, 443).

> Effodere loco signum quod regia Juno
> Monstrarat, caput acris equi.

Le type de presque toutes les monnaies de Carthage est une tête de Junon-Astarté et un cheval tout entier ou une tête de cheval. Vid. Mionnet, pl. A, n. 1—46.

[2] IV, 585.

Inde petit tumulos, exesasque undique rupes,
Antæi quæ regna vocat non vana vetustas...
Sed majora dedit cognomina collibus istis
Scipio [1].

Ce passage de Lucain fournirait un nouvel appui, s'il en était besoin, aux preuves physiques et historiques que le docte Shaw a données du changement qui s'est opéré en vingt siècles dans le cours inférieur du Bagrada ; car Lucain place le camp de Curion entre Byrsa et le lit de ce fleuve. Il désigne probablement la plage située entre les dernières pentes du cap Qamart et la pointe où était les *Castra Cornelia*. De plus, le tumulus, qu'il nomme le tombeau d'Antée, indique encore très-bien l'escarpement de Byrsa, l'ἀπόκρεμνον d'Appien et de Strabon.

Orose, qui nous dit avoir suivi principalement Trogue-Pompée [2] dans les premiers livres de son *Abrégé de l'Histoire romaine*; Orose, qui fut disciple de saint Augustin auquel il dédie son ouvrage, qui écrivit son livre en Afrique, qui passa une grande partie de sa vie dans cette province par laquelle il avait été adopté, est un auteur dont le témoignage n'est pas sans importance, surtout relativement à Carthage; eh bien, Orose affirme positivement que, malgré les prodiges de ces loups qui arrachèrent les jalons plantés par les arpenteurs occupés à tracer les limites de la nouvelle colonie, Carthage fut rétablie, fut repeuplée sous le consulat de Q. Cæcilius Metellus et de T.

---

[1] IV, 656.

[2] Lib. IV, cap. vi, sicut Pompeius Trogus testatur. Voyez dans la Biographie universelle, le bon article de M. Daunou sur Trogue-Pompée, et la dissertation d'Heeren, in Comment. societ. Gotting. t. XV. De Trogi Pompei atque ejus epitomatoris fontibus et auctoritate. Voy. mon Appendice III.

Quintus Flaminius. Je citerai tout entier ce passage important qui indique aussi que la Carthage romaine fut établie sur l'emplacement de la Carthage punique, et qui confirme les textes positifs de Pline et de Tite-Live que j'ai rapportés : *Quinto Cæcilio Metello, T. Quinto Flaminio coss. Carthago in Africa restitui jussa vicesimo secundo demum anno quam fuerit eversa. Deductis civium romanorum familiis quæ eam incolerent, restituta et repleta est, magno autem prodigio præcedente... Aliquandiu hæsitatum est, utrum Romanæ paci expediret Carthaginem reformari.*

Appien [1] et Plutarque [2], qui, écrivant sous le régime impérial, cherchent généralement à flatter les princes en louant les mesures de l'oligarchie, et en désapprouvant toutes les actions du parti démocratique, s'étendent avec complaisance sur le récit de ces prodiges. Le premier dit même [3] que le sénat indiqua des comices pour faire abroger la loi sur le rétablissement de Carthage, qu'il fit déclarer par les augures que les auspices s'y opposaient. Mais Fulvius et C. Gracchus qui revenaient de Carthage criaient dans le forum que ces prodiges des loups étaient un conte forgé par le sénat. Enfin il paraît certain par le témoignage de Trogue-Pompée cité par Orose, de Velléius [4] et de Pline [5], que la colonie de Carthage fut établie sur l'emplacement de l'ancienne ville, et qu'elle reçut ses six mille colons, quoique le seul Appien, qui n'est pas, même sur ce point, appuyé par Plutarque, pré-

---

[1] L. c. et I, xxiv.
[2] C. Gracch. c. 11.
[3] Bell. civil. I, xxiv.

[4] III, iv, et II, xv.
[5] L. c.

tende que les colons n'étaient pas tous partis quand on annonça les prodiges.

———

CARTHAGE AU TEMPS DE MARIUS.

Les récits de Plutarque [1] et de Velléius [2] sur la fuite et l'exil de Marius indiquent que la colonie romaine, fondée par C. Gracchus en 632, n'avait pas été abandonnée en 666. Le simple bon sens d'ailleurs et la connaissance des lois romaines sur la stabilité de la propriété foncière auraient dû faire présumer au docteur Estrup [3] que six mille citoyens portés sur le cens et investis, chacun en vertu d'une loi formelle, d'une certaine quantité de *jugères* dans le domaine de Carthage, n'avaient pu être violemment dépossédés de leurs droits acquis. Le sénat l'eût désiré sans doute. Mais il n'osa point retirer cette concession, pas plus qu'il n'abolit les distributions gratuites établies aussi par Caïus, et qui certainement lui déplaisaient davantage.

Marius, dit Plutarque [4], proscrit par Sylla, se hasarde à descendre à Carthage. L'Afrique avait alors pour préteur Sextilius. A peine Marius a-t-il pris terre avec quelques-uns de ses compagnons qu'un licteur vient à sa rencontre et lui dit : « Le préteur Sextilius te défend, ô Marius, d'entrer dans la Libye. Si tu n'obéis pas, il agira contre toi, d'après le décret du sénat, comme envers un ennemi du peuple romain ! » A cette injonction, Marius, stupéfait de douleur et d'in-

---

[1] Marius, c. 40.
[2] II, xix, 4.
[3] Dissert. cit. p. 10, 11.
[4] L. c. c. 40.

dignation tout ensemble, resta long-temps muet, atta-
chant sur le licteur son terrible regard. Celui-ci enfin
lui ayant demandé ce qu'il devait répondre de sa part
au préteur : « Dis-lui, répondit-il, que tu as vu Marius,
exilé, assis sur les ruines de Carthage. »

J'ai rapporté ce récit tout entier, parce qu'il me
semble qu'on peut induire des circonstances diverses
de la rencontre simultanée de Marius et du licteur de
Sextilius, au moment où le premier débarque à Carthage, que le préteur de l'Afrique avait sa résidence
dans la colonie romaine. Sans cela, comment l'ordre
de ce magistrat aurait-il pu être si promptement in-
timé à Marius ?

Velléius ajoute [1] que Marius vécut, manquant de
tout, dans une chaumière des ruines de Carthage.
*Inopem vitam in tugurio ruinarum Carthaginensium
toleravit.* Cette phrase prouve encore que toutes les
habitations de l'ancienne Carthage n'avaient pas été
détruites par Scipion. Cette ville devait ressembler à
ce qu'est aujourd'hui l'ancienne Rome. Marius, auquel
était interdit, comme exilé, le séjour de la colonie romaine, chercha un refuge dans une maison isolée, située au milieu des ruines de l'ancienne ville. Ces beaux
vers de Lucain [2] :

> . . . . Solatia fati
> Carthago Mariusque tulit, pariterque jacentes
> Ignovere deis.

indiquent, de même que les *semirutas Carthaginis
arces* de ce poète, que Carthage était en ruine comme
Marius, mais qu'elle n'était pas, plus que lui, en-

___

[1] II, xix.   [2] II, 91.

tièrement anéantie. Un fait très-curieux pour cette
époque de Carthage se trouve égaré dans le vaste recueil d'Athénée [1], où personne ne s'est avisé d'aller
le chercher. Cet auteur rapporte un discours du pé-
ripatéticien Athénion, devant l'assemblée du peuple
d'Athènes, dans lequel ce philosophe affirme que non-
seulement les peuples italiques, mais que les Carthaginois même, ont envoyé des ambassadeurs à Mithri-
date pour conclure avec lui une alliance offensive,
dans le but de détruire la puissance de Rome [2].

Ce document curieux prouve qu'à cette époque
beaucoup de Carthaginois étaient encore mêlés à la
colonie romaine qui, formée d'Italiens, partageait les
haines de ces peuples contre le sénat obstiné à leur
refuser le droit de cité. Il indique clairement le motif
qui fit chercher à Marius un refuge dans Carthage, et
il montre même que depuis sa prise par Scipion, cette
ville n'avait pas été totalement délaissée par ses anciens
habitants, ni, par conséquent, entièrement détruite.

*Discussion des récits d'Appien, de Plutarque et de
Dion sur la restauration de Carthage par Jules
César et par Auguste.*

Appien [3] qui, dans ce paragraphe sur l'histoire de
Carthage, n'a plus Polybe pour guide et pour garant,
nous a transmis un récit de la restauration de cette
ville par J. César, qui a tout le merveilleux d'un conte
forgé à plaisir par un chroniqueur crédule dont le nom

---

[1] V. 5o, edit. Schweighaeuser.

[2] Πάρεισι γὰρ πρὸς αὐτὸν πρέσβεις, οὐ μόνον ἐκ τῶν Ἰταλικῶν ἐθνῶν, ἀλλὰ καὶ παρὰ Καρχηδονίων, συμμαχεῖν ἀξιοῦντες ἐπὶ τὴν τῆς Ῥώμης ἀναίρεσιν.

[3] Bell. punic. VIII, cxxxvi.

est resté inconnu. Je vais traduire exactement ce chapitre qui n'a pas peu contribué à fausser les idées sur
l'état et sur l'emplacement de la colonie romaine de
Carthage [1]. Appien rapporte donc : « que César, dans
son expédition d'Afrique, était campé près de Carthage, que là, il vit en songe une grande armée tout
en pleurs, qu'il fut troublé par cette vision, et que
sur-le-champ il inscrivit sur ses tablettes : *Coloniser
Carthage*, Καρχηδόνα συνοικίζειν. Quelque temps après,
il revint à Rome, et comme un grand nombre de
citoyens pauvres lui demandaient des distributions de
terre, il ordonna qu'on enverrait les uns à Carthage,
et les autres à Corinthe. Bientôt après César fut tué.
Mais Auguste ayant trouvé cette disposition dans les
papiers de son père adoptif, bâtit la Carthage qui
existe maintenant, extrêmement près du lieu où avait
été la ville punique, car il redouta les anciennes imprécations [2]. « J'ai appris, dit toujours Appien, qu'on y
envoya près de 3,000 colons; le reste fut pris dans le
pays voisin et adjoint à la colonie. »

On a pu croire, d'après ce récit, que la colonie romaine fut placée sur un lieu voisin, mais différent de
celui de la Carthage punique. Si M. Estrup avait comparé entre eux les divers historiens qui nous ont
transmis ce fait, comme le savant Reimar [3] a cru devoir
le faire, il aurait conçu quelques doutes, et se serait
abstenu de trancher la question d'une manière aussi
absolue. En effet, Dion Cassius, qui fut proconsul

---

[1] M. Estrup, p. 11, Diss. cit. a adopté sans le moindre examen le récit d'Appien.

[2] Συνῴκιζε τὴν νῦν Καρχηδόνα,

ἀγχοτάτω μάλιστα ἐκείνης φυλαξά-μενος τῆς πάλαι τὸ ἐπάρατον.

[3] Apud Dionem. XLIII, 5o. Not. 274.

d'Afrique [1], qui, en cette qualité, eut sa résidence à Carthage, et auquel, par cette raison, on doit supposer une connaissance des localités plus précise que ne put en avoir Appien d'Alexandrie, Dion émet une opinion contraire, et appuie de son autorité les témoignages positifs de Pline et de Tite-Live. Il dit « que Jules César se montra aussi admirable dans l'administration qu'à la tête des armées, qu'il acquit même une gloire spéciale en relevant Carthage et Corinthe [2]; rétablir ou fonder plusieurs villes en Italie et hors d'Italie, il eut cela de commun avec quelques autres. Mais Corinthe, mais Carthage, deux cités antiques, brillantes, illustres, les restaurer en y envoyant des colons romains, en leur donnant le droit de cité, montrer par-là qu'il honorait la mémoire de leurs anciens habitants, qu'il ne gardait aucune haine contre *des lieux célèbres, innocents des actions coupables de leurs anciens possesseurs* [3], cette gloire lui est particulière et n'appartient qu'à César. C'est ainsi que Carthage et Corinthe, qui jadis avaient été détruites à la même époque, commencèrent à reprendre simultanément, pour ainsi dire, une nouvelle vie et redevinrent une seconde fois très-florissantes. »

J'ai traduit en entier ce passage de Dion, qui est tellement positif, qu'il n'a pas besoin de commentaire. Il met aussi la colonie sur l'emplacement de l'ancienne Carthage. Enfin les assertions positives de Pline, de

---

[1] Il le dit lui-même LXXX, 1. Voyez l'article Dion par Clavier, Biograph. univers. t. II, p. 398.

[2] Ὅτι καὶ τὴν Καρχηδόνα τήν τε Κόρινθον ἀνέστησε.

[3] Ἀπέδωκε τῇ μνήμῃ τῶν ἐνοικησάντων ποτὲ αὐτάς, μηδὲν διὰ τὴν ἐκείνων ἔχθραν τοῖς χωρίοις τοῖς μηδὲν σφᾶς ἀδικήσασι μνησικακήσας.

Tite-Live, de Dion sont confirmées par l'état des lieux. On peut voir, sur le plan très-exact de M. Falbe, que le cirque, l'amphithéâtre, le théâtre et une quantité de monuments romains, dont il reste les substructions, sont placés autour des ports et de Byrsa, dont la position ne peut laisser aucun doute. Strabon [1] dit que Carthage après être restée *presque déserte* autant de temps que Corinthe, fut rétablie à la même époque, par Jules César [2], et maintenant, ajoute-t-il, il n'existe point de ville en Libye, qui soit plus peuplée. On voit que le mot *déserte*, ήρημωμένης, ne doit pas se prendre ici au positif, mais par comparaison à la nombreuse population de Carthage, sous Tibère, qu'indique tout de suite Strabon. Plutarque [3] ne fait mention qu'en peu de mots de la restauration de Carthage par César; Pausanias [4] de même. Mais un passage formel de Solin [5] qui appuie ceux de Pline et de Dion, lève toute incertitude et confirme l'opinion que j'ai émise sur l'état de Carthage depuis qu'elle fut démantelée par Scipion, jusqu'à sa restauration par César. Je dois le traduire et le citer : « Carthage, qui fut démantelée 737 ans après sa fondation, fut ensuite donnée par C. Gracchus à des colons d'Italie, et nommée *Junonia*. Elle végéta pendant quelque temps sans gloire, dans un état de croissance faible et languissant. Enfin, au bout de 102 ans, sous le consulat de Marc-Antoine et de Dolabella, elle tendit à prendre l'éclat d'une seconde Carthage; et maintenant elle est, après Rome, la seconde ville du

---

[1] Lib xvii, p. 833.
[2] 44 ans avant J.-C.
[3] J. Cesar, c. lvii.
[4] Corinthiaca, lib. II, p. 44,
lin. 21 , ed. Xilandr.
[5] Cap. xxvii. Vid. Salmas. Plin. exercit., h. l.

monde. « Carthago post annos septingentos triginta septem *exciditur*, quam fuerat constituta.. Deinde a C. Graccho colonis Italicis data, et Junonia dicta, *aliquantisper ignobilis, humili et languido statu; demum in claritatem secundæ Carthaginis* interjectis centum et duobus annis, M. Antonio, P. Dolabella consulibus, *enituit,* alterum post urbem Romam terrarum decus. »

Nous ne connaissons pas précisément sous quel empereur vécut Solin, mais on est sûr (et Saumaise le prouve[1]) qu'il écrivit avant la translation de l'empire à Constantinople. Ce passage est donc très-précieux pour qui veut suivre chronologiquement les progrès et la décadence de Carthage. C'est la tâche que personne jusqu'ici n'a essayé de remplir, et que nous nous sommes imposée dans cet ouvrage.

Quant à l'état faible et languissant dans lequel végéta la colonie de Carthage, depuis son rétablissement par C. Gracchus, jusqu'à sa restauration par Jules César, il me semble que l'étude attentive de l'histoire du viie siècle de Rome peut en assigner la cause avec une grande probabilité. Carthage était située au milieu de la Méditerranée dans une position admirable pour l'exportation des produits agricoles ou industriels de l'Afrique, pour la navigation et le commerce avec les peuples placés sur les bords de cette mer, et qui étaient alors les plus riches de l'empire romain. Mais depuis 632 de Rome jusqu'en 710, la mer ne fut jamais libre. Elle fut toujours infestée par les pirates, qui avaient formé une puissance maritime supérieure à celle des

[1] Prolegom. ad Solin. Plin. exerc. On croit que le livre de Solin fut écrit vers 218 de notre ère. Biogr. univ. article Solin, par M. Eyriès.

Romains, et qui ne furent détruits qu'en 681 par le grand Pompée.

Depuis cette époque, les guerres civiles entre César et Pompée, les guerres de Brutus et de Cassius contre les triumvirs, d'Octave contre Sextus Pompée, et ensuite contre Marc Antoine, entravèrent constamment le commerce et la navigation de Carthage. Ce ne fut que lorsque la bataille d'Actium eut rendu la paix au monde et la liberté à toutes les mers, que Carthage put profiter des avantages de son heureuse position, développer son agriculture et son industrie, se livrer au commerce et à la navigation. Aussi, à partir de cette époque, son essor fut rapide et son accroissement presque incroyable.

Cicéron [1] fait bien sentir combien, sous le point de vue militaire et commercial, Carthage était heureusement située, lorsqu'il dit : « Nos pères avaient pensé que, même en ôtant à Carthage son sénat et ses magistrats, en dépouillant les citoyens de leurs propriétés foncières, il ne leur manquerait jamais de moyen de se rétablir et de tout changer, avant même que nous puissions en être instruits. »

« Auguste, au rapport de Dion Cassius [2], envoya de nouveaux colons à Carthage, parce que Lépide l'avait privée d'une partie de ses habitants, et lui avait enlevé les priviléges dont elle jouissait comme colonie romaine. » Reimar n'a point fait de note sur ce passage un peu obscur par son extrême concision. Comment Lépide priva-t-il Carthage d'une partie de ses habitants ? Je présume que c'est en les forçant de s'enrôler dans les vingt légions qu'il conduisit contre Sex-

----

[1] Agrar. II, cap. xxxii.   [2] LII, 43.

tus Pompée, pour s'emparer de la Sicile [1]. S'il la dé-
pouilla de ses priviléges, ce fut sans doute, comme je
l'ai indiqué, en haine du parti démocratique dont cette
colonie signalait la victoire, et aussi en haine d'Octave
qui s'était fait le chef de ce parti et qu'il cherchait à
supplanter.

CARTHAGE SOUS TIBÈRE, CAIUS ET CLAUDE.

Comme le but de ce travail est de déterminer avec
précision les diverses phases de l'accroissement et de
la décadence de la ville romaine de Carthage, j'ai
cru devoir m'astreindre à l'ordre chronologique des
faits. Pomponius Méla, qui vécut sous Tibère, Caligula
et Claude [2], est le seul auteur qui nous ait laissé un
portrait ébauché de cette ville à cette époque de l'empire [3]. «Carthage, dit-il, et Utique, toutes deux célèbres,
toutes deux fondées par les Phéniciens, celle-ci illustrée
par la mort de Caton, celle-là par la sienne [4], autrefois
rivale obstinée de Rome, maintenant colonie du peuple
romain, déja brillante et riche pour la seconde fois,
et cependant encore aujourd'hui plus illustre par la
ruine de son ancienne puissance que par l'éclat de son
opulence actuelle.

---

[1] Vid. Appian. Bell. civil. V,
xcvii, cxxiii, sqq.

[2] Vid. Melæ vitam ab Elia Vi-
neto, et Gerard Voss. de Hist. lat.,
edit. Gronov. 1748.

[3] Utica et Carthago, ambæ in-
clytæ; illa fato Catonis insignis, hæc
suo. Nunc populi romani colonia,
olim imperii ejus pertinax æmula,
jam quidem iterum opulenta, etiam
nunc tamen priorum excidio rerum,
quam ope præsentium clarior. Lib. I,
cap. vii, 10, 16.

[4] Racine a peut-être imité ce
passage de Méla, dans ce vers d'An
dromaque, acte 1, sc. 2 :

Hector tomba sous lui, Troie
expira sous vous.

On voit que dès le commencement du 1er siècle de l'ère chrétienne Carthage avait pris un essor rapide. Cet accroissement doit être attribué, sans doute, comme je l'ai indiqué, à la liberté de commerce et de navigation dont elle jouissait depuis la bataille d'Actium.

La décadence croissante de l'agriculture et des produits de l'Italie dut aussi contribuer à augmenter la richesse et la splendeur de Carthage. En effet, Tacite nous apprend [1] que sous l'empire la production des grains indigènes diminua constamment de règne en règne ; que Tibère tirait des pays étrangers une importation de blés plus considérable qu'Auguste, et Claude une plus forte encore que Tibère et Caligula. Or, il est évident que Carthage étant alors l'entrepôt, le débouché des produits de la Byzacène et de la Zeugitane, provinces extrêmement fertiles et de tout temps très-bien cultivées, le commerce des blés dut enrichir cette ville et contribuer en grande partie à son rapide accroissement ; car en 80 ans, le prix moyen du blé à Rome avait augmenté des trois quarts [2].

CARTHAGE DEPUIS NÉRON JUSQU'A VESPASIEN.

Tacite, dans ses Annales [3] et dans son Histoire [4],

---

[1] Ann. III, 54 et passim. Voyez mon Mémoire sur *l'affaiblissement progressif des produits de l'Italie, pendant les VIIe et VIIIe siècles de Rome*, qui s'imprime dans le t. XI des Mém. de l'Acad. des Inscript.

[2] Le prix moyen du *modius* de blé était de trois sesterces dans les trente dernières années du VIIe siècle de Rome. Il fut de douze sesterces sous les règnes de Claude et de Néron ; je l'ai prouvé dans mon ouvrage sur l'économie politique des Romains, qui est près de paraître.

[3] XVI, 1, 2.

[4] IV, 49.

nous parle deux fois de Carthage. Il me semble qu'on peut tirer une faible indication de quelques positions topographiques du récit consigné dans ces quatre chapitres dont je vais donner la substance.

« Néron, dit-il, se laissa séduire aux promesses d'un certain Cesellius Bassus, Carthaginois d'origine. Cet homme vient à Rome lui annoncer qu'il a trouvé dans son champ une caverne d'une profondeur immense, qui contenait une quantité d'or non monnayé, en vieux lingots bruts, d'un poids énorme. Il assurait qu'outre les lingots entassés dans ce lieu, il y avait dans un autre des colonnes d'or enfouies depuis des siècles pour enrichir la génération présente. Nul doute, au reste, que ce ne fût la Phénicienne Didon, qui, après sa fuite de Tyr et la fondation de Carthage, avait caché ces trésors, de peur qu'une opulence excessive n'amollît un peuple naissant, ou que l'appât de l'or ne fournît un nouvel aliment à l'inimitié des rois numides. »

Ce passage, rapproché de la description de la colline de Byrsa, qui nous a été donnée par M. Falbe, indique assez clairement, ce me semble, que cette grande caverne où Cesellius espérait retrouver les trésors enfouis par Didon, était une des grandes voûtes qui existent encore sur les pentes de l'Acropole. « Au nord des bassins 43 et 48, dit M. Falbe, le plan présente un plateau élevé de 188 pieds au-dessus du niveau de la mer, et composé de décombres et de débris de constructions parmi lesquelles on reconnaît distinctement les lignes *des voûtes à hauteurs diverses* sur les pentes de la colline. Quelques-unes de ces voûtes (*a a*) ont une largeur de 20 à 30 pieds; la chute des voûtes et l'encombrement de ces ruines ont empêché d'en déterminer la longueur. »

Nous savons que c'était sur la colline de Byrsa que toute l'antiquité s'accordait à placer le palais de Didon. Ce dut être, en effet, vu sa position forte, la première partie habitée par les fondateurs de Carthage, de même qu'à Rome les monts Palatin et Capitolin fixèrent le choix des premiers habitants. Cette phrase de Tacite : Specum altitudine immensa quo magna vis auri contineretur, non in formam pecuniæ, sed rudi et antiquo pondere, nous fournit donc deux faits curieux, l'un pour la topographie, l'autre pour la numismatique de Carthage.

Les numismates ont long-temps disputé sur l'existence des monnaies autonômes de Carthage. Le fait est que ces médailles sont très-rares, et qu'elles portent en général le caractère des monnaies de la Sicile, quoique avec des emblêmes différents. On a prétendu que cette ville commerçante ne se servait, pour ses échanges, que de rondelles de cuir avec une empreinte, espèce de papier-monnaie qui avait un cours forcé, et que ce n'est que dans ses colonies qu'on a frappé des médailles d'or, d'argent ou d'airain avec le type de Carthage. Il me semble que le passage cité de Tacite implique la croyance qu'avaient les Romains, et qu'il avait lui-même, que les Carthaginois avaient battu monnaie [1] chez eux de toute antiquité, puisqu'il

---

[1] Cette opinion est appuyée par l'inscription de la colonne *Rostrale* élevée par C. Duillius, où on lit : aurOM CAPTOM D. c. φ. φ. φ. AR-CEN CAPTOM. NVMEI cccɔɔɔ. captom æs. pondod crave (190,000). L'inscription distingue les métaux en masse des métaux monnayés. Orelli, Inscript. lat. Select. nº 549. Mannert, Géographie des Grecs et

prend le soin de préciser que ces trésors, attribués à Didon, n'étaient pas en or ou en argent monnayé, *non in formam pecuniæ*, mais en vieux lingots bruts, *sed rudi et antiquo pondere.* Ce mode grossier d'é-change est employé d'abord par les peuples dans l'enfance de la civilisation. L'*œs rude*, à Rome, précéda les *as.* J'ai vu, dans cette ville, en 1830, plusieurs lingots de cet *œs rude*, tirés des ruines de l'un des plus anciens monuments de Vulcia, ville étrusque détruite en 473 de Rome, et la Chine se sert encore de petites barres d'argent, pour les échanges, en place de monnaies, quoiqu'elle en ait frappé anciennement. Mais, ce qui est un fait assez singulier, elle en a abandonné l'usage.

Le second récit de Tacite, consigné dans ses histoires, ne fournit que des indications vagues du port, du forum de Carthage, du palais proconsulaire. J'ai cru cependant utile de les enregistrer, car cette époque est celle du premier consulat de Titus, du second de Vespasien, et si les documents transmis par l'historien contemporain ne suffisent pas encore pour déterminer ces points avec certitude, ils n'en seront pas moins utiles, comme indication, lorsque des témoignages postérieurs, plus précis, nous fourniront le moyen d'en fixer l'emplacement dans l'intérieur de Carthage.

« Rome, dit Tacite [1], était en alarmes. L'Afrique, disait-on, était soulevée; la révolte avait pour chef L. Pison, proconsul et gouverneur de la province. Ces bruits étaient faux, mais comme des vents contraires

---

des Romains, t. II, p. 284, pense que Carthage punique avait des monnaies autonomes, mais il se borne à des arguments généraux.

[1] Hist. IV, 38.

retardaient l'arrivée de la flotte d'Afrique qui portait des blés à Rome, on croyait que Pison avait fermé le port de Carthage et voulait affamer la capitale. D'ailleurs la province et les troupes regrettaient Vitellius et n'aimaient nullement Vespasien. Tous deux avaient été proconsuls d'Afrique, et, chose étonnante, Vitellius avait emporté l'estime et Vespasien la haine de cette province [1]. Mucien [2] suscite contre Pison deux agents provocateurs, Sagitta, préfet d'un corps de cavalerie, et un centurion. Le lieutenant de la 4e légion, Valerius Festus, se joint à eux pour l'entraîner à la révolte. Pison repousse les sollicitations du lieutenant et du préfet. Le centurion de Mucien arrive; à peine entré au port de Carthage, il proclame Pison empereur; le peuple se précipite au forum [3] et demande que Pison y paraisse. Celui-ci s'y refuse, fait punir le centurion, réprimande les Carthaginois par un édit sévère, et se tient renfermé dans son palais, sans même

---

[1] « Suétone dit même (Vesp. c. 4) qu'à Hadrumet, dans une sédition, on lui jeta des navets à la tête. Cependant il montra une grande intégrité dans son administration; et, ce qui lui fit beaucoup d'honneur, c'est qu'il revint de sa province plus pauvre qu'il n'y était entré, et qu'il fut obligé, pour payer ses dettes, d'hypothéquer toutes ses propriétés, et de reprendre forcément le métier de loueur de voitures qu'il avait exercé d'abord et qui lui avait fait donner le sobriquet de *muletier*. »

Silius dit aussi de lui : Regit impiger Afros (III, 599). Tacite, au contraire (Hist. II, 97), assure qu'en Afrique le proconsulat de Vitellius avait été intègre et louable, celui de Vespasien odieux et décrié. Quippe integrum illic ac favorabilem proconsulatum Vitellius, famosum invisumque Vespasianus egerat. Suétone et Silius auront écrit sous le règne de Domitien, sous la dynastie Flavienne; leur témoignage peut être entaché de flatterie. Celui de Tacite, qui écrivit sous Trajan avec toute la liberté de pensée que permettait, qu'encourageait même ce bon prince, me semble, en raison de cette circonstance, devoir être préféré aux deux autres.

[2] Tacit. Hist. IV, 48, 49, 50.

[3] Pour le forum et la Catasta, vid. Act. Martyr. c. vi, p. 95, ed. Ruinart, et p. 109, not. 13.

exercer les fonctions publiques de sa charge. Festus, sitôt qu'il apprend l'agitation du peuple et le supplice du centurion, pense à gagner par un crime la faveur de Mucien, et envoie des cavaliers pour tuer Pison. Ceux-ci font, la nuit, une marche forcée, arrivent au point du jour, se précipitent, l'épée nue, dans le palais du proconsul et l'égorgent. »

Ce récit indique déja, ce qui sera prouvé par la suite, que le forum de Carthage, du temps de Vespasien, était situé près du *Cothôn*, comme celui de la ville punique [1], puisque le centurion, à peine débarqué, proclame Pison empereur, et que le peuple est tout de suite dans la place publique, demandant à grands cris que le proconsul paraisse. En effet, si le palais proconsulaire était à Byrsa, comme je l'établirai plus bas par des témoignages incontestables, on pouvait de ce lieu, qui n'était qu'à 300 ou 350 mètres du forum [2], entendre les cris de la multitude assemblée, tout comme du palais des Césars, sur le mont Palatin, on pouvait distinguer les clameurs tumultueuses de la foule réunie dans le forum romain. Ces quatre points, dans ces deux villes, se trouvent presque à la même distance.

Nous ne trouvons aucun renseignement topographique sur Carthage, pendant les règnes de Titus, de Domitien, de Nerva et de Trajan. L'histoire de cette époque et même de celle des Antonins, si glorieuse pour l'empire romain, si heureuse pour l'univers régi par une succession de princes qui ont laissé de grands exemples et n'ont eu que peu d'imitateurs, cette

[1] Vid. supra, p. 18, 75, 77.   [2] Voyez le plan n° III.

histoire, par une fatalité déplorable, ne nous est parvenue qu'horriblement mutilée.

—

AQUÉDUC D'ADRIEN.

Cependant je rencontre dans Spartien l'indication probable de l'érection d'un monument gigantesque de Carthage, dont il existe encore des portions très-considérables. On n'avait jusqu'ici trouvé aucun texte qui pût servir de base à des conjectures tant soit peu fondées. Il me semble qu'en rapprochant plusieurs passages de la vie d'Adrien, écrite par cet auteur, on peut déterminer, avec beaucoup de vraisemblance, l'époque de la construction de l'immense aquéduc qui, depuis les dernières pentes de Byrsa, remonte, dans un développement de vingt-cinq lieues, jusqu'au pied du mont Zaghwan.

J'ai exposé, dans la partie de cet ouvrage qui traite de la Carthage punique[1], les raisons puissantes qui empêchent d'attribuer aux Carthaginois, ainsi que Shaw[2] l'a prétendu, la construction de l'aquéduc dont on suit le développement depuis Malqâ jusqu'aux pentes du mont Zaghwan.

Voici les autorités sur lesquelles je me fonde pour attribuer à l'empereur Adrien l'érection de ce grand monument hydraulique. Spartien nous dit[3] qu'Adrien était très-bon géomètre et très-habile architecte, arithmeticæ, geometriæ peritissimus, qu'il construisit lui-même sa fameuse villa de Tibur[4], qu'il était sans cesse

[1] P. 78—85.
[2] T. I, p. 194.
[3] Adrian. cap. xiv.
[4] Cap. xxvi.

entouré de géomètres, de mécaniciens, d'architectes, parmi lesquels étaient le fameux Apollodore, et Dextrianus qui transporta, sans l'abattre, l'énorme colosse de Néron [1]. Nous apprenons de ce biographe [2] qu'il fit bâtir dans toutes les villes, qu'il éleva dans son empire une infinité de monuments, et qu'il ne voulut inscrire son nom sur aucune de ces constructions. Dion [3], dans le récit détaillé de la jalousie d'Adrien contre Apollodore, rapporte que ce prince envoya à cet architecte le plan du temple de Vénus et Rome, qu'il avait conçu, et dessiné de sa propre main. Nous savons encore que cet empereur voyagea sans cesse, inspecta de ses propres yeux toutes les parties de son vaste empire [4], et dans ses voyages menait avec lui une légion d'ingénieurs, d'architectes, d'entrepreneurs, de maçons. Dion ajoute [5] qu'il visita lui-même toutes les villes de son empire, tant sujettes qu'alliées, ce que nul empereur n'avait fait, et qu'il pourvut à leurs besoins, donnant aux unes de l'eau, aux autres des ports, des monuments, du blé, de l'argent, des priviléges, etc. Aurélius Victor [6] ajoute quelques traits précieux à ce tableau de l'activité surnaturelle d'Adrien. « Indomptable à la fatigue, il parcourut à pied toutes ses pro-

---

[1] Cap. xix.

[2] Cap. xix.

[3] lxix, 4.

[4] Spartian., cap. xiii. Nec quisquam fere principum tantum terrarum tam celeriter peragravit.

[5] LXIX, v. Πασαῖς (πόλεσιν) ἐπεκούρησε, ταῖς μὲν ὕδωρ, ταῖς δὲ λιμένας, τε καὶ ἔργα ... διδούς.

[6] Epitome, cap. xiv, c. f. Eutrop. Brev. Hist. rom. VIII, m. Immensi laboris (Adrianus) quippe qui provincias omnes passibus circuierit, agmen comitantium prævertens, cum oppida universa restitueret, augeret ordinibus. Namque ad specimen legionum militarium, fabros, perpendiculatores, architectos, genusque cunctum exstruendorum mœnium, seu decorandorum, in cohortes centuriaverat.

vinces, toujours le premier à la tête de son escorte,
augmentant les priviléges et réparant les monuments
de toutes les villes ; car il avait formé en cohortes
et en centuries, sur le modèle des légions, les hommes
de toutes les professions propres à la construction et à
la décoration des édifices [1]. Il fit une loi expresse pour
la conservation des maisons. » Ce goût décidé d'Adrien
pour la bâtisse, et la paix générale qu'il sut maintenir
pendant tout son règne, cette sollicitude active à visiter
ses états, à pourvoir aux besoins, à l'ornement, à la sa-
lubrité des villes, serait déja une forte présomption
que Carthage lui dut la construction de son aquéduc.
Trois passages de Spartien que je vais citer, augmen-
teront la somme des probabilités en faveur de cette
opinion. Spartien dit [2] qu'Adrien passa de Rome en
Afrique et accorda de grands bienfaits aux provinces
africaines. Cet auteur rapporte ensuite [3] que n'aimant
pas à inscrire son nom sur les monuments, il donna à
plusieurs villes le nom d'Adrianopolis, comme à Carthage elle-même et à une partie d'Athènes. Il imposa
aussi ce nom à une infinité d'aquéducs. Et cum titulos
in operibus non amaret, multas civitates Adrianopolis
appellavit, ut ipsam Carthaginem et Athenarum par-
tem. Aquarum etiam ductus infinitos hoc nomine nun-
cupavit.

Maintenant la convenance, la nécessité de cet aquéduc, même l'époque de son érection, me semblent indiquées, comme très-probables, par cette circonstance
singulière du voyage d'Adrien en Afrique, que Spartien

<hr>

[1] Spartian. Adrian. c. xviii, et
not., 2, Casaubon., h. l.

[2] Cap. xiii.

[3] Spartian. Adrian., cap. xx.

nous a conservée. L'Afrique, dit-il [1], avait été privée de pluie pendant cinq années consécutives. Il plut au moment où Adrien y arriva. Aussi ce prince fut un objet de prédilection pour les Africains. Il est très-probable qu'une disette d'eau aussi longue, dans une ville aussi populeuse, dut déterminer un prince si soigneux de pourvoir aux besoins de ses sujets, à la construction de l'aquéduc entretenu par les sources fraîches et constantes du mont Zaghwan.

Ainsi, d'après les textes que je viens de citer, l'assertion de M. Estrup [2], que Septime Sévère fut le fondateur de ce monument, me semble fortement ébranlée. Il avait en cela suivi le P. Caroni, qui donne avec prudence, *e come conghiettura di qualche peso*, l'opinion que Septime Sévère fonda, ou du moins restaura l'aquéduc de Carthage. Ce voyageur antiquaire s'appuie sur deux médailles, l'une en argent, l'autre en bronze, de sa collection, qui furent frappées en 936 de Rome, 203 de J.-C. Elles représentent d'un côté les têtes de Sévère et de Caracalla, et au revers, une femme couronnée, avec la foudre et le sceptre, assise sur le dos d'un lion et courant le long d'une source qui descend d'une montagne assez haute [3]. L'exergue exprime la bienfaisance des empereurs envers Carthage : INDUL-

<hr>

[1] Cap. XXII. Quando in Africam venit, ad adventum ejus, post quinquennium pluit : atque ideo ab Africanis dilectus est.

[2] Pag. 14.

[3] Cette déesse est l'Astarté, la Junon des historiens et des poètes grecs et latins, la Cœlestis des Pères de l'Église, pluviarum pollicitatrix de Tertullien, Apologet., c. x, la même que Diane ou la Lune, que désigne ainsi Apulée (Met. VI, p. 388, ed. Oudendorp.): Celsæ Carthaginis, quæ te vectura leonis cœlo commeantem percolit. L'eau qui coule aux pieds de la déesse, sur la médaille, est un type approprié à ses fonctions mystiques. Vid. Munter, Religion der Karthager, p. 71, sqq.

GENTIA alii MUNIFICENTIA AUGUSTORUM IN CARTHA-GINEM [1]. Cet exergue rappelle la phrase de Spartien, où il dit qu'Adrien multum beneficiorum provinciis africanis attribuit, et le titre de *Restitutor Africæ* placé sur les monnaies de ce prince à l'époque de son séjour à Carthage. Caroni ajoute même que le mot *indulgentia* indique que l'aquéduc existait déja, que la colonie romaine de Carthage aura obtenu une dispense d'impôt vis-à-vis du gouvernement, qui aura été appliquée à la restauration de l'aquéduc, au lieu que si la dépense eût été fournie par le trésor public ou la caisse particulière de l'empereur, la médaille aurait porté l'expression consacrée MUNIFICENTIA. Ainsi l'érection de l'aquéduc doit, avec une grande probabilité, être attribuée à Adrien, sa restauration à Septime Sévère.

Je dois maintenant donner une idée de la forme et de l'état de cet aquéduc. Au XIe siècle de notre ère, Abou-Obaïd-Békri le décrit ainsi [2] :

« Au centre de Carthage est creusé un immense réservoir où l'eau est amenée d'une distance de plusieurs journées de marche, par un aquéduc qui tantôt est enfoncé sous terre [3], et tantôt passe sur plusieurs rangs d'arcades voûtées qui s'élèvent les unes au-dessus des autres, et semblent se perdre dans les nuages. La source de Schoukar fournit une eau excellente que le schiite Obaïd-Allah préférait à toute autre [4]. »

[1] C. f. Banduri. Num. imp. t. II, p. 56, et not. 4.

[2] Cette description curieuse de l'Afrique a été traduite pour la première fois par mon savant confrère Étienne Quatremère, d'un manuscrit de la Bibliothèque du roi, n° 580, et est imprimée dans le tome XII des Notices des Manuscrits.

[3] Vitruve, lib. VIII, c. VI, 5, 6, sqq., ed. Schneider, parle des *souterazi*, et connait la propriété de l'eau de revenir à son niveau.

[4] Notices des Mss. tom. XII, p. 498.

Édrisi [1], écrivain du XIIIe siècle, le peint encore avec cette forme : « Les eaux venaient à ces citernes d'un lieu nommé la Fontaine de *Choukar*, situé dans le voisinage de Kairowan. L'aquéduc s'étend depuis cette fontaine jusqu'aux citernes, sur un nombre infini de ponts où l'eau coulait d'une manière égale et réglée. Ces ponts se composaient d'arches construites dans la campagne, basses ou d'une hauteur médiocre en plaine, mais extrêmement élevées dans les vallées et les bas-fonds. Cet aquéduc est l'un des ouvrages les plus curieux qu'il soit possible de voir de nos jours. Il est totalement à sec, l'eau ayant cessé de couler dans les citernes par suite de la dépopulation de Carthage, et parce que, depuis l'époque de la chute de cette ville jusqu'à nos jours, on a continuellement pratiqué des fouilles dans ses débris et jusque dans ses fondements. Ces fouilles ne discontinuent pas. On ne cesse d'extraire et de transporter au loin une incroyable quantité de matériaux de diverses espèces. D'après le rapport d'un témoin oculaire, on y découvre quelquefois des blocs de 36 pieds de haut et de 63 pouces de diamètre, et des colonnes de 36 pouces de tour. »

La géographie d'Ibn-al-Ouardi [2], dont mon savant confrère M. Reynaud a bien voulu me traduire ce passage, dit, en parlant de Carthage : « Au nombre de ses édifices les plus merveilleux, sont les *domas*, les citernes. Il y en a 24 sur une seule ligne. Elles sont en pierre *mokranset, couverte d'un enduit*, et elles ont

---

[1] Ce passage est extrait du manuscrit complet d'Édrisi, traduit pour la première fois par M. Amédée Jaubert, et ne se trouve pas dans l'abrégé imprimé.

[2] Mss. orient. Bibl. Roy. ancien fonds, n° 594, folio 26, verso.

chacune 130 pas de long sur 60 de large. Leur hauteur est de plus de 200 coudées. Entre chaque *domas* sont des ouvertures solides par lesquelles les eaux passent de l'une dans l'autre, à une grande hauteur, et cela par une combinaison merveilleuse et des procédés savants. L'eau arrive à ces réservoirs de Schoukar, nom d'une source près de Kairowan qui sort des flancs d'une montagne. » Ibn-Ayas [1] dit aussi que la source de l'aquéduc vient des environs de Kairowan et subsiste encore.

Ibn-al-Ouardi est du xive siècle et mourut en 1350 [2]. Ibn-Ayas est du xvie siècle. S'il n'a pas copié ses devanciers, Carthage avait encore des monuments considérables à cette époque.

Le passage curieux d'Édrisi explique à merveille pourquoi on trouve maintenant l'aquéduc ruiné depuis Malqâ jusqu'à Ariana, c'est-à-dire dans toute la partie qui se rapproche de Tunis ou du lac, et pourquoi il est encore si bien conservé dans les parties les plus éloignées. Dans le premier cas, les matériaux se trouvaient sous la main, et, par le lac, arrivaient sans peine à Tunis. Dans le second, le transport était moins facile pour les blocs tirés de la partie de l'aquéduc située au milieu des terres et sûr un terrain coupé de collines et de petites montagnes. On peut même assurer déja que la destruction rapide des monuments de Carthage est due principalement au voisinage de Tunis et à la proximité du lac qui, par sa navigation commode, abrégeait la distance entre ces deux villes, et rendait peu coûteux le transport des

[1] Mss. Arab. Bibliot. roy. suppl. p. 14.

[2] Biogr. univ. article de M. Jourdain.

matériaux de toute espèce que renfermaient les nombreux édifices de l'ancienne Carthage.

En suivant chronologiquement l'état de dégradation de l'aquéduc, dans les époques successives où il a été décrit par les écrivains d'Occident, nous trouvons dans Guillaume de Nangis [1] une mention vague de citernes, de cavernes, et d'un château nommé *Tour des eaux*, parce qu'il était près des citernes, où l'armée de saint Louis prenait l'eau nécessaire à ses besoins. Tout cela était, dit l'historien, sur le lieu *où estoit anciennement édifiée la grande cité de Carthage.*

Nous discuterons plus tard ces renseignements vagues et incomplets. Le premier historien en date après Nangis et Pierre de Condeto qui décrivent la croisade de saint Louis à Tunis, est Marmol, compagnon de Charles-Quint dans son expédition contre cette ville, en 1535. « A cette époque, dit-il [2], il ne reste de Carthage qu'un pauvre village appelé Marsa, de quelque cinq cents maisons, et un beau temple avec un collége que construisit Muley-Mahamet, roi de Tunis. Quand Charles-Quint fit l'entreprise de Tunis, il aborda à cette rade (le Mandracium), d'où l'on voyait encore quelques ruines de superbes bâtiments et de palais de marbre blanc démolis, avec une grande citerne large et profonde et les arcs qui soutenaient les aquéducs qui amenaient l'eau de dix lieues loin. »

Léon l'Africain [3] ne donne point de détails précis sur l'aquéduc ni même sur les ruines de Carthage.

Un consul de France à Tunis, Saint-Gervais, dans

[1] Collect. ad Hist. sancti Ludovic. ed. Paris, 1761, fol, p. 278, sqq. et dans Schwardius, p. 1441.

[2] Liv. VI, c. xv, t. II, p. 447, trad. fr. Paris, 1667.

[3] P. 554, ed. in-18. Elzévir, 1632.

son ouvrage imprimé en 1736, nous fournit une description de l'aquéduc que je vais rapporter tout entière à cause de la rareté de ce livre qui n'est presque cité par personne. « Les arcades des aquéducs, élevées de 130 pieds, en ont quatorze de diamètre; la distance d'un pilier à l'autre est de dix-huit pieds. Les aquéducs encore voûtés en plusieurs endroits ont quatre pieds de large sur huit de hauteur; les arcades sont formées de pierres extrêmement dures, de 2 pieds $\frac{3}{4}$ en carré, et tirent sur une couleur grise. Un ciment particulier à ce temps-là, et dont l'usage n'est pas encore perdu parmi les Maures, les lie si étroitement, que la main la plus vigoureuse, secondée des instruments propres à la destruction de ces solides masses, ne les entame qu'avec peine [1]. »

Shaw nous a laissé une description assez détaillée de ce vaste monument, dont j'ai suivi chronologiquement les progrès et la décadence.

« Près des grandes citernes, dit-il, on trouve les principales ruines de l'ancien aquéduc qui fournissait la ville d'eau. On en voit même des vestiges jusqu'à Zow-wann et Zung-gar, à 50 milles pour le moins dans les terres. Cet ouvrage avait coûté beaucoup de peine et d'argent, et la partie qui allait le long de la péninsule était fort belle et revêtue de pierres de taille. On voit encore à Ariana, petit village à deux lieues au nord de Tunis, plusieurs arches qui sont entières et que j'ai trouvées, en les mesurant, avoir 70 pieds de haut. Les colonnes (pilastres) qui les soutenaient avaient 16 pieds en carré. Au-dessus de ces arcades

[1] Mém. histor. du roy. de Tunis, consul de France à Tunis. Paris, par M. Saint-Gervais, ci-devant 1736.

est le canal par lequel les eaux passaient; il est voûté et revêtu d'un bon ciment. L'eau y montait, à près de trois pieds. Il y avait des temples à Zow-wann et à Zung-gar, érigés au-dessus des sources qui fournissaient d'eau l'aquéduc. » A Zowan ou grand Giuf existait un temple d'Apollon, ce que prouve cette inscription gravée sur un autel [1].

AGENTI APOLLINI. AVG. SACR. D. FVNDANIVS...
AEDILIS... HANC STATVAM.. HS VIII.. POSVIT. D. D.

A Zung-gar ou Zucchara (le petit Giuf), le P. Ximenez [2] a copié ce fragment d'inscription :

....AVG. SACR......
... SIS TEMPLVM CVM...
... SVA PECVNIA ....
..... DEDICAVIT ....

Je la rétablirais ainsi : [*Hadriano.*] Aug [*usto.*] sacr [*um.*][*civitas Giufen*] sis. templum cum [*statua*] sua pecunia [*ponendum coeravit*] Dedicavit [*que. decreto Decurionum*].

Le *temple* de Zung-gar [3] paraît avoir été d'ordre corinthien, et s'élevait en forme de dôme dans lequel il y avait trois niches au-dessus de la fontaine, qui servaient pour les statues d'autant de divinités [4]. Sur la

---

[1] Shaw, p. 181-183, ed. 1738. Mus. Ver. Maffeï, p. 456, n. 5.

[2] Mus. Ver,, p. 466, n. 14. [*Giufen*] SIS comme CIV. GURZENSIS ex Africa. Marini fratr. Arv., p. 782, et n. 70.

[3] Nous en avons un dessin exact, qui est gravé dans l'Univers pittoresque ; ce n'est pas un temple, mais plutôt des thermes.

[4] M. Dedreux, architecte habile, a dessiné à Nicopolis un château d'eau alimenté par un aquéduc qui s'étend jusqu'à la montagne de Souli. Il y a trouvé des niches et l'emplacement des statues qui décoraient ces niches. Il y a remarqué un canal qui conduisait de l'eau à la hauteur des épaules de ces statues.

frise du portail on trouve une inscription mutilée. Une copie exacte, prise par Noah [1], la figure ainsi :

RO. , ... SI I . . . . . TOT . . V. Q . . DIVIN. DOM
VS CIVIT . S. ZV . . H . . A FECIT. ET DED . . AVIT.

Je restituerais ainsi cette inscription de Zung-gar : Imperatori Adriano, etc., etc., et L. Æl. VeRO. pro salute principiS InvictI totiusque divinæ dŏmus, ejus civitas Zucchara fecit et dedicavit. Si la restitution que je propose de cette inscription mutilée est adoptée (et il me semble que la finale *RO* et que le *totiusque divinæ domus*, qui sont intégralement conservés, indiquent positivement une dédicace à la famille impériale de la part de la ville de Zucchara), alors il faut supposer que les titres d'Adrien qui formaient le commencement de l'inscription et les prénoms de Verus auront péri sur ce marbre dont il ne reste qu'un fragment.

Une autre inscription entière apportée [2] de Carthage à Tunis et placée dans l'un des bains de cette ville, fait mention d'une grande route qu'Adrien construisit de Carthage à Théveste; elle peut fournir les titres qui manquent et une date probable à celle de Zucchara. Ce fragment d'inscription s'accorde avec les textes cités de Spartien et de Dion pour attribuer à Adrien la construction de l'aquéduc que dut suivre de près l'érection du monument de Zucchara.

Comme d'ailleurs Spartien [3] nous apprend qu'avant

---

[1] Travels in Africa, p. 281.

[2] Gruter, p. 2008, n° 3, Shaw, p. 197.

[3] Adrian. cap. xxiii. Adoptavit ergo (Adrianus) Ceionium Commodum Verum, eumque Ælium Verum Cæsarem appellavit.

d'adopter Antonin, la 18e année de son règne, Adrien adopta Ceionius Commodus Verus, et qu'il lui donna le nom d'Ælius Verus, la restitution que je propose n'a rien d'arbitraire.

On pourrait objecter que la terminaison RO peut désigner aussi bien le Verus adopté par Marc-Aurèle et même l'empereur Septime-Sévère [1]. Mais aucun de ces princes ne séjourna en Afrique, tandis qu'Adrien s'y rendit la cinquième et la sixième année de son règne [2], qu'il y retourna la douzième et la treizième [3], qu'il y fit un assez long séjour et qu'il combla de bienfaits Carthage et les provinces d'Afrique. Il faut remarquer en outre qu'Adrien est le seul empereur romain qui ait, par deux fois, séjourné long-temps à Carthage.

Entre ces hypothèses, il m'a semblé que la plus probable était que la reconnaissance de la ville de Zucchara, si avantageusement placée pour jouir du service de l'aquéduc, aura élevé ce monument en l'honneur d'Adrien et de Verus son fils adoptif. De plus, l'intervalle de sept ans écoulé entre le dernier voyage de l'empereur et la dédicace de l'édifice renferme une mesure de temps très-convenable pour l'achèvement complet d'un monument assez grand bâti aux frais *d'une petite ville*. On pourrait objecter encore que l'expression *totiusque divinæ domus* indique une époque postérieure à celle d'Adrien; mais je trouve

---

[1] Le nom de Sévère serait sur ce monument, qu'on pourrait encore balancer à le lui attribuer; car, selon Dion Cassius *, il répara beaucoup d'anciens édifices, sur lesquels il inscrivit son nom comme les ayant bâtis de pied en cap et à ses frais.

[2] 875. V. C. 122. J. C.

[3] 882. V. C. 129. J. C.

Voyez, pour ces dates, l'exact et judicieux Tillemont, Chronologie des emp. rom. t. 11, p. 657.

* lxxvi, 16.

dans Gruter [1] une inscription de Cordoue qui donne à la famille de Vespasien le titre de SACRATA DOMUS AUGUSTORUM, et dans une autre [2] NUMINI DIVORUM AUGUSTORUM, en parlant de Marc Aurèle et de Verus.

En 1777, M. Stanley observa l'aquéduc et le décrit ainsi [3] : « Ariana est un petit village à six milles nord-est de Tunis. Il y a là une belle rangée d'aquéducs de 64 pieds de haut, soutenus par des piliers, *columns*, de 16 pieds en carré, et dont la splendeur s'accroît à mesure qu'on approche de Carthage. Les pierres sont toutes taillées en diamant [4], de la même manière qu'au temple de Zow-wan. Plusieurs des pierres qui entrent dans la construction de l'aquéduc sont du poids de vingt tonneaux (400 quintaux).

Le P. Caroni, en 1804, trouva brisées et tombées toutes les arcades de Carthage à Ariana. Néanmoins, par les bases qui restent très-bien cimentées, par les massifs des pilastres distants l'un de l'autre d'environ 40 pieds, par les blocs de voûtes qui gisent çà et là, on peut juger, dit-il, que c'était un des monuments les plus gigantesques qu'on ait exécutés.

L'Américain Noah [5] n'ajoute aucun détail aux descriptions des voyageurs que j'ai cités. J'apprends du colonel Leake, si zélé pour la science, que Sir Grenville Temple vient d'explorer très-complétement le royaume de Tunis et en a rapporté un superbe re-

[1] Tom. I, p. 244, n° 1.

[2] *Ibid.* p. 258, 5.

[3] Observat. on the city of Tunis and the adjacent country, etc. London, 1786, in-4° de 37 pages.

[4] Cet appareil, assez rare dans les monuments antiques, a été employé au palais du doge, à Venise, où chaque assise est en marbre et taillée en forme de diamant.

[5] Travels in Europe and Africa. New-York, 1819.

cueil de dessins avec un grand nombre d'inscriptions; ce travail est maintenant sous presse.

J'ai appris aussi que M. Catherwood, architecte, est resté cinq mois à Carthage et en a rapporté beaucoup de dessins.

Quant à l'opinion de Shaw, que l'aqueduc avait été bâti par les Carthaginois, indépendamment de ce qu'elle n'est émise qu'avec doute et par ce seul voyageur, elle est combattue par un argument, négatif, il est vrai, mais d'une grande force, à ce qu'il me semble. D'abord aucun des historiens grecs ou romains, qui décrivent si minutieusement l'enceinte et les environs de Carthage, ne dit un mot de ce monument gigantesque. Agathocle, Régulus, les Mercenaires, les deux Scipion, qui formèrent le blocus de Carthage, et voulaient la forcer de capituler, auraient sans doute commencé par la priver d'eau en coupant l'aqueduc. Il n'est mention nulle part d'une pareille tentative.

Au contraire, lorsque Gélimer, le dernier roi vandale, fait un effort pour reprendre Carthage sur Bélisaire, et qu'il bloque étroitement cette ville, sa première opération est de couper l'aqueduc qui fournissait à cette capitale l'eau nécessaire à sa consommation; γενόμενοί τε αὐτῆς ἄγχιστα (Καρχηδόνος) τόν τε ὀχετὸν ἀξιοθέατον ὄντα διεῖλον, ὅς ἐς τὴν πόλιν εἰσῆγε τὸ ὕδωρ, et Procope [1] ne manque point de consigner ce fait. M. Dusgate, qui a passé huit mois à Tunis et qui a suivi l'aqueduc jusqu'à son origine, s'est chargé de toutes les discussions qui concernent ce monument remarquable. Sa dissertation est imprimée à part dans l'appendice IV.

[1] Bell. Vandal. II, 1.

CARTHAGE D'APRÈS APULÉE.

Nous pouvons maintenant offrir une esquisse un peu plus arrêtée du portrait de Carthage à l'époque des Antonins, et les principaux traits nous seront fournis par un auteur africain, Apulée de Madaure, sénateur de cette ville, fils d'un duumvir [1], philosophe, avocat distingué, qui honora le barreau et l'académie de Carthage, qui y exerça un sacerdoce, et qui en reçut l'honneur insigne d'une statue élevée aux frais de la ville et en vertu d'un sénatus-consulte [2]. Son père lui avait laissé 400,000 francs, HS. vicies [3]. Pudentilla, veuve de 40 ans, qu'il avait épousée, lui avait apporté HS. quadragies, 4 millions de sesterces, ou 800,000 fr. [4]. Elle possédait en outre des terres très-fertiles, une grande quantité d'orge, de blé, de vin, d'huile et d'autres productions, 400 esclaves et un nombreux bétail [5]. Ce détail de la fortune d'une femme de province, qui n'était pas de famille patricienne, peut donner une idée de la richesse de cette partie de l'Afrique, sous Antonin, et par conséquent de Carthage qui en était la capitale.

Quant à la topographie de Carthage, Apulée fait mention du théâtre où il devait prononcer son discours de remercîment, pour la statue qu'on lui avait décernée [6]. On voit qu'il n'était pas couvert, puisque la

---

1 Apul., De magia, p. 28.

2 Florid. p. 136, ed. Biponi. 1788.

3 Apuleius, de magia oratio, p. 27.

4 *Ibid.* p. 76.

5 *Ibid.* p. 97.

6 Florid. p. 131, 134.

pluie fit différer la séance. Il parle de la palestre où il se luxa le pied, et des eaux thermales de Persia, *Persianas aquas*, où il fut obligé de séjourner pour guérir sa luxation. Je présume que c'est la *Parthos* qu'Appien [1] indique non loin de Carthage, Pertusa de l'itinéraire, qui était voisine des *aquæ calidæ*.

Apulée cite aussi la curie [2] ou salle des séances du sénat de Carthage, dans lequel le consulaire Émilien Strabon proposa de choisir, pour la statue de ce philosophe, un quartier fréquenté. L'acclamation générale décida qu'elle serait placée dans la curie. Cette statue était de bronze, et Apulée indique que Carthage possédait alors des sculpteurs et des fondeurs habiles [3]. Il dit que cet honneur lui fut déféré pendant le proconsulat de Scipio Orfitus [4] qui en fit lui-même la dédicace, *dedicationem statuæ meæ* [5].

Je dois traduire le début du discours d'Apulée [6] qui donne une haute idée de la population de Carthage, de son instruction, et de la splendeur du théâtre où il prononça son remercîment. « Vous vous êtes, dit-il, rassemblés en si grand nombre pour m'entendre, que je dois féliciter Carthage de posséder tant d'hommes avides de s'instruire. En effet, le nombre est digne de la grandeur de la ville, et on a choisi le lieu convenable à un si nombreux auditoire [7]. Dans cette salle

[1] VIII, xxxix.

[2] Florid., p. 136, 137.

[3] P. 137.

[4] Voyez (in Mus. Ver., p. 467, nº 2) une inscription sur un arc triomphal de Tripolis, dédié à Marc-Aurèle et Verus, par S. Orfitus, proconsul, et Lyons, Trav. en North. Afric.,

p. 18, et pl.

[5] P. 136, 137.

[6] P. 141.

[7] Nam et pro amplitudine civitatis frequentia collecta, et pro magnitudine frequentiæ locus delectus est... Spectari debet non pavimenti marmoratio, nec proscenii

superbe, ce n'est ni le marbre qui pave la *cavea*, ni le parquet du *proscenium*, ni les colonnes qui décorent la scène ; ce n'est pas la hauteur des combles, l'éclat des lambris, la circonférence des gradins, qui attirent votre attention. Vous ne songez plus qu'ici, dans d'autres moments, le mime, le comédien, le tragédien, le funambule, le prestigiateur, l'histrion, et tous les autres artistes ont déployé devant le peuple les prodiges de leurs talents divers. Ici vous ne devez considérer que les motifs de convenance, et le genre du discours, qui ont fait choisir ce lieu pour l'orateur. Moi-même, à l'exemple des poètes tragiques et comiques, je transforme à mon gré le lieu de la scène, et je me figure que ce théâtre est la curie ou la bibliothèque de Carthage. »

Ce passage peint d'une manière brillante la splendeur du théâtre qui n'était pas couvert, du moins pour les spectateurs. Je crois qu'on doit reporter la fondation de ce monument à Auguste, grand amateur des jeux scéniques, au dire de Tacite et de Suétone. Le vers de Virgile que j'ai cité, en traitant de Carthage punique, peut autoriser cette conjecture. Sans doute, il aura été embelli sous Néron, l'empereur histrion par excellence, lorsqu'il y avait en Afrique des fortunes si énormes, que six individus, Pline l'atteste [1], possédaient la moitié de la province. Il est présumable qu'Adrien qui, selon Spartien et Dion, aima beaucoup à bâtir, ajouta de nouveaux ornements au théâtre de

contabulatio, nec scenæ columnatio, nec culminum eminentia, nec lacunarium refulgentia, nec sedilium circumferentia... mihi liceat ipsius Carthaginis vel curiam, vel bibliothecam substituere.

[1] XVIII, 7.

Carthage, dont Apulée, contemporain de ce prince,
nous présente un si magnifique portrait.

L'emplacement du théâtre est encore très-recon-
naissable au n° 69, sur le plan de M. Falbe. Avec le
cirque, Byrsa, et les piscines de Malqa, il nous donne
les limites d'un grand trapèze dans l'intérieur duquel
les ruines sont nombreuses. A l'aide de ces positions
bien déterminées, nous tâcherons plus tard de fixer la
position de la curie et l'emplacement du gymnase.

Apulée ensuite se glorifie d'avoir reçu l'instruction
à Carthage dès son enfance, et de vénérer religieusement ses dieux. « Je commencerai, dit-il, ce qui sera
agréable à vos oreilles, par une invocation à Esculape,
dieu tutélaire, qui jette ses regards propices sur la
citadelle de votre Carthage ; *Æsculapio deo qui arcem vestræ Carthaginis indubitabili numine propitius respicit* [1]. »

Un autre passage d'Apulée [2] nous indique qu'il a
disserté la veille dans le temple de ce dieu nommé aussi
Salus, en latin. Il avait donc été épargné ou rebâti
par les Romains. *Percontari quæ ego pridie in tem-
plo Æsculapii disseruerim.* Ce texte rapproché de la
phrase que j'ai citée, et où il dit qu'il croit voir aujourd'hui dans le théâtre la curie ou la bibliothèque
de Carthage, nous donne déja la position de ces deux
édifices publics. Le temple d'Esculape qui dans Carthage punique était, comme on l'a vu, la salle des
délibérations secrètes du sénat, devint la salle des
séances ordinaires. La curie, dans la Carthage ro-

---

[1] Florid. p. 145.   [2] P. 146.

maine, et la bibliothèque publique étaient à côté ou dans l'hiéron de ce temple qui était très-vaste.

Apulée nous donne ensuite [1] une espèce de topographie intellectuelle de Carthage, pendant cette heureuse époque du règne d'Antonin. « Y a-t-il, dit cet orateur, un plus beau sujet d'éloge, un éloge plus vrai que celui de Carthage dont tous les habitants sont si instruits, capitale où tous les genres de connaissances sont étudiés par les enfants, appliqués par les hommes, enseignés par les vieillards, Carthage, la vénérable maîtresse de notre province, Carthage, la muse céleste de l'Afrique, Carthage, la docte Camène de ses habitants qui portent la toge ? » *Carthago, Africæ musa cœlestis, Carthago, Camœna togatorum.*

Ce passage, rapproché d'un autre où Apulée nous dit qu'à vingt ans le fils de Pudentilla ne parle que le punique, ne veut ni ne peut parler latin [2], me semble indiquer, malgré l'obscurité dont s'enveloppe le style poétique et recherché de l'orateur africain, que la littérature punique était encore généralement cultivée à Carthage; car il oppose Astarté ou Cœlestis, l'institutrice de la civilisation punique, la muse de l'Afrique, à la Camène propre aux Romains, que Pline [3], en parlant de son ouvrage, désigne avec précision par cette phrase : novitium *Camœnis Quiritium opus.* Apulée prononce son discours au théâtre devant un auditoire nombreux, très-instruit, *eruditissimus*, composé de ce peuple bilingue. Il me paraît évident que, par ce compliment oratoire, il a cherché à se concilier la

[1] Florid. p. 148.

[2] De magia, p. 102, loquitur nunquam nisi punice ; latine enim neque vult, neque potest.

[3] In præfat. Hist. nat. lin. 1.

faveur de tous ceux qui, à Carthage, écrivaient, professaient, déclamaient, soit en langue punique[1], soit en langue latine.

Apulée, dans un autre de ses ouvrages[2] où il déclame contre le luxe des riches de son siècle et de son pays, qui mettaient tant de soins à décorer leurs maisons de ville et de campagne, et si peu à cultiver la sagesse, à orner leur esprit, nous a conservé quelques traits précieux pour le sujet qui nous occupe spécialement. «Ainsi donc, dit-il, toutes ces variétés d'édifices, pour lesquels ils ont prodigué leurs patrimoines, vous les trouvez les plus agréables, les mieux construits, les mieux ornés qu'il soit possible. Leurs *villa* rivalisent de splendeur et d'étendue avec les cités : leurs palais décorés comme des temples, leurs troupes d'esclaves, brillants par le nombre et la parure, leur mobilier somptueux, tout afflue chez eux, tout respire l'opulence, tout est orné, excepté seulement l'esprit et le cœur de leur maître.»

Ces divers passages d'Apulée, auteur africain, habitant de Carthage, témoin oculaire et irrécusable, nous montrent clairement quelle fut, sous les Antonins, la richesse et la splendeur de cette capitale; sa prospérité fut à son apogée sous leur règne et sous

[1] Ce fait de l'existence d'une littérature punique est prouvé par Aurélius Victor, qui dit de Sévère (Epitom. c. xx) : Il savait le grec, mais, né à Leptis, en Afrique, il avait en punique une éloquence plus facile, Punica eloquentia promtior. Au ve siècle, saint Augustin prêchait encore dans cette langue.

[2] De deo Socratis, p. 243.

Igitur, illas ædificiorum species in quas patrimonia sua profuderunt, amœnissimas et exstructissimas et ornatissimas deprehendas : villas æmulas urbium conditas, domos vice templorum exornatas, familias numerosissimas et calamistratas, opiparam supellectilem, omnia affluentia, omnia opulenta, omnia ornata præter ipsum dominum.

celui de Septime-Sévère. Elle se soutint jusqu'au règne d'Alexandre-Sévère, et avait déja déchu du temps de saint Augustin, comme nous le verrons en suivant l'ordre chronologique de ses progrès et de sa décadence.

On ne connaît rien de plus sur Carthage sous le règne d'Antonin-le-Pieux, si ce n'est que le forum de cette ville fut consumé par un incendie[1]. Mais, comme nous savons que toutes les provinces fleurirent sous le règne de cet excellent prince[2], qu'il fournit de l'argent à beaucoup de villes pour construire de nouveaux édifices ou rétablir les anciens[3], on peut assurer, vu l'importance de Carthage à cette époque, que cette ville ne fut pas oubliée dans la distribution des secours qu'il se plaisait à accorder aux besoins pressants ou aux calamités imprévues, et que le forum carthaginois fut rebâti aux frais du trésor impérial. On sait, de plus, qu'Antonin construisit ou restaura beaucoup de monuments à Rome et dans l'Italie[4], qu'il s'occupa spécialement de l'Afrique, et qu'il assura la paix de cette contrée en repoussant les Maures dans les montagnes les plus reculées de l'Atlas[5]. Je ne cite que pour mémoire le grand temple élevé à Bacchus et à Hercule par Septime-Sévère. Les monnaies d'or, d'argent et d'airain, frappées par lui avec les symboles de ces dieux et le titre de *Dii patrii*, la dédicace DIIS AUSPICIBUS, appuient le renseignement vague fourni par Dion[6], et font présumer que ce temple fut bâti en Afrique.

---

[1] J. Capitolin. Antonin. Pius, cap. IX.

[2] *Ibid.* c. VII.

[3] *Ibid.* c. VIII. Multas civitates adjuvit pecunia ut *opera* vel nova facerent *vel vetera restituerent.*

[4] *Ibid.* c. VIII.

[5] Capit., c. v. Pausanias, Arcad. p. 273, lin. 23, ed. Xilandr.

[6] T. II, p. 1284, ed. Reim.

Mais, s'il fut placé à Carthage, à Leptis ou à Tripolis,
patrie de cet empereur, selon Spartien [1], voilà le point
qui reste encore douteux [2].

Le seul fait qu'on trouve relatif à Carthage, dans
l'histoire, depuis Antonin jusqu'à Commode, est que
ce dernier empereur voulut changer le nom de cette
ville, et qu'on l'appelât *Alexandria Commoda togata*. Il établit aussi une flotte africaine pour subvenir à la nourriture de Rome, dans le cas où les blés
d'Alexandrie manqueraient, et il nomma cette flotte
Commodiana Herculea.

Ces détails nous sont donnés par Lampride [3], avec
la brièveté qui est propre à ce biographe. Mais nous
savons déja que, sous Auguste, l'Afrique envoyait à
Rome 40 millions de modius de blé, l'Égypte 20
millions seulement, et que sous les empereurs suivants l'importation fut augmentée [4]; donc, ce n'est
pas l'importation du blé d'Afrique et le commerce de
cette denrée entre l'Italie et cette contrée, dont Carthage était le port principal, qu'établit et qu'institua
Commode, comme on pourrait le croire d'après le
texte concis de Lampride, mais une flotte impériale,
privilégiée, prête à partir en tout temps, au premier
signe du prince, qui apportait non-seulement le blé de
tribut, mais, en cas de besoin, le blé exigé et acheté,
imperatum aut *emptum*.

Ce grand débouché assuré aux grains d'Afrique par
le port de Carthage, fut un des moyens puissants de

[1] C. xviii.
[2] C. f. Caroni, Ragguaglio, part. II, p. 14.
[3] Vit. Commod. cap. xvii.
[4] Vid. J. Lips. elect. 1, 8. De frumentatione, t. I, p. 251, et mon Mém. sur l'affaiblissement de la population et des produits de l'Italie dans les vii.ᵉ et viiiᵉ siècles de Rome.

colonisation employés par les Romains. Les intérêts de Rome et de l'Afrique étaient si bien liés, qu'une seule légion suffisait pour garder tout le pays de Tanger à Cyrène. Le commerce de blé fut aussi, je le répète, une des principales causes de l'accroissement subit et de la prospérité de Carthage, qui dut nécessairement déchoir après la translation de l'empire à Constantinople. L'Afrique était si nécessaire à la nourriture de Rome et de l'Italie que Sévère, dit Spartien [1], se hâta d'envoyer des légions en Afrique, de crainte que Niger ne l'occupât et n'affamât le peuple romain ; ne eam occuparet, et fame populum romanum perurgeret.

TEMPLE ET CULTE DE CŒLESTIS.

Pertinax, sous le règne de Commode, fut proconsul d'Afrique, et Capitolin nous apprend [2] que pendant ce proconsulat il eut à réprimer plusieurs séditions causées par les prophéties qui émanaient du temple de Cœlestis. Le même auteur, dans la vie de Macrin [3], nous dit que la prêtresse de Cœlestis, à Carthage, lorsqu'elle était pleine de l'inspiration divine, *deo repleta*, avait coutume de prédire juste ; vates Cœlestis apud Carthaginem deo repleta solebat vera canere. Il fixe l'époque de cette prédiction[4] : c'est le règne d'Antonin-le-Pieux. Il nous apprend ce fait curieux que le

1 Sever., c. viii. Pescenn. Niger, c. v.

2 Pertinax, cap. iv.

3 Cap. iii.

4 Dion (vie de Caracalla, lxxviii, 4) parle aussi de ces prophéties faites en Afrique, mais sans énoncer le lieu, qui doit être, je crois, le temple de Cœlestis à Carthage.

proconsul priait solennellement la prêtresse d'Astarté, divinité essentiellement punique [1], de lui prédire le sort futur de la fortune publique des empereurs romains et de son administration particulière; tum, sciscitante proconsule de statu ut solebat, publico, et de suo imperio futura prædiceret, ubi ad principes ventum est, etc.

Le temple, le culte et les oracles de Cœlestis durèrent jusqu'au milieu du ve siècle, tant l'homme est crédule et superstitieux; tant il a un besoin inné de croire l'incroyable et de pouvoir l'impossible. Aussi les fondateurs de toutes les religions ont-ils bien connu sa nature propre, et se sont-ils habilement emparés de ce levier tout-puissant pour remuer le cœur humain et le pousser dans la voie de leurs vues ou de leurs intérêts terrestres. La position de ce temple célèbre a été déja indiquée et sera fixée plus tard avec certitude. Je reprends l'ordre chronologique auquel je me suis astreint par un scrupule d'exactitude qui nuira peut-être à l'effet, mais qui doit ajouter à la confiance.

On ne sait presque rien de Carthage pendant les règnes de Didius Julianus, de Septime-Sévère et de Caracalla, quoique Sévère fût Africain, quoiqu'il ait comblé de bienfaits Leptis, sa patrie, quoique, au dire de Tzetzès [2], il ait fait élever un tombeau de marbre blanc à Annibal, Africain de race comme lui, et que

---

[1] Saint Augustin (Judicum, cap. VII) dit qu'Astarté, en punique, est l'analogue de Junon comme Baal de Jupiter, car Baal-Samen signifie maître du ciel, de Baal, *Dominus*, et samen, *cœli*. Munter, Relig. der Karthager. p. 6, sqq., en fait le Kronos, et p. 71 sqq. d'Astarté, Juno, Cœlestis; c'est encore la *Lune*, je pense, la Diane, la σελήνη des Grecs et des Latins. c. f. Voss. lib. II, cap. XXIV. Theolog. Gentil.

[2] Chil. I, hist. 27, in fine.

son fils, grand admirateur d'Annibal, lui ait élevé des statues et rétabli ses images, comme nous le dit Hérodien [1]. Dion rapporte seulement [2] qu'il implorait surtout Apollo Grannus et Esculape [3], et qu'il leur adressait, par des messagers, ses vœux et ses offrandes. La prédilection de ce prince pour Annibal et pour l'Afrique, sa patrie, peut faire présumer que c'était surtout à l'Esculape de Carthage, divinité célèbre et honorée spécialement dans cette ville, à OEa [4] et dans toute l'Afrique, que ce prince envoyait ses dons et ses prières. Ce petit fait prouve qu'au commencement du IIIe siècle de notre ère, malgré les progrès que le christianisme avait faits en Afrique et à Carthage, le culte des divinités puniques était encore très-florissant.

L'an de Rome 971, le temple et les divinités les plus célèbres de Carthage sont mentionnés par deux auteurs contemporains, Dion Cassius [5] et Hérodien [6]. Nous pouvons en fixer avec certitude la position, car l'antiquité païenne et chrétienne nous a transmis de nombreux détails sur l'étendue de l'*Hiéron*, sur les décorations de la *Cella*, sur le culte et même sur l'habillement de la déesse Cœlestis.

Cette divinité protectrice de Carthage, l'Astaroth ou l'Astarté des Phéniciens [7], l'Alilat des Arabes, la Mylitta des Assyriens [8], l'Uranie et la Tanaïtis des

---

[1] IV, viii, 14.

[2] LXXVII, 15.

[3] Photius, d'après la vie du philosophe Isidore, écrite par Damascius, p. 1073, dit qu'Esculape n'est ni Grec ni Égyptien, mais un dieu phénicien indigène, ἐπιχώριος Φοίνιξ. c. f. inscr. Reines, class. 1, n° 206, et Munter, Relig. der Karthag. p. 95.

[4] Apulée, Florid. de magia, p. 60. Æsculapio religiosis OEensibus commendato.

[5] LXXIX, 12.

[6] V, vi, 10.

[7] I. Reg., VII, 3. IV, xxiii, 13.

[8] Hérodot. III, 8, I, 131.

Grecs [1], la Junon, la Vénus et la Diane des Latins,
n'était en réalité que la nature dont l'un des grands
œuvres, la Lune, était, avec son frère *Bâl* (le Soleil),
le principal objet de l'adoration des peuples sémi-
tiques, dont les Carthaginois tiraient leur origine. Le
nom même d'Ἀστροάρχη, reine des astres, qui lui est
donné par Hérodien [2], indique très-bien dans son étymologie ridicule, le fond de la pensée de cet historien.

Je m'éloignerais de mon sujet si je cherchais à pénétrer les ténébreux symboles du culte de cette déesse,
qui ont exercé la sagacité de Selden [3], de Bochart [4],
de Vossius [5], de Faber [6], de Millius [7], de Frisch-
muth [8], de Munter [9] et dernièrement de notre confrère M. F. Lajard [10]. J'indique seulement le passage
fondamental d'Apulée [11] qui nomme cette déesse, Rerum Natura parens, elementorum omnium domina,
seculorum progenies initialis, summa numinum, ré-
gina manium, prima cœlitum, deorum dearumque
facies uniformis... Cujus numen unicum, multiformi
specie, ritu vario, nomine multijugo, totus veneratur
orbis. Saint Ambroise (contra Symmachum) la décrit
comme Apulée : Quam Cœlestem Afri, Mitram Persæ
plerique Venerem colunt, pro diversitate nominis, non
pro numinis varietate.

---

[1] Pausan., Attic., c. xiv, xix,
p. 36, 44.

[2] L. c.

[3] De diis Syriis, II, 2.

[4] Hieroz. Part. I, p. 431.

[5] Voss. Idololatr., XXII, 881.

[6] Semestr. III, 1, sqq.

[7] Diss. Sel. V et VI.

[8] Diss. de Melecheth Cœli, Ienæ.
1663.

[9] Religion der Karthager, p. 71
à 83, c. f. Hendreich, Carthago,
p. 201—211. Eckel. doctr., t. VII,
p. 183 à 204.

[10] Mém. sur le culte de Vénus,
lu à l'Académie des Inscriptions les
13 et 20 décembre 1833.

[11] Metamorph. lib. XI, p. 761,
sqq., ed. Oudendorp.

La circonstance singulière qui nous a procuré un si grand nombre de renseignements sur le temple et le culte de cette Uranie céleste, est le mariage monstrueux que ménagea entre elle et le dieu Bâl ou Soleil, l'imfame Héliogabale, qui voulait imposer aux Romains cette divinité étrangère, dont il regardait comme un de ses plus beaux titres de gloire d'avoir été le prêtre et le ministre.

« Cet empereur, selon le récit fidèle de Dion [1], fiança, chose ridicule à l'excès, son Élagabal, comme si ce dieu avait besoin de femme et d'enfants. Il lui fallait trouver une épouse riche et noble; il choisit donc Uranie, la déesse des Carthaginois, la fit venir à Rome et la plaça dans le palais. Il exigea de tous les sujets de son empire, pour les présents de noces de ces dieux, les mêmes dons gratuits qui avaient été offerts aux différentes femmes qu'il avait épousées luimême. Ce qui ne fut pas acquitté de son vivant fut même exigé rigoureusement après sa mort. Pour lui, il déclara ne vouloir point recevoir de dot, excepté deux lions d'or qui furent fondus immédiatement. Cependant on lui érigea une statue en or, remarquable par une riche variété d'ornements. »

Hérodien [2] ajoute qu'Antonin (Héliogabale) jugeant très-convenable le mariage du Soleil et de la Lune, fit venir de Carthage la statue [3] de l'Uranie libyenne, l'Astroarché phénicienne, et tout l'or (ustensiles ou ornements) qui servait à son culte.

Parmi ces ornements, on doit mentionner le *péplos*

---

1 LXXIX, 12.
2 V, 6, 10. ed. Irmish.
3 Banduri (Numism. imperat.   t. II, p. 56) dit qu'on croyait que cette statue datait de l'époque de Didon.

de cette déesse, et la singulière destinée de cette fragile parure dont nous pouvons suivre l'existence et les transmigrations successives dans le cours de sept siècles.

L'auteur des Récits merveilleux [1], qu'Athénée [2] croit être Aristote, et qui est du moins un ancien auteur grec, Polémon, dont ce même Athénée cite un livre spécial sur les *péplos* des Carthaginois, nous apprennent le nom du premier possesseur de ce superbe vêtement.

« On rapporte, dit Aristote, qu'on fabriqua pour le Sybarite Alcisthène, une étoffe d'une telle magnificence, que lorsqu'il l'exposa dans la panégyrie, fête solennelle de Junon lacinienne, où se rendait toute l'Italie, elle excita l'admiration générale et fit dédaigner tous les autres objets. On dit que les Carthaginois achetèrent ce *péplos* de Denys l'Ancien, alors régnant, pour la somme de 120 talents (660,000 fr.). Il était à fond de pourpre, formait un carré de 15 coudées de côté, et il était orné en haut et en bas de figures ouvrées dans le tissu, ἐνυφασμένοις [3]. Le haut représentait les animaux sacrés des Susiens; le bas ceux des Perses [4]; au milieu,

---

[1] Aristoteles, De mirabilibus auscultationibus, xcix, p. 200, sqq., ed. Beckmann.

[2] XII, 58.

[3] Comme les cachemires et les tapisseries de haute lice.

[4] Ἄνωθεν μὲν Σούσοις, κάτωθεν δὲ Πέρσαις. Beckmann, qui traduit utrimque animalculis intertextis distincta superne quidem Susis, inferne vero Persis, n'a pas fait de note sur ce passage difficile. Montesaurus, suivi par Schweighaeuser (ad Athen., l. c.), l'entend des villes de Suse et de Perse. Schweigheauser pourtant modifie le sens dans ces termes : *Superne urbis Susorum species erat; inferne variæ stabant Persarum figuræ.* Aucune de ces explications ne cadre avec la construction grammaticale de la phrase grecque, ni avec la série régulière de la description. L'étude, quoique incomplète, que j'ai faite de la religion et des livres sacrés de Zoroastre, me suggère une interprétation qui me semble à la fois juste et raisonnable. Le texte qui porte : ἐκατέρωθεν δὲ διείληπτο ζωδίοις ἐνυφασμένοις, ἄνωθεν μὲν Σούσοις κάτωθεν

étaient Jupiter, Junon, Thémis, Minerve, Apollon et Vénus; aux deux extrémités, Alcisthène et Sybaris deux fois reproduits [1]. »

Ce superbe *péplos* de Junon Uranie dut être transporté à Rome avec les autres ornements des temples, lorsque Scipion Émilien incendia et détruisit Carthage. Je serais enclin à croire qu'il y fut reporté par Caïus Gracchus, qui nomma *Junonia* la colonie romaine établie par lui sur l'emplacement de Carthage punique, et mise sous la protection de l'ancienne divinité tutélaire de cette ville.

Nous avons vu, sous les empereurs, cette Juno Cœlestis, fameuse par ses oracles, par la splendeur de

δὲ Πέρσαις, indique, je crois, qu'il s'agit ici des animaux symboliques de la Perse et de la Susiane, le taureau Cayomurs, par exemple, le Martichoras et les autres qui nous sont connus par les monuments de Persépolis et les beaux dessins de Ker Porter.

Le fabricant indien ou persan de ce superbe cachemire aura d'abord représenté religieusement les dieux symboliques de sa patrie, puis, pour plaire à son acheteur sybarite, les dieux de la Grèce, enfin Alcisthène lui-même, deux fois, à côté des deux représentations de Sybaris, sa patrie, sous la figure d'une nymphe. Cette distinction de place et de rang entre les Susiens et les Perses rappelle ces différences d'usages civils et religieux entre les Mèdes et les Persans qui nous sont indiquées par Hérodote.

Nous nous sommes représenté la composition de ce *péplos* comme un vaste bas-relief séparé en trois bandes transversales encadrées par une bordure. Le sujet de la bande supérieure était les dieux et les animaux symboliques des Susiens; celui de la bande inférieure, ceux des Perses; au milieu, qui formait le tableau principal, les dieux de la Grèce; aux deux coins de ce tableau, Alcisthène, et Sybaris personnifiée en nymphe.

[1] Παρὰ δὲ ἑκάτερον πέρας Ἀλκισθένης ἦν, ἑκατέρωθεν δὲ Σύβαρις. Schweighaeuser traduit : Versus extremam oram *ab uno latere ipse Alcisthenes* acu pictus erat; *ab altero* patriæ *Sybaris* imago. Cette traduction appuyée, à la vérité, sur le Cod. Vind. qui porte : ἔνθεν ἑκατέρου δὲ Σύβαρις, n'a pas été avec raison adoptée par Beckmann qui la cite. L'habitude nous ayant rendu familier le mode d'ornement des cachemires presque inconnus en Europe du temps de Beckmann et de Schweighaeuser, nous a engagé à essayer une interprétation de la disposition des trois sujets représentés sur cette riche tapisserie.

son culte, invoquée publiquement par les proconsuls romains pour le salut de l'empire et du prince. Porté à Rome sous Héliogabale, ce *péplos* fut rendu à Carthage avec sa déesse.

Nous sommes sûrs qu'il subsistait encore sous Gallien, à l'époque des trente tyrans, puisque Trebellius Pollio, qui a écrit leur histoire, nous dit formellement que les Africains, excités par Vibius Passienus, proconsul d'Afrique, et Fabius Pomponianus, général commandant des frontières de la Libye, proclamèrent Celsus empereur et le revêtirent du *péplos* de la déesse Cœlestis [1], *Afri Celsum imperatorem appellaverunt, peplo deæ Cœlestis ornatum.*

Enfin, il est probable que cette superbe parure fut conservée avec le temple et le culte de Juno Cœlestis qui resta toujours florissant à Carthage, même depuis l'avénement de Constantin, puisque saint Augustin [2], an commencement du ve siècle, se plaint vivement de l'affluence des deux sexes de Carthage [3] lors de la procession solennelle de la vierge Cœlestis, et surtout des gestes et des chants obscènes qui accompagnaient cette cérémonie religieuse de la purification de la déesse par un bain pris en public.

Plusieurs inscriptions font mention de la déesse Cœlestis, comme cette pierre trouvée à Tunis et donnée par Muratori [4] :

---

[1] Triginta tyranni. De Celso XXVIII, t. II, p. 326. Hist. Aug. script., ed. 1671, 2 vol. in-8°. Saturninus de même, dit Vopiscus, fut, lorsqu'il fut proclamé empereur, revêtu d'un vêtement de pourpre enlevé à une statue de Vénus. (Not. Casaub. h. l.)

[2] De Civit. Dei, II, 4, et L. Coquai not.

[3] Spectante et audiente utriusque sexus frequentissima multitudine.

[4] P. 17, n° 8, et Spon. p. 93.

COELESTI AUGUSTÆ ET ÆSCULAPIO
AUGUSTO ET GENIO CARTHAGINIS
TERENT. PUDENS VTEDIANUS.

Baronius [1] cite encore cette inscription tirée de la
base d'une statue de la déesse Cœlestis.

INVICTÆ COELESTI AUREL. ONESIMUS.

Les Juifs, en Afrique, adoraient Cœlestis et lui offraient des sacrifices comme à la reine du ciel, hérésie
qui allumait la sainte colère des chrétiens de cette
époque [2].

Enfin, nous savons par Ammien Marcellin [3], que le
philosophe Asclépias, dans quelque lieu qu'il allât,
portait toujours avec lui une petite figurine représen-
tant la déesse Cœlestis.

Il est évident que ce culte qui se rapprochait beaucoup de l'unité, convenait mieux à un siècle éclairé
que le fétichisme des premiers païens. Aussi, la pauvre
Cœlestis fut-elle en butte aux attaques violentes des
chrétiens fervents et des évêques, qui ne parvinrent
cependant que dans l'année 421 [4] à détruire entièrement son superbe temple.

Cette déesse et son temple étaient aussi en grand
honneur chez les Romains. Parmi les divinités auxquelles il était permis de léguer des héritages, Ulpien [5]
met à un rang élevé la Cœlestis Salinensis de Carthage, *Cœlestem Salinensem Carthaginis*. Tertullien [6]

---

[1] T. V, Annal. an. 299.

[2] C. f. Philastr. Brix. in catalogo Mares. XVI.

[3] Lib. XXII, XIII, § 3.

[4] C. f. Morcelli Afric. Christ., anno 421, 1.

[5] Cod. Theod. do hæred. Voy. une liste d'inscript. et de fragm. d'Ulpien dans Schulting. Jurisprud. vet. ant. Justinianea, ed. Ayren., p. 666.

[6] Apolog., c. XXIII.

la nomme *Virgo Cœlestis pluviarum pollicitatrix.* Il présente cette Vierge Céleste comme la divinité spéciale de la province d'Afrique; unicuique provinciæ deus ut Africæ Cœlestis [1]. Elle l'était encore au ve siècle, du temps de Salvien, qui reproche [2] même aux chrétiens de la préférer à Jésus-Christ.

L'Afrique doit sa fertilité aux pluies. Il y a des plaines salées près de Carthage, dit Procope [3], πεδίων ἁλῶν. La lagune salée, nommée aujourd'hui la Sebka, le lac salé de Tunis bordaient cette capitale, et justifient très-bien l'appellation spéciale de *Salinensis* donnée à Astarté-Juno-Cœlestis [4] par les auteurs que je viens de citer.

[1] C. f. 13. b. 24. b. 58. a. ed. Rigalt.

[2] Gub. Dei, VIII, 2.

[3] Bell. Vandal., I, 18.

« Ces plaines isolées, dit Procope, I, xviii, sont distantes de 40 stades de Decimum (elles se trouvent donc à 30 stades de Carthage, sur la gauche), quand on va de Tunis à Carthage. Elles sont tout-à-fait dépourvues d'arbres et d'habitants, la salure des eaux empêchant toute production excepté le sel. »

Ce passage précis fixe plusieurs positions près de Carthage. Ces plaines salées sont, à n'en pas douter, les lagunes saumâtres de la Sebka qui bordent la côte septentrionale de la péninsule de Carthage. Le point de *Decimum* est fixé; c'est le 10e mille à partir de la capitale; car au chapitre xvii, Procope dit que ce lieu est à 70 stades de Carthage, et dans sa Guerre des Vandales, il compte toujours 7 stades au mille romain. Ces points étaient importants à déterminer, parce qu'ils reviendront plusieurs fois dans la suite de cet ouvrage.

Les collines décrites, I, xix, en avant du camp de Bélisaire, placé à 35 stades de Decimum, et qui dérobaient aux Vandales la vue du camp de ce général et de la route que suivait son armée, sont les coteaux d'Ariana, dont M. Falbe a fixé la hauteur à 500 pieds, et qu'il a figurés sur ses cartes, pl. ii et pl. iii[s] déposé au dépôt de la guerre. Voy. ma petite carte, n° iv,

[4] Voy. Lucien, ou l'auteur anonyme de Syria dea, t. III, c. 32, c. 4, ed. Reitz, Salvian., de Gubernat. Dei, VIII, 2, ed. Baluze, p. 187, 415, le temple de Vénus carthaginoise sur les médailles de Carthage romaine, avec l'exergue : *Veneris Car.* Eckel, l. c. Vénus céleste sur un taurobole de Misène, ap. Marini fratr. Arval., p. 356 ; et Ritter, novi nummi in colonia carth. afric. percussi explicatio. Lips., 1742.

Quant à la prostitution des vierges au temple de cette déesse, soit à Babylone, soit à Sicca-Veneria, et à leur procédé pour se faire une dot, pour acquérir un mari, le fait est trop connu pour qu'il ne suffise pas de le rappeler et d'avertir que ce scandale excita la juste indignation de Salvien [1] et de saint Augustin [2], qui en profitèrent habilement pour détruire ce reste obstiné du paganisme qui résistait à leur zèle ardent et à leurs attaques incessantes.

DESCRIPTION DU TEMPLE DE COELESTIS A CARTHAGE.

Ce temple de la déesse créatrice, toute-puissante sur l'univers, était le plus célèbre de toute l'Afrique; il avait un immense *Hiéron* où s'élevaient les temples ou édicules de toutes les divinités inférieures qui formaient en quelque sorte le cortége ou la cour de leur souveraine.

L'auteur anonyme *des Promesses et des Prédictions* [3], dont l'ouvrage est inséré à la suite de l'édition in-folio des œuvres de saint Prosper d'Aquitaine, décrit ainsi ce monument en 399 :

« Cœlestis avait à Carthage, en Afrique, un temple extrêmement vaste, entouré des temples de tous ses dieux, dont la place revêtue de dalles en pierre, ornée de mosaïques, de colonnes précieuses, et enceinte de murs, avait une étendue de près de deux milles [4].

------

[1] De gub. Dei, VII, 16.

[2] Civit. Dei, IV, 10.

[3] Incerti auctoris, de promissis et prædictionibus, pars III, cap. xxxviii, n° 5. Afer scriptor jure creditur, dit Morcelli, Afr. chr., t. II, p. 344. Son récit même le prouve : Ipse aderam cum amicis, etc.

[4] 1513 toises ou 3000 mètres.

« Cet *Hiéron*, qui avait été long-temps fermé, avait été envahi par des arbustes épineux, et quand le peuple chrétien voulait l'appliquer au culte de la vraie religion, le peuple païen criait qu'il y avait dans ce lieu des aspics et des dragons pour défendre le temple.

« Mais les chrétiens, par cela même, embrasés de ferveur, écartèrent facilement tous ces obstacles sans être blessés et consacrèrent le temple à son vrai roi Céleste, à son véritable maître.

« En effet, le jour de la fête solennelle de Pâques [1], une multitude de prêtres de Carthage et de tous les points de l'Afrique s'y rassembla, y accourut, les uns par devoir, les autres même par curiosité, et le saint évêque Aurélius, dont le souvenir mérite d'être conservé, déja citoyen de la patrie céleste, y plaça son siége, à la place où était Cœlestis, et s'y assit. *J'étais présent moi-même* à cette consécration avec mes compagnons et mes amis.

« Enfin, l'an 421, sous Constance et Augusta Placidia, dont le fils, Valentinien, pieux et chrétien, est maintenant empereur, par les exhortations du tribun Ursus, tous les temples furent rasés jusqu'à fleur de terre; le terrain fut consacré à la sépulture des morts, et maintenant le bras des Vandales a détruit la rue elle-même, pour ne laisser d'elle aucune mémoire [2]. »

---

[1] IV idus aprilis, an. Chr. 399, dit Morcelli, Africa christiana, t. II, p. 344.

[2] Apud Africam Carthagini Cœlestis inesse ferebant templum nimis amplum, *omnium deorum suorum œdibus vallatum*, cujus platea lithostrata, pavimento ac pretiosis columnis et mænibus decorata, prope in duobus fere millibus passuum protendebatur. Cum diutius clausum incuria, spinosa virgulta circumsepta obruerent, velletque populus usui veræ religionis vindicare,

Cette dernière phrase de l'anonyme est expliquée par Victor de Vite [1] qui dit que les Vandales, à Carthage, par haine pour les habitants, détruisirent de fond en comble les théâtres, le temple de Mémoire, et la rue nommée Cœlestis : in Carthagine, odii causa [2], theatra, ædem Memoriæ, et viam quæ Cœlestis vocabatur funditus deleverunt.

L'anonyme ajoute cette [3] circonstance singulière : « que le temple de Cœlestis avait été dédié par un pontife nommé Aurélius, et que ce fut l'évêque de Carthage, Aurélius, qui le dédia au culte chrétien. »

Ce long chapitre d'un témoin oculaire que j'ai dû traduire et citer tout entier, me donne la clef de la topographie d'une portion considérable de Carthage romaine et punique.

On voit que l'*Hiéron* de Cœlestis, dans une lon-

---

dracones aspidesque illic esse ob custodiam templi, gentilis populus clamitabat.

Quo magis christiani fervore succensi, ea facilitate omnia amoverunt illæsi, qua templum suo vero *Cœlesti* regi et domino consecrarent.

Nam cum sancta Paschæ solemnis ageretur festivitas, collecta illic, et undique omni curiositate etiam adveniens multitudo sacerdotum multorum, pater et dignæ memoriæ nominandus antistes Aurelius, *Cœlestis* jam patriæ civis, cathedram illic loco *Cœlestis* et habuit, et sedit. *Ipse tunc aderam* cum sociis et amicis : . . . . .

Sub Constantio et Augusta Placidia, quorum nunc filius Valentinianus pius et christianus imperat, Urso insistente tribuno, omnia illa templa ad solum usque perducta :

agrum reliquit in sepulturam scilicet mortuorum, ipsamque viam sine *memoria* sui nunc vandalica manus evertit.

[1] Historia persecutionis vandalicæ, lib. I, cap. iii, ed. Ruinart, 1694, Paris.

[2] L'édition in-18 de 1537 porte : Carthaginis dignam theatro ædem Memoriæ. Trois autres éditions portent : Carthaginis seulement. Ruinart, dans sa note n° 9, ne dit pas pourquoi il a changé le texte des premières éditions. Cependant le pieux Honorius avait déja réprimé par une loi [1], adressée au proconsul Apollodore, le zèle fanatique dés chrétiens pour la destruction des temples.

[3] Ibid.

[1] Cod. theod. lib. XVI. tit. x, l. 18.

gueur de près de deux milles romains, contenait le temple de la déesse, une et indivisible, sous différents noms, sous divers attributs, la nature, *rerum natura parens*, selon Apulée [1], et de plus, que cet *Hiéron* renfermait les temples de tous les dieux inférieurs à Juno-Cœlestis, qui étaient groupés autour de leur reine. Ce lieu était certainement l'acropole, Byrsa, à laquelle Orose [2], écrivain du même temps, qui alla souvent à Carthage avec son maître, saint Augustin, donne aussi deux milles d'étendue; arx, cui Byrsa nomen erat, paulo amplius quam duo millia passuum tenebat. L'anonyme, contemporain d'Orose, cite le mur d'enceinte de ce vaste *Hiéron*, et Orose [3] en précise la direction, en ajoutant que, du côté du lac de Tunis, le même mur était commun à la cité et à Byrsa. C'est dans cette partie de Carthage que le plan de M. Falbe [4] nous offre le plus grand nombre de débris de monuments.

Silius [5] place aussi dans ce vaste *Hiéron* le temple d'Élisa, qui devait être près de celui de Juno-Cœlestis, celui de Saturne, patria Tyriis formidine cultum, le bois sacré d'ifs et de sapins, et tout autour cent édicules consacrés aux dieux du ciel et de l'érèbe. C'est bien le même lieu, *urbe media*, où l'anonyme décrit le temple de Cœlestis, omnium deorum suorum ædibus vallatum; il est aussi dans Byrsa. Ces divers passages rapprochés s'éclairent et se confirment l'un par l'autre.

Il est donc certain que, de même qu'au *forum* et au

---

[1] L. c., p. 161.
[2] L. IV, c. xxii.
[3] Ibid.
[4] Voyez pl. 1, nᵒˢ 52, 53, 33, 38, 35, 63, 64, 73, 54, 58, etc.
[5] I, 81, sqq.

capitole de Rome, de même qu'à l'acropole d'Athènes, il y avait à Byrsa et dans son enceinte un vaste ensemble monumental et religieux [1], égal au moins en surface au terrain compris, à Paris, entre Saint-Germain-l'Auxerrois, les deux galeries du Louvre et le rond-point des Champs-Élysées.

Ce passage précieux de l'anonyme, éclairé par le beau plan de M. Falbe et par la restitution que j'ai tracée [2], nous mettra à même de retrouver la position de la plupart des temples puniques ou romains de Carthage et même de quelques-unes des basiliques chrétiennes qui, en général, occupèrent les édifices païens, civils ou religieux, comme cela se fit à Rome; car il était impossible de faire autrement.

De plus, les codes Théodosien et Justinien, dont je citerai les textes, nous fournissent plusieurs édits qui, en prescrivant l'abolition du paganisme, ordonnent formellement de respecter, de conserver les édifices païens, et de les consacrer au culte du vrai Dieu.

On voit par les textes précis de Victor de Vite et de l'anonyme, que le temple de Mémoire était situé sur la *via Cœlestis*. Le jeu de mots si agréable alors à l'église latine, ipsamque viam sine *memoria* sui vandalica manus evertit, l'indique assez clairement. Le temple de Cœlestis était entouré des temples de tous ses dieux, omnium deorum suorum ædibus vallatum. Le

---

[1] S'il se formait en Europe des compagnies pour exécuter des fouilles dans l'*Hiéron* de Cœlestis, il est probable que la spéculation serait fort avantageuse, et que ce sol, étant vierge et n'ayant jamais été remué, fournirait un grand nombre d'objets d'art romains et même puniques. Ces derniers, très-rares dans les collections, auraient une valeur commerciale très-grande qui récompenserait avantageusement les avances faites pour ces fouilles. Dans ce cas l'amour du gain serait fort utile à la science.

[2] Voyez mon plan III.

temple de Mémoire était certainement du nombre.
Voilà pourquoi le Saint-Père dit que les Vandales détruisirent la rue Cœlestis pour ne pas laisser *mémoire* ni de *Memoria* ni de *Cœlestis*. J'ai cité plus haut un jeu de mots semblable de saint Ambroise, et on pourrait en ajouter des milliers.

POSITION PRÉCISE DU TEMPLE DE COELESTIS.

Maintenant la passion de saint Cyprien [1], évêque de Carthage, qui eut lieu en 258 [2], sous Valérien et Gallien, fixe avec précision l'emplacement du temple de Cœlestis, la Junon des Latins, l'Astarté des Phéniciens et la Thanath des Carthaginois : car Cyprien, avant son interrogatoire, est mis sous la garde du *strator* ou chef [3] des gardes à cheval du proconsul Galerius Maximus, et logé dans la maison de cet officier qui était située dans le quartier de Saturne, entre les temples de Vénus et d'Esculape; ad stratorem officii Galerii Maximi proconsulis secessit, et in hospitio ejus, cum eo, in vico qui dicitur Saturni inter Veneream et Salutariam [4] mansit. »

Ce texte clair et précis d'un témoin oculaire lève

[1] S. Cypriani passio ex vet. Cod. m⁵, p. 13, 14, ed. in-fol., H. Dodwell, 1700, Amstel. Ruinart, Act. martyr., p. 205, sqq.

[2] Morcelli, t. II, p. 151.

[3] Proprement l'homme qui aidait à monter à cheval. Comme les étriers n'étaient pas encore inventés, on avait un écuyer qui vous prenait le pied dans sa main et vous soulevait pour vous placer à cheval.

C. f. Salmas., not. ad Spartian. Caracalla, cap. vii, n. 7. *Equistrator*, ἀναβολεὺς, Mareschalcus apud scriptores latino-barbaros : qui ducem in equum imponit. Dodwell, n. 4. p. 11.

[4] Veneris et Salutis fana. Note de Dodwell., p. 14. Le m⁵ de Saint-Germain porte : In vico qui dicitur Saturni inter *duas plateas* Veneriam et Salutariam. (Act. mart., note 8.)

tous les doutes. Le temple de Salus ou Esculape, comme Strabon et Appien le prouvent, et comme je l'ai établi [1], couronnait le sommet de l'acropole de Byrsa. Le temple de Thanath ou Astarté, Junon des Latins, était situé, comme on l'a vu [2], en face de la citadelle. Je rappellerai seulement ces vers de Virgile [3] :

> Jamque (Trojani) ascendebant collem qui plurimus urbi
> Imminet, adversasque adspectat desuper arces.

Or, la colline figurée sur le plan de M. Falbe, n° 53, est en face de Byrsa et presque aussi élevée que cette dernière; le relief du terrain, obtenu par de soigneuses observations barométriques, l'atteste. Il y reste des ruines d'un temple. En outre, plusieurs inscriptions puniques votives, trouvées près de Malqa, le seul point qui, à Carthage, en ait fourni jusqu'ici, et qui ont été expliquées par M. J. Ch. Lindberg [4], s'adressent, selon Munter et ce savant, à la grande déesse de Carthage *Thanath*, deæ magnæ nostræ Thanath. « Les Grecs, dit M. Lindberg, parlent de Thanath comme d'une divinité connue jusqu'au fond de l'Asie et qu'ils nomment Τανἀϊς ou Ταναΐτις [5]. » Ce peut être un des noms multiples d'Astarté, qui était à la fois la Lune et la Nature [6].

Quoi qu'il en soit de ce nom qu'on a dû lire avec certitude, puisqu'il est répété sur quatre inscriptions

---

[1] L. c., p. 20, 65, Carth. puniq.

[2] Supra, p. 27.

[3] Æneid. I, 419.

[4] Maître-ès-arts de l'université de Copenhague. Voy. Carthage, Falbe, p. 84, 85, 92-94, sqq.

[5] C. f. Falbe, p. 86 et 87, not. 2.

[6] M. Hamaker (Miscell. Phœnic., p. 96, ed. in-4°, Leyde, 1828), traduit ainsi une inscript. punique trouvée par Humbert près de Malqa, sur le sol du Byrsa.

Ego Ebed Osir. . . cippum in tempus perpetuum posui Amath (leg. Thanath) Astartæ.

de Carthage, le lieu où on les a déterrées me suffit. Or,
on les a trouvées près du village de Malqa et des
grandes citernes, que nous savons avoir été voisines
de l'enceinte particulière de Byrsa, et qui, de plus,
dans une ville privée d'eaux courantes, devaient être
nécessaires aux bains solennels qu'on faisait prendre
à la statue de la déesse, et que j'ai décrits d'après saint
Augustin, témoin oculaire et censeur amer de cette
cérémonie religieuse. Ces inscriptions votives à Thanath ou Astarté, sont toutes tirées de l'*Hiéron* de
Cœlestis, qui avait près de deux milles de long. Elles
confirment les positions du temple d'Esculape et de
celui de Cœlestis, qui ne devait pas être loin de l'emplacement des cippes à inscription votive. Ces deux
positions étant connues, nous donnent avec une précision presque géométrique, celle du temple de Saturne, que nous n'avons pu fixer dans la Carthage
punique avec le seul secours des classiques grecs et
latins, car on voit que ce temple était entre les deux
autres. Le biographe de saint Cyprien le désigne par
ces mots, vicus Saturni inter Veneream et Salutariam.
Ces noms indiquent positivement les temples de Vénus
et d'Esculape, d'où les rues sur lesquelles ils étaient
placés avaient tiré leur appellation distinctive.

Maintenant que Carthage romaine est arrivée au
plus haut point de splendeur, pour suivre encore la
marche rigoureuse que je me suis tracée dans ces recherches topographiques, je dois abandonner l'ordre
chronologique et décrire les nombreux monuments qui
couvraient l'emplacement de Byrsa, et l'Hiéron de Cœlestis. Par cette méthode, nos investigations devien-
dront plus faciles et plus certaines. Nous passerons

toujours du connu à l'inconnu, et nous pourrons désormais lier une sorte de triangulation entre les points déterminés avec précision dans Carthage punique et romaine, et ceux dont les textes anciens nous fourniront l'indication plus ou moins probable.

Je m'occuperai pourtant d'abord des monuments païens et je passerai ensuite aux édifices chrétiens, ce qui sera encore une espèce d'ordre chronologique et formera les deux grandes divisions de cette partie de mon ouvrage.

Je dois néanmoins, avant d'entamer cette discussion, réfuter une assertion erronnée de M. Estrup, dont les idées sur Carthage ayant été adoptées trop légèrement, je pense, par le savant Ritter, pourraient séduire des lecteurs inattentifs et fournir une objection plausible contre moi.

M. Estrup [1] regarde les ruines du quai et du mur d'enceinte, qui se distinguent depuis le cap Carthage, en allant vers le sud, comme les restes des *murs nouveaux et soignés* dont, selon Aurélius Victor, qu'il indique d'après Banduri [2], les empereurs Dioclétien et Maximien avaient orné la ville.

Il y a deux erreurs dans cette phrase; la première est palpable. Cette enceinte du bord de la mer ne put être bâtie par les Romains qui, maîtres absolus de la mer jusqu'au ve siècle, n'avaient nul besoin de défendre Carthage de ce côté.

La deuxième ne l'est pas moins, car saint Prosper [3],

---

[1] P. 16.

[2] T. II, p. 66, n° 1, 2.

[3] Chron. Prosperi tironis Aquitani, p. 213, ed. in-fol., Paris, 1711. *Theodosii anno secundo. Muro* *Carthago circumdata*, quæ ex tempore quo vetus illa destructa est, sanctione Romanorum, ne rebellioni esset, *munimento murorum non est permissa vallari.*

qui vécut à Carthage au commencement du ve siècle, nous dit positivement : « C'est en 424, la deuxième année de l'avénement de Théodose le jeune à l'empire d'Occident, que Carthage fut entourée d'un mur; Carthage qui, depuis l'époque où l'ancienne ville fut détruite, par une sage précaution des Romains et de crainte qu'elle ne se révoltât, n'avait pas eu la permission de se retrancher derrière une enceinte de murailles fortifiées. »

Ce fut, dit le judicieux Morcelli [1], par le conseil du comte Boniface que fut prise la résolution de fortifier Carthage, et l'on doit croire, ajoute-t-il, que l'exécution de ce plan demanda plusieurs années.

Le passage vague d'Aurélius Victor, qui a induit en erreur M. Estrup, si tant est qu'il l'ait connu autrement que par l'indication de Banduri, je dois le citer en entier. Cet auteur dit [2] que sous Dioclétien : mirum in modum novis adhuc *cultisque mœnibus* romana culmina et ceteræ urbes ornatæ ; maxime Carthago, Mediolanum, Nicomedia.

Il est évident que le mot *mœnibus,* dont l'épithète *cultis* détermine ici l'acception particulière, a été pris par M. Estrup dans le sens ordinaire de *murs*, ce qui lui a fait attribuer à Dioclétien la confection de l'enceinte murée de Carthage, qui ne fut commencée que sous Théodose, en 424. Mais le mot *mœnia* signifie aussi tous les édifices publics et privés renfermés dans les murs d'une ville. Vitruve [3] le prouve par cette phrase précise : Zama, civitas Afrorum, cujus MOENIA

---

[1] T. III, p. 108, 109. Op. cit.   p. 141, ed. Bip., 1789, in-8°.
[2] De Cæsaribus, cap. XXXIX,   [3] VIII, III, 24.

rex Juba duplici *muro sepsit;* Florus [1], par cette autre : Hic (Ancus) *mœnia muro* amplexus est. Enfin ,
le code Théodosien [2] définit le mot *mœnia* comme
omne corpus ædificiorum urbis tum publicorum tum
privatorum complectens.

Maintenant l'acception précise des termes *novis
adhuc cultisque mœnibus* employés par Aurélius Victor, est déterminée, ce me semble, par cet autre passage de la Chronique de saint Prosper [3] qui nous dit
que sous le sixième consulat de Dioclétien, et le cinquième de Maximien, on construisit à Rome les thermes de Dioclétien, et à Carthage les thermes de Maximien. Ce sont, à coup sûr, ces thermes que Victor
a désignés par les mots *novis, cultis mœnibus*, dans
son latin un peu vague à force d'élégance.

Enfin une autre preuve directe nous est fournie par
P. Orose [4] qui publia son histoire en 417 (n'oublions pas
que la première enceinte est de 424).[5] Il compare la
Carthage punique si grande, si bien fortifiée, à la
Carthage romaine du ve siècle « qui, peu étendue
alors, *situ parva*, dénuée de murailles, *mœnibus
destituta* [6], compte au nombre de ses misères d'entendre raconter ce qu'elle fut jadis. »

J'ai dû fixer positivement l'époque de la construction des murs de Carthage romaine, parce qu'on au-

<hr>

[1] I, 4.

[2] Lib. XIV, tit. XVII , leg. 11,
impp. Theodos. Arcad. et Honor.,
c. f. Gessner et Forcellini, Lexic.
voce *Mœnia.*

[3] P. 723. Chron. integr.

[4] V, 1.

[5] Vid. Morcelli Afr. Chr., t. III,
p. 76, Orose dit lui-même (V. 2) l'a-
voir composée en Afrique , et il
suivit toujours à Carthage son maître et son évêque saint Augustin.

[6] Ici *mœnia* est pris dans le sens
propre et ordinaire de *remparts ,*
murs fortifiés.

rait pu me reprocher avec justice de n'avoir pas d'a-
bord circonscrit le terrain de mes explorations sur
Carthage en déterminant l'enceinte extérieure de la
ville, comme je l'ai fait pour la cité punique ; mais
Carthage resta une ville ouverte jusqu'en 424, et ce
n'est que depuis cette époque que l'on trouve quelques
renseignements sur son mur d'enceinte.

VICUS SATURNI VEL SENIS, COLLINE DE BYRSA, PRÉTOIRE, PRISONS, CURIE, BIBLIOTHÈQUE.

TEMPLE DE SATURNE.

Nous avons vu que le temple de Saturne était placé
entre les temples d'Esculape et de Vénus Cœlestis. Nous
connaissons par là, la position du *vicus Senis*, car saint
Augustin[1] nous dit que les Carthaginois, par respect
et par crainte, nommaient ce dieu le vieillard plutôt que Saturne, et son quartier plus souvent *vicum
Senis* que vicum Saturni.

Ce temple est fameux dans l'antiquité par les sacrifices humains que les Carthaginois offraient à sa divinité. Hendreich[2], Munter[3], ont rassemblé et discuté
tout ce qui concerne son culte. Pour ne pas sortir de
mon sujet, je me bornerai aux détails topographiques,
tels que la statue et le bois sacré, *lucus*.

[1] De consensu Evang., lib. I, § 36.

[2] Carthago, p. 176 à 191.

[3] Religion der Karthager, p. 6 à 29, 2° ed. Havniæ, 1821.

La statue de Saturne à Carthage, nous dit Diodore [1], était d'airain ; elle avait les bras pendants, les mains, dont la paume était en-dessus, ὑπτίας, inclinant vers la terre, de manière à ce que l'enfant qui y était placé roulait subitement et tombait dans un gouffre plein de feu. Plutarque [2] ajoute à la peinture de cet horrible sacrifice, où l'on immolait à la fois deux cents et trois cents enfants des plus nobles familles, que les mères y assistaient sans pleurer ni gémir. Si quelqu'une poussait un soupir ou versait une larme, elle était déshonorée, et son fils n'en était pas moins immolé. Devant la statue, retentissait le bruit des flûtes et des tambours, pour qu'on ne pût entendre les cris et les hurlements des victimes.

Quinte-Curce [3] affirme que Carthage conserva jusqu'à sa destruction ce culte, qui était, dit-il, plutôt un sacrilége qu'un sacrifice ; Silius [4], que le sacrifice était annuel.

On pourrait croire que la domination romaine mit fin à ces meurtres superstitieux. Mais Tertullien [5], dont je dois citer le texte curieux, affirme que ces sacrifices humains durèrent jusqu'au proconsulat de Tiberius. « Infantes penes Africam Saturno immolabantur palam, usque ad proconsulatum Tiberii qui ipsos sacerdotes, *in iisdem arboribus templi sui obumbratricibus scelerum*, votivis crucibus exposuit, teste militia patriæ nostræ quæ id ipsum munus illi proconsuli functa est. Sed et nunc in occulto perseverat hoc sacrum facinus. »

---

[1] XX, 14.

[2] De superstit., t. VI, p. 655. ed. Reiske.

[3] IV, 3.

[4] IV, 770.

[5] Apolog., c. VIII. B.

Ce passage curieux de Tertullien prouve que le temple de Saturne était entouré d'un bois sacré, *lucus*. Nous savons par un géographe ancien [1] que ce *lucus* était au milieu de la ville, à l'endroit où fut depuis le *lucus Vandalorum*; c'est du moins l'opinion de Munter [2], qui me semble très-probable.

PRÉTOIRE OU PALAIS PROCONSULAIRE.

Le passage précis du martyre de saint Cyprien [3] qui place la maison de l'écuyer, *Strator*, du proconsul, dans la rue de Saturne entre le temple de Cœlestis et celui d'Esculape, indique déja l'emplacement du prétoire sur la colline de Byrsa que couronnait le temple d'Esculape. Car cet employé, chargé de l'office de mettre le proconsul à cheval, ne devait pas loger loin de son maître, qui pouvait avoir besoin de lui à tout moment. Nous savons même [4] qu'il n'y avait qu'un stade de distance (*transitus stadii*) entre la maison du *Strator* et le prétoire ou palais du proconsul.

Les passages que j'ai cités de Tacite ont prouvé que le prétoire était séparé du forum par une certaine distance, environ 300 mètres.

Apulée nous a montré [5] que la curie ou salle des séances du sénat de Carthage et la bibliothèque publique étaient placées dans le temple d'Esculape, si-

---

1 Geogr. min. exposit. tot. mundi, t. III, p. 17.

2 P. 29.

3 Supr., p. 173.

4 P. 214, c. xvi (Act. mart., ed. Ruinart).

5 Supr., p. 153.

tué au sommet de la colline de Byrsa. Le proconsul pouvait-il être mieux logé qu'auprès de son conseil, à côté de ses temples et de ses livres?

La vie de saint Cyprien prouve[1] que le tribunal du proconsul était dans le prétoire, et que c'est là que le saint évêque subit son jugement; c'était, de plus, une position forte et élevée qu'occupait le palais proconsulaire. Il fallait monter pour y arriver, et descendre pour s'en retourner; *Ascendendo ad palatium et descendendo*, dit Victor de Vite[2]; et les rois vandales avaient fait leur palais de l'hôtel proconsulaire. Procope[3], en parlant de la prison nommée Ἀγχὼν, décrit la position élevée qui fixe l'emplacement du prétoire ou palais. « Il y a, dit-il, dans le palais du roi, ἐν τῇ βασιλέως αὐλῇ, une prison sombre où Gélimer renfermait ceux qui lui étaient suspects. Le geolier, ayant appris la victoire de Bélisaire, leur ouvre le volet d'une fenêtre d'où l'on voyait la mer, et leur montre la flotte qui s'avançait vers le port. » C'est la même position de Byrsa d'où Didon[4] voit au large la flotte d'Énée. De plus, le récit du martyre de saint Saturnin[5] indique assez clairement que les prisons étaient tout près du palais

---

[1] Act. mart., p. 214, c. XVI, XVII, ed. Ruinart.

[2] P. 104, ed. 1537.

[3] Bell. Vand., I, 20. Suidas, v. Ἀγχὼν, ne fait que copier Procope. Dans le martyre de Saturninus à Carthage, sous Dioclétien, en 304 (Act. mart., cap. IV et V, p. 383, ed. Ruinart, 1713), on voit que le *carcer* ou la prison était tout près de l'*officium* du proconsul Anulinus. Ce mot, employé par Pline le jeune, signifie le lieu où le préteur rendait la justice. (Vid. Forcellini, h. v.) Perpétue est amenée devant le proconsul en 202, et jetée dans les prisons. Elle dit (cap. III, p. 94, Act. mart.) : Et factus est mihi *carcer* subito *quasi-prætorium*. Ce passage précis prouve que les prisons publiques étaient dans le prétoire et près du tribunal du proconsul.

[4] Æneid. IV, 586.

[5] Bollandist, 11 février, t. II, p. 516, 517.

du proconsul. Les voûtes de 20 à 30 pieds de largeur, que M. Falbe[1] a reconnues sur cette colline élevée de 188 pieds au-dessus du niveau de la mer, doivent être les restes de ces prisons.

Ainsi donc, ces textes précis fixent exactement les positions du temple d'Esculape, de la curie et de la bibliothèque, enfin celle du prétoire ou palais, et des prisons. Ces divers édifices couvraient le plateau de Byrsa, de même que l'église de la sainte Vierge qui, plus tard, fut bâtie dans le palais, par Justinien[2].

La vie de saint Cyprien[3] nous fait connaître une partie de la villa de Galerius, l'*atrium Sauciolum*, où le proconsul siégeait sur son tribunal et rendait la justice. Cette villa était située près de Carthage au lieu nommé l'*Ager Sexti*.

Enfin le lieu du supplice de saint Cyprien s'appelait l'*Ager Sexti*, le domaine de Sextus, et la position de ce domaine est déterminée; car l'acte proconsulaire de la passion de saint Cyprien[4] nous dit qu'après sa décollation, pour échapper aux regards curieux des païens, le corps de saint Cyprien est enterré tout

---

[1] Carthage, p. 26.

[2] Procop. De Ædific. VI, 5.

[3] Ed. Dodwell, p. 14 et 15. Galerius Maximus proconsul Cyprianum sibi offerri præcipit in atrio Sauciolo sedenti. L'*atrium Sauciolum* est cité aussi (in concilio Matiscon, II, c. xix) comme le lieu où le proconsul jugeait les accusés (Act. mart., p. 189, not. 10.) Procope (Bell. Vandal, I, 21) nous indique aussi dans ce même palais la grande salle nommée Delphique, parce qu'elle était ornée d'un trépied semblable à ceux de Delphes,

qui servait de buffet pour l'argenterie. C'était une grande salle consacrée aux festins, où Gélimer, dans les jours d'apparat, recevait la noblesse vandale, et dans laquelle Bélisaire, le jour de son entrée à Carthage, admit à sa table Procope et les principaux officiers de son armée.

[4] Cap. v, p. 218. Les jardins de saint Cyprien, où on va l'arrêter pour le mener au prétoire, sont cités, c. xv, p. 186, mais trop vaguement pour qu'on puisse fixer leur position dans la ville de Carthage.

près, dans la cour extérieure du procurateur Macrobius Candidus, qui donne sur la rue des Mappales,
près des piscines. In agrum Sexti [1] productus est; passus est, ejusque corpus propter gentilium curiositatem
in proximo positum est, in areis Macrobii Candidi pro-
curatoris, quæ sunt in via Mappaliensi, *juxta* piscinas.

L'emplacement de l'église élevée au lieu où fut déposé le corps de saint Cyprien, est désigné avec précision par ce passage du martyre de saint Maximilien,
décapité à Théveste [2] : Et ita passus est. Pompeiana
matrona corpus ejus de judice eruit (vel meruit) et
imposito in *dormitorio* [3] suo, perduxit ad Carthaginem et *sub monticulo juxta Cyprianum* martyrem,
secus palatium, condidit.

Ce récit net et précis fixe positivement l'*area* de
Macrobe où fut enseveli saint Cyprien, près du prétoire ou palais, au bas du monticule où sont les piscines de Malqa, et au sud de ce grand réservoir.

Il détermine en outre plusieurs positions importantes. D'abord, il montre les limites de Carthage de ce
côté sous Valérien, en 258, année du martyre de
saint Cyprien, puisque le champ de Sextus, où le saint
évêque fut décollé, nous est décrit par son diacre Pon-
tius [4], comme planté d'arbres très-pressés, *arboribus
ex omni parte densatis*, et que cependant cet *ager*,
ou plutôt cet *arbustum* de Sextus était près des piscines, *in proximo*. Or, les grandes piscines de Malqa
existent encore. Leur position est certaine ; elle nous

---

[1] Il faut ici relever une petite
erreur du savant Ruinart, qui dit,
note 7, p. 189, que ce lieu portait
ce nom parce qu'il était à 6 milles
de Carthage.

[2] Act. mart., ed. Ruinart, p. 301.
[3] Dormeuse, litière de voyage.
[4] P. 11, ed. Dodwell; c. XVIII,
p. 215, ed. Ruinart.

donne celle de la rue des Mappales et de la maison du procurateur Macrobe, qui était située sur cette rue à côté des piscines, *juxta piscinas.*

Ce passage nous fournit encore l'emplacement des deux églises dédiées à saint Cyprien, que nous savons avoir été bâties, dans la suite, l'une sur le lieu de son supplice, l'autre sur celui de sa sépulture [1].

Enfin ce passage, rapproché d'un texte précis de Victor de Vite, montre la décroissance de Carthage depuis l'empereur Valérien jusqu'au roi vandale Hunérich. Car, nous avons vu qu'il y avait, en 258, des rues et des hôtels près des piscines. Carthage n'était pas encore enclose de murs; elle ne le fut qu'à partir de 424. L'enceinte de murailles élevée alors fut conservée par les Vandales, qui prirent Carthage en 439. Or, en 484, les piscines étaient hors des murs. Le récit de Victor [2] l'indique positivement.

« Hunérich fait prendre tous les évêques qui s'étaient réunis à Carthage, les fait dépouiller tout nus et chasser hors des murs, *expoliatos foras muros propelli.* Pendant qu'ils étaient couchés le long de l'enceinte des murailles, exposés à l'injure du temps, il arriva que le roi impie sortit de la ville pour aller aux piscines; les évêques lui demandent grace, et le roi, pour toute réponse, les fait fouler aux pieds des chevaux de ses gardes [3]. »

Ainsi, cette position bien connue des piscines nous donne celle du temple de Mémoire que le récit de

---

[1] Victor Vitensis, Persec. Vand., I, 5.

[2] Hist. persec. Vandal., IV, 3, ed. Ruinart.

[3] Dum gementes *in circuitu murorum nudi sub aere jacerent*, factum est ut rex impius ad *piscinas* exisset.

Victor [1] indique près de ce lieu, et nous en fournira plusieurs autres, à diverses époques; de même que les points de Byrsa, des temples d'Esculape, de Saturne et de Cœlestis, du prétoire, des prisons, une fois déterminés rigoureusement, nous aideront à fixer l'emplacement de l'amphithéâtre et du cirque de Carthage, et de plusieurs autres monuments.

AMPHITHÉATRE.

On pourrait déja présumer par les habitudes connues des empereurs et des magistrats romains, que l'amphithéâtre et le théâtre de Carthage devaient être à portée du palais proconsulaire. On sait qu'à Rome le palais des Césars était placé entre le Colisée et le théâtre de Marcellus.

Le récit du martyre de Saturninus et de Perpétue [2], écrit, selon Morcelli [3], par un témoin oculaire, l'indique assez clairement; car, à peine condamnés devant le tribunal du proconsul, on les remmène dans les prisons qui n'étaient pas loin de l'amphithéâtre [4]. Or, nous avons vu que les prisons faisaient partie du palais proconsulaire. Ce récit curieux et détaillé montre que l'amphithéâtre était fort élevé, *miræ magnitudinis* [5], que les martyrs, hommes et femmes, prenaient, en y entrant, le costume des prêtres de Saturne et des prêtresses de Cérès [6]. Il mentionne aussi plusieurs des parties de l'amphithéâtre, telles que le *pulpitum*

---

[1] IV, 4.

[2] Act. martyr. apud Ruinart, p. 95, c. VI.

[3] T. II, p. 62.

[4] Processerunt de carcere in amphitheatrum.

[5] P. 97, c. X.

[6] P. 100, c. XVIII.

ou plancher élevé au-dessus de l'arène, dans lequel Saturninus et Revocatus furent attaqués par un ours; le *pont-levis* placé devant la cage de l'ours [1] et la porte *Sanevivaria* [2], qui paraît avoit dû conduire hors de l'arène, puisque le peuple, touché du courage et de la beauté des jeunes martyres Perpétue et Félicité, obtient qu'on les fasse passer par cette porte, pour les soustraire à la rage des bêtes féroces. Le récit fait ensuite mention d'une autre porte, *alia porta*, par laquelle on fit passer Saturus pour le livrer aux léopards, et de la prison de l'amphithéâtre, *carcer castrensis* [3], et des herses, *cataractæ*, qui en défendaient les portes [4].

Enfin, il paraît que la place des exécutions était située hors de l'amphithéâtre, mais tout près de ce lieu [5], puisque au moment où on allait achever d'y ôter la vie aux martyrs déchirés par les bêtes féroces, le peuple, pour jouir du spectacle de leur mort, les re-

---

[1] Cum ad ursum substrictus (Saturus) esset in *ponte*, ursus de cavea prodire noluit. Holstenius, p. 117, h. l., explique mal ce mot *pons*.

[2] Cette porte, à ce que je crois, avait dû tirer son nom de *sanus vivat*, exclamation que poussait le peuple dans l'amphithéâtre, quand il voulait faire grace à un condamné. Ce mot, du reste, consigné deux fois dans un acte de l'an 203 de J.-C., ne se trouve dans aucun lexique latin, et doit y être admis, puisqu'il consacre un ancien usage. Or, il est sûr que dans l'arène la porte *Sanevivaria* était la porte de salut, opposée à la porte *Libitine* ou *mortualis* par laquelle on faisait sortir tous les gladiateurs morts ou les condamnés aux bêtes qu'on envoyait achever dans le Spoliarium. (Vid. Possiniani not. 54, Act. martyr., Ruin., p. 98, 101, 113, c. x et xx.

Le *Spoliarium* était le lieu où l'on dépouillait les condamnés, et où les gladiateurs novices, pour s'habituer au sang et aux blessures, achevaient les malheureux qui n'avaient pas rendu le dernier soupir dans l'arène. (C. f. p. 117, h. l., c. xxi, not. 16.)

[3] p. 96, c. vii.

[4] C. xv, p. 99; p. 114, c. xvii, p. 236.

[5] Prosternitur cum ceteris ad jugulationem solito loco, cum populus illos in medium postulat, c. xxi.

demande, puisque aussitôt ils rentrent dans l'arène, et que Saturnus et Perpétue montent l'escalier du *pulpitum*, où on les fait périr par le glaive. La date de ce martyre est l'an 203, sous Septime-Sévère.

La seule description détaillée que nous trouvions de l'amphithéâtre, à partir de cette époque, se rencontre dans les écrivains arabes. « Au temps où florissait Carthage, dit l'Édrisi [1], cette ville était l'une des plus renommées du monde, à cause de ses étonnants édifices et de la grandeur de puissance qu'attestaient ses monuments. On y voit encore aujourd'hui de remarquables vestiges de constructions romaines, et, par exemple, le théâtre, qui n'a pas son pareil dans l'univers. *Cet édifice est de forme circulaire*, et se compose d'environ cinquante arcades subsistantes. Chacune de ces arcades embrasse un espace d'environ 23 pieds, 150 pieds de circonférence (litt. plus de 30 choubras); entre chaque arcade et sa pareille (litt. sa sœur), est un pilier de dimension égale, dont les deux pilastres ont environ 3 pieds $\frac{1}{3}$ (4 choubras $\frac{1}{2}$) de largeur. Au-dessus de chacune d'elles, s'élèvent cinq rangs d'arcades les unes au-dessus des autres, de même forme et de même dimension, construites en pierre حجر الكدان d'une incomparable bonté. Au sommet de chaque arcade est un cintre circulaire où se voient diverses figures et représentations curieuses d'hommes, d'animaux et de navires, sculptés avec un art infini. En général, on

----

[1] (Traduit par M. Amédée Jaubert, Nouv. Journ. asiat., t. I, p. 375). L'Édrisi naquit vers l'an 1099 de l'ère chrétienne (Biograph. univers., art. l'Édrisi), si l'on en croit M. Walckenaer. Mais M. Ét. Quatremère (Notic. des m[ss], t. XII, p. 438) assure qu'Édrisi écrivait sa géographie au milieu du vi[e] siècle de l'hégire, donc vers 1172 de J.-C.

peut dire que les autres, et les plus beaux édifices, en
ce genre, ne sont rien en comparaison de celui-ci. Il
était anciennement destiné, à ce qu'on assure, aux
jeux et aux spectacles publics. »

Abou-Obaïd-Békri [1], qui écrivit l'an 1082 de J.-C.,
90 ans avant Édrisi, donne aussi quelques détails curieux sur la ville de Carthage et sur son amphithéâtre.
Je l'aurais cité le premier si Édrisi n'avait pas donné
un caractère spécifique positif, *la forme circulaire*, à
cet édifice qu'il nomme *théâtre*, et qui se reconnaît,
par là, pour l'amphithéâtre dont la figure et les substructions sont tracées sur le plan de M. Falbe [2].

Békri même a soin de s'orienter et de placer des
points de repère dans sa description de Carthage.

« Le monument le plus admirable que l'on voie à
Carthage est, dit-il, le lieu de divertissement que l'on
nomme le *théâtre*, construit en arcades voûtées, sou-
tenues par des colonnes et surmontées d'un second rang
de même dimension, qui règne tout autour de l'édifice.
Sur les murailles sont sculptées des figures qui représentent des animaux de toute espèce et des hommes
exerçant les différents genres de professions et de mé-
tiers. On y a employé des images symboliques pour
désigner les vents : celui de l'orient a une figure riante
et celui de l'*est* (lisez ouest) a une figure morose. »

Il est évident, par la description de ces *arcades
voûtées*, mentionnées aussi dans le récit d'Édrisi, que
cet édifice auquel celui-là donne *une forme circulaire*,

---

[1] C'est à cet historien que M. Ét.
Quatremère a prouvé qu'était dû
l'ouvrage contenant la description
de l'Afrique qu'il a traduite. Notic.

des m^ss, t. XII, p. 658, 659.
Paris, 1833.

[2] Pl. 1, n° 63. Voy. mon plan III.

quoiqu'il le nomme *théâtre*, ainsi que Békri, est réellement l'amphithéâtre de Carthage. La forme circulaire qu'il présente sur le plan de M. Falbe [1], la description qu'il fait de ses débris [2], ne laissent aucun doute sur l'identité de ce monument.

On peut pardonner à deux auteurs arabes d'avoir confondu le théâtre avec l'amphithéâtre, puisque nous voyons encore aujourd'hui des personnes éclairées, mais peu familiarisées avec les monuments de l'architecture antique, commettre fréquemment cette méprise.

Ibn-Alouardi [3], écrivain du xive siècle de notre ère [4], dit seulement : « On y remarque (dans l'amphithéâtre) des arceaux en pierre couverte d'un enduit. Les figures, les images, les représentations d'hommes et d'animaux qu'on y voit, éblouissent les yeux les plus clairvoyants. »

Enfin, Ibn-Ayas, s'il n'a pas copié les écrivains antérieurs, est un témoignage curieux à cause de l'époque, car il daterait du commencement du xvie siècle de l'ère chrétienne [5]; ce serait une preuve qu'il existait encore, de son temps, à Carthage, des monuments assez bien conservés. Je cite ce passage très-court qui traite de l'amphithéâtre [6] : « Dans les arcades (frises ou entablements) sont des représentations merveilleuses, telles que figures d'animaux, d'oiseaux et d'hommes qui sont au-dessus de toute description. »

---

[1] Pl. 1, n° 63. Voy. l'amphithéâtre de Ledjem, Thysdrus, ibid., pl. iv, n° 3.

[2] Carthage, p. 39, 40.

[3] M^{ss} arabes de la Bibl. roy., ancien fonds, n° 594, fol. 26 verso. Je dois la traduction de ce passage à l'obligeance de notre confrère, M. Reinaud.

[4] Voy. Biogr. univ. *Ibn-Alouardi*, article de M. Jourdain.

[5] Biogr. univ. *Ibn-Ayas*, article de M. Jourdain.

[6] M^{ss} arabes de la Bibl. roy., supplém., fol. 16, traduit par M. Reinaud.

Je terminerai ce paragraphe par le tableau que M. Falbe [1] a tracé de l'état actuel de ses ruines :

« L'amphithéâtre, n° 63, se reconnaît par l'excavation intérieure, qui a environ 240 pieds, dans la plus grande dimension de l'ellipse. La profondeur, qui n'est pas moindre de 15 pieds au-dessous du chemin, montre jusqu'à quel point sont accumulées les ruines de Carthage. Quant aux dimensions de cet amphithéâtre, il serait impossible de les déterminer positivement, sans déblayer le terrain, rempli de décombres dans tous les sens. Quelques-uns de ces débris présentent le mode de construction si commun à Rome, et qu'on désigne sous le nom d'*opus reticulatum*. »

« Des recherches ultérieures peuvent seules prouver si le canal n° 62, provenant du grand aqueduc de Malqa, était dirigé vers l'amphithéâtre pour le remplir, lors des jeux nautiques, et si un pareil canal s'est prolongé jusqu'au cirque, n° 64, situé dans un terrain plus bas. »

THÉÂTRE.

J'ai indiqué dans la partie de cet ouvrage qui traite de Carthage punique, le théâtre de Carthage dont Virgile attribue la construction à Didon. J'ai émis l'opinion que, par un anachronisme poétique, cet écrivain aurait voulu flatter Auguste, qui sans doute bâtit un théâtre à Carthage lorsqu'il restaura et embellit cette colonie. Je vais citer de nouveau les trois vers qui en offrent la description :

[1] Carthage, p. 39, 40.

. . . . .Hìc alta theatris
Fundamenta locant alii, immanesque columnas
Rupibus excidunt, scenis decora alta futuris.

(Là, d'autres Tyriens posent les bases profondes du
théâtre, et taillent dans les rochers d'immenses colonnes, destinées à être le superbe ornement des représentations futures.)

Apulée [1], qui vivait du temps d'Adrien, nous donne
une haute idée de la splendeur et de l'étendue de ce
théâtre où il prononça son discours de remercîment
pour la statue qu'on lui avait érigée. « Le nombre de
mes auditeurs, dit-il, répond à la grandeur de la ville,
et le lieu qu'on a choisi à l'affluence qui s'y presse
pour m'écouter. Dans cette salle superbe, ce n'est ni
le marbre qui pave la *cavea*, ni le parquet qui orne
le *proscenium*, ni les colonnes qui décorent la scène,
ni la hauteur des combles, ni l'éclat des lambris, ni
la circonférence des gradins qui attirent votre attention; vous ne songez plus qu'ici, dans d'autres moments, le mime vous a charmés par son éloquence
muette, le comédien par sa diction piquante, le tragédien par ses tirades passionnées, le funambule par sa
marche périlleuse, le prestigiateur par ses tours d'a-
dresse, l'histrion par ses gestes expressifs; et qu'ici
enfin, tous les autres artistes ont déployé devant le
peuple assemblé les prodiges de leurs talents divers. »
Ce discours peint d'une manière brillante l'étendue,
la splendeur et la profusion des ornements de ce
théâtre qui, comme je l'ai prouvé plus haut, n'était
pas couvert, du moins pour les spectateurs. Apulée,
dans son style fleuri, ne s'est point occupé de fixer la

[1] Florid., p. 141, ed. Bip.

position du théâtre dans la ville de Carthage. Heureusement qu'un auteur arabe, Békri, dont notre savant confrère, M. Ét. Quatremère, a publié dernièrement une traduction aussi fidèle qu'élégante, vient à notre secours, et nous donne, à l'aide du beau plan de M. Falbe, le moyen de fixer avec certitude l'emplacement de cet édifice. « *A l'occident des moallakah ou citernes*, qui sont situées sur la mer, s'élève, dit-il, un monument appelé le théâtre. Il est percé d'un grand nombre de portes et de fenêtres, et s'élève également par étages (c'est-à-dire comme l'amphithéâtre dont il a parlé plus haut). Sur chacune des portes sont sculptées en marbre des figures d'animaux et des représentations de toute espèce de professions. »

Nous connaissons exactement la position de ces citernes du bord de la mer, figurées, n° 65, sur le plan de M. Falbe. Ce même plan nous présente, n° 69, les ruines d'un édifice qui a, dit M. Falbe [1], 160 pieds de long. Un segment dont la corde est de 120 pieds offre la trace d'un *péristyle* d'une forme concave. Ce sont les propres paroles de M. Falbe, qui a pris ces ruines pour les débris d'un temple. Le passage précis de Békri, qui met le théâtre à l'occident des piscines maritimes, de plus, la position de cette enceinte circulaire placée en amphithéâtre au bord de la mer, comme les théâtres grecs, en général, et particulièrement celui d'Éphèse, de Milet et de Taurominium en Sicile, ne nous laissent aucun doute que les ruines dont j'ai parlé ne soient les débris du théâtre décrit par Apulée et par Békri. J'ai dépouillé en vain tous les Pères de l'église afri-

---

[1] Carthage, p. 38, pl. 1, n° 69. Voy. mon plan III.

caine : j'espérais y trouver des détails circonstanciés sur ce monument ; mais Tertullien, saint Cyprien, saint Augustin, Orose, Optatus, Victor de Vite, Fulgentius et saint Prosper se bornent à citer son nom.

GYMNASE.

Le gymnase qui renfermait probablement la *palestre*, l'*agón* et le *stade*, le gymnase dont nous parlent Apulée [1], Tertullien [2] et Salvien sans aucun détail, est décrit par Békri que j'ai cité plusieurs fois. Une heureuse correction que M. Ét. Quatremère a faite depuis l'impression de sa traduction [3] nous permet de donner une idée plus précise de ce monument. « L'édifice appelé *Houmas* (M. Quatremère lit *djoumnas*, Gymnasium) se compose également de plusieurs étages : il est orné de piliers de marbre, de forme carrée, dont la grosseur et la hauteur présentent des dimensions prodigieuses. Sur le chapiteau d'une de ces colonnes, on voit douze hommes assis autour d'une table. Près de là commencent de vastes réservoirs appelés *Citernes des diables*. » Le plan et la description de M. Falbe nous offrent, au n° 67, assez près des citernes, sur le bord de la mer, les ruines d'un édifice qui s'applique très-bien à la description de Békri.

« La ruine n° 67, dit M. Falbe [4], offre une très-grande masse de blocages ; ce blocage, ici comme dans

---

[1] Supra, p. 151, 192.
[2] De spectaculis, c. III, p. 20, 29, 30. Salvien, Gub. Dei, VII, 16.
[3] Notice des mss, t. XII, p. 497.
[4] Carth., p. 37, 38.

les autres monuments, est composé de ciment et de moellons. Le plan donne l'étendue des fondements de cet édifice, sans contredit le plus considérable (avec la ruine n° 53) des constructions isolées de Carthage. La planche 3, n° 2, donne une idée de sa grandeur, de sa confusion et de l'aspect sauvage de ces vastes débris. »

Le rapprochement des deux descriptions de l'auteur arabe et du voyageur danois détermine, comme on voit, avec assez de probabilité l'emplacement du gymnase de la colonie romaine de Carthage. Cet édifice, comme on peut le voir sur le plan, était placé fort convenablement non loin du théâtre.

CIRQUE.

L'enceinte du cirque de Carthage, avec la *spina*, est encore parfaitement conservée, comme on peut le voir sur le plan de M. Falbe [1].

Les Carthaginois aimaient passionnément les courses du cirque, comme le dit saint Augustin [2].

Tertullien [3] décrit ainsi le cirque. « La pompe du cirque, dit-il, offense Dieu. Quoique ce lieu ne soit décoré tout autour que de très-peu de statues, une seule constitue l'idolâtrie. Le cirque est principalement consacré au soleil. Son temple est au milieu; sa statue

---

[1] Pl. 1, n° 64. Voyez notre plan III.

[2] Confess., lib. VI, c. VII. Gurges morum Carthaginensium quibus nugatoria fervent spectacula absorbuerat eum in insaniam circensium. . . Circum exitiabiliter amabat.

[3] De spectac., c. VII, VIII.

brille sur le faîte du temple, parce qu'ils n'ont pas cru devoir consacrer sous un toit le dieu qui se montre pour eux à découvert. L'idolâtrie respire dans les ornements de ce lieu. Les œufs y sont placés en l'honneur de Castor, les colonnes avec les dauphins en l'honneur de Neptune. Celles-ci portent des figures de Sessia, de Messia, de Tutelina [1] qui président aux semailles, aux moissons, à la conservation des grains. Devant elles sont trois autels consacrés aux trois grands dieux de Samothrace. L'obélisque énorme, à ce qu'assure Hermatélès, est consacré au soleil. La grand' mère des dieux préside à l'Euripe. Consus se cache sous la terre auprès des bornes de Murcia. »

Cette description s'applique, à la vérité, au cirque de Rome ; mais Tertullien a soin de nous avertir que tous les cirques des provinces sont taillés sur le même modèle.

Ailleurs il nous dit [2] : « Rome a construit le théâtre et le cirque ; la scène était telle quelle ; *scena erat talis talis.* » Mais il y avait des statues sur l'Euripe, et l'obélisque l'emportait sur tout le reste.

Salvien [3] diffère un peu de Tertullien au sujet de la principale divinité du cirque ; car il dit que Minerve préside aux gymnases, Vénus aux théâtres, Neptune aux cirques, Mars aux arènes, Mercure aux *palestres.* « Tout ce qu'il y a d'impuretés, dit-il, se commet dans les théâtres ; tout ce qu'il y a de débauches, dans les palestres ; tout ce qu'il y a de passions immodérées ou furieuses, dans les cirques et dans les arènes. Ici est l'impudicité, ailleurs la débauche, ailleurs l'intem-

---

[1] C. f., saint Augustin, Civ. Dei, IV, 8. Macrob., Saturn., II, 16.

[2] Advers. Hermogenem, c. xxxi.

[3] De Gubernat. Dei, VI, 11, éd. de Baluze, 1694.

pérance, ailleurs la folie, et partout le démon qui préside à ces lieux dédiés à son culte. »

De laborieuses recherches dans tous les Pères de l'église africaine n'ont pu me faire découvrir un passage qui fournît, avec quelques détails, la description particulière et la position du cirque de Carthage. Enfin, le cirque est indiqué par Procope [1], comme étant le rendez-vous des soldats qui se révoltèrent contre Salomon, leur général. Heureusement le beau plan de M. Falbe et sa description topographique ne nous laissent rien à désirer quant à ce dernier objet. Je laisse parler ici l'auteur lui-même [2] : « Ce cirque a environ 1600 pieds de long, et 330 pieds de largeur au milieu. La partie de l'épine (*spina*) qui existe encore, a environ 1000 pieds. A l'extrémité orientale, tout près du chemin qui conduit de Malqa à Douar-el-Schat, on peut aisément reconnaître une ouverture entre deux fondements de murs, qui a dû être une des entrées du cirque. Dans l'alignement de la *spina*, et de l'autre côté du chemin, se trouve la ruine n° 73, dont la forme et l'élévation portent à présumer qu'elle était destinée à dominer le cirque tout entier, dont la forme ressemble à l'intérieur d'une carène. Le long du côté nord-est, gisent des débris de blocage, au milieu desquels on a pratiqué une fouille d'une dizaine de pieds pour pénétrer jusqu'aux premières assises des fondations, mais cette recherche a été infructueuse. »

Il me semble qu'on peut avancer, sans trop de présomption, que les débris représentés sur le plan de

---

[1] Bell. Vand., II, 14, 18.   [2] Carth., p. 40, pl. 1, n° 64.

M. Falbe [1] sont les ruines des *carceres* et de l'édifice d'où le proconsul donnait le signal des courses. Le récit, dans Procope [2], de la conspiration de Maximin contre Germanus, indique assez clairement que le cirque était voisin du prétoire et de Byrsa, comme on le voit sur le plan I de M. Falbe, et sur notre plan III.

—

FORUM.

Nous avons vu plus haut, par le texte précis d'Appien, que le *forum* de la Carthage punique était situé tout près du *Cothôn*, que la curie et le temple d'Apollon étaient placés sur ce *forum*. Diodore [3], dans le récit de la conjuration de Bomilcar, indique aussi cette position du forum. Le récit que nous a transmis Tacite [4] de l'assassinat de Pison, proconsul d'Afrique, semble désigner l'emplacement du forum de la colonie romaine, au même lieu où avait existé jadis la place publique de la ville fondée par Didon. Une indication un peu plus vague peut se tirer du martyre des saintes Perpétue et Félicité [5].

Nous avons vu [6] que, sous le règne d'Antonin-le-Pieux, le *forum* de cette ville fut consumé par un incendie. Ce *forum* est nommé sans cesse dans les Pères de l'église africaine, mais sans aucun détail qui puisse nous fournir de lumières sur son véritable emplacement.

1 N° 73.
2 Bell. Vandal., II, 18.
3 Loc. supr. cit., p. 70, 71.
4 Loc. supr. cit., p. 133, 134.

5 Act. mart., cap. VI, p. 95, ed. Ruinart.
6 Vid. supr., p. 156.

L'acte du martyre [1] de Saturnin, de Dativus et autres, indique que les chrétiens étaient soumis aux tortures dans le *forum* de Carthage. Forensis rabies a martyre superata est.

Saint Augustin, cependant [2], nous fait connaître deux parties importantes du *forum* de Carthage, le tribunal et le *vicus argentarius*, portique des changeurs et des banquiers. « Alipius, dit-il, suivait mes leçons à Carthage; au milieu du jour il se promenait dans le *forum* avec son stylet et ses tablettes, préparant un plaidoyer qu'il devait prononcer, lorsqu'il fut arrêté, comme suspect d'un vol, par les gardiens du *forum* [3]. Car, tandis qu'il se promenait, seul, devant le tribunal [4], méditant son discours, un écolier, qui était un véritable voleur, avait apporté en cachette une hache. Ce voleur, sans qu'Alipius s'en aperçût, se glissa sur les auvents [5] revêtus de plomb, qui dé-

[1] Ruin., cap. viii, p. 385, c. f.

[2] Confess., VI, 9. Gregor. Turon., Hist. franc., X, 2.

[3] Ab ædituis fori.

[4] Ante tribunal deambulabat solus.

[5] Fur verus, securim clanculo apportans (Alipio) non sentiente ingressus est ad *cancellos plumbeos* (*) qui vico argentario desuper præeminent, et præcidere plumbum cœpit. Sono autem securis audito, submurmuraverunt argentarii qui subter erant. . . . .

(*) Il est important de se faire une idée nette de la signification propre qu'à, dans ce passage, le mot *cancellus*, et de la disposition générale du *vicus argentarius*. *Cancellus*, que Forcellini traduit par *grata, gelosia*, κιγκλίδες, δρύφακτος, a plusieurs significations diverses ; d'abord celle de gradin du cirque et de l'amphithéâtre [1]. *Cancellus* signifie aussi ces plaques percées de trous comme une passoire qu'on place à l'issue d'un vivier [2] ; ce ne peut être ici le sens. Puis il signifie aussi des jalousies, comme le disent Pollux et Hésychius, au mot Κιγκλίδες. Dans le passage cité de saint Augustin, il doit évidemment exprimer des auvents, puisque ces cancelli sont couverts en plomb, et que les banquiers, qui logent au-dessous, *qui subter erant*, entendent le son de la hache qui les brise. C'est le sens que lui donne l'*Etymologicum*

[1] Ovid. Amor. III, Eleg. 2, v. 64. Varro, R.R. III, 5, 4.

[2] Columelle, VIII, 17, 6.

bordent en avant du portique des banquiers, et il commençait déja à couper le plomb. Ayant entendu le son de la hache, les banquiers, qui logeaient au-dessous, murmurèrent entre les dents, et envoyèrent leurs domestiques pour saisir l'auteur du délit. Le voleur, ayant entendu leurs voix, s'enfuit, laissant la hache qui aurait pu le convaincre. Alipius, qui ne l'avait pas vu arriver, le vit sortir et s'éloigner avec promptitude, et désirant en connaître le motif, il se porta sur ce lieu, trouva la hache, la prit dans ses mains et se mit à la considérer. Les domestiques des banquiers le trouvent tenant cet outil dont le bruit les avait réveillés, et, avec l'aide des habitants du *forum* qui s'étaient rassemblés, le prennent, et se préparent à le conduire en prison, comme un voleur

---

magnum : Δρυφάκτους ξυλίνους θώρακας, ἤ τοὺς νῦν καλουμένους καγγέλλους. Enfin, on appelait d'une manière générale *cancellus* toute l'enceinte du *forum* consacrée aux jugements, qui était fermée par des planches et couverte par des auvents [1]; il me semble que c'est évidemment la signification d'auvents couverts en plomb qu'on doit attribuer à ces *cancelli* du portique des banquiers dont nous parle saint Augustin. Les boutiques du portique de la place du *forum* de Trajan, dont je dois un dessin à l'obligeance de M. Duc, jeune architecte distingué, présentent encore les trous où étaient scellés les anneaux auxquels s'attachaient ces auvents mobiles et même les

devantures des boutiques [2]. Enfin, un passage d'Ulpien dans le Digeste [3] place les *cancelli* au nombre des meubles, comme les éponges, les échelles et les balais. Cancellos quoque instrumento contineri puto. On voit donc que cette espèce de clôture servait également d'auvent et de fermeture en les rabattant. Le récit de saint Augustin nous montre qu'à Carthage, vers l'heure de midi, la place publique était déserte, et que les marchands faisaient la sieste et fermaient leurs boutiques, comme cela a lieu aujourd'hui dans le midi de l'Italie.

[1] Salmas. Hist. Aug., p. 801. Cicer. pro Sextio, c. LVIII.

[2] Ce dessin sera gravé dans le Recueil de l'Académie des Inscriptions à la suite de mon Mémoire sur l'étendue et la population de Rome.

[3] Liv. XXXIII, tit. VII, sect. 12, de instrumento fundi, § 18, 26.

pris en flagrant délit. Alors Alipius rencontre un architecte de sa connaissance qui avait l'inspection générale sur tous les bâtiments publics [1]; celui-ci, instruit par Alipius de la manière dont les choses s'étaient passées, va trouver le jeune écolier qui lui avoue sa culpabilité et proclame l'innocence d'Alipius. »

Un autre passage de la Description du monde sous l'empereur Constance, publiée par monsignor Maï, d'après un manuscrit de la *Cava* [2], nous donne une description curieuse de Carthage et même du portique des banquiers dont nous a parlé saint Augustin. « Carthage [3], dit-il, peut se glorifier extrêmement de sa belle disposition qui, présentant des rues et des places parfaitement alignées, possède en outre un grand avantage dans son port, qui offre un abri très-sûr, et fournit aux vaisseaux une mer où ils n'ont rien à craindre de Neptune. Le principal édifice public qu'on remarque dans cette ville est le portique des banquiers *vicus argentariorum*. » Ces deux passages curieux du géographe et du Père de l'Église nous montrent (ce que nous aurions déja pu remarquer plus d'une fois) combien la colonie romaine de Carthage imita les usages de la mère-patrie, puisqu'à Carthage les boutiques des changeurs et des banquiers étaient placées sur un des

[1] Quidam architectus cujus maxima erat cura publicarum fabricarum. Nous connaissons par ce trait l'un des principaux employés de la grande voirie de Carthage.

[2] Rom. 1831, p. 406.

[3] Hæc dispositione valde gloriosissima constat, quæ in directione vicorum et platearum æqualibus lineis currens, magnum adhuc super omnia bonum habet in portu, qui securitatis est plenus, et novo visu Neptunum sine timore navibus præstare videtur. Præcipuum vero aliud in ea opus invenies publicum, vicum argentariorum. Hoc autem in ea culpabile repperitur, quod *contentiose nimis spectant.* Allusion aux factions du cirque et du théâtre.

côtés du *forum*, tout comme elles l'étaient sur le *forum* romain dans la capitale de l'empire. Tout était calqué sur le modèle de Rome, magistratures, sacerdoces, bains, jeux, repas, édifices publics, curies, *capitoles* [1], portiques, arcs triomphaux ; tous les usages, tout le luxe, toutes les délices de Rome et de l'Italie avaient passé en Afrique, et surtout à Carthage. Aussi, quand le sénat romain infligeait à un coupable la peine de l'exil, pour que la punition fût réelle, on lui interdisait (Tacite [2] et Pline [3] le remarquent) l'habitation de l'Afrique, non moins que celle de l'Italie.

Maintenant, la position du *forum* de Carthage romaine, près de la mer, comme l'était celui de la Carthage tyrienne, nous est indiquée positivement par Procope [4]. Cet historien, qui avait suivi Bélisaire à Carthage, nous dit que Justinien, en 540, fit bâtir des portiques sur les deux côtés du *forum* qui est nommé *maritime* [5]. Le même historien, dans son récit de la guerre des Vandales [6] et de la conspiration des soldats contre Salomon leur général, me paraît indiquer que la basilique nommée Perpetua restituta, qui renfermait aussi le palais épiscopal [7], était placée sur le *forum*, car les conjurés, qui voulaient assassiner Salomon réfugié dans ce temple, passent, presque sans intermédiaire, de cette église au *forum*. Ἐκ τοῦ ἱεροῦ ἀνεχώρησαν

----

[1] On donne à Byrsa ce nom, sans doute à cause de cette tête de cheval trouvée lors de la fondation de l'acropole.

[2] Ann. II, 50.

[3] Plin. jun., lib. II, epist. ii, c. f. Morcelli Afr. chr., t. I, p. 19.

[4] De Ædificiis, VI, 5.

[5] Ἔτι μέντοι καὶ στοὰς ἑκατέρωθι τῆς Μαριτίμου ἀγορᾶς καλουμένης ἐδείματο. Vid. Morcelli, Afric., Christ., I, 3, p. 292.

[6] II, 14.

[7] Ecclesiam nomine Restitutam in qua semper episcopi commanebaut. Victor Vit., Persec. Vand., I, 5.

ἔς τε τὴν ἀγορὰν ἐλθόντες. On doit se rappeler que dans la Carthage punique le temple d'Apollon ou de Baal était situé sur le *forum*. Il me paraît donc très-probable que la cathédrale de Carthage occupa le temple d'Apollon, qui fut consacré probablement au culte chrétien, comme nous avons vu déja celui d'Astarté-Cœlestis être dédié au vrai Dieu par l'évêque Aurélius. La précision avec laquelle Procope et saint Augustin [1] désignent le *forum* par l'épithète de *maritime*, est justifiée par la connaissance d'une autre place que Victor de Vite [2] appelle la Place Neuve avec des degrés, située au milieu de la ville : *Platea Nova cum gradibus, in media civitate.*

Je ne terminerai point ce paragraphe sur le *forum* de Carthage sans rappeler un usage bien singulier qui nous a été conservé par Prosper d'Aquitaine [3]. On sait que, sous l'empire, le pouvoir proconsulaire dans les provinces était annuel.

« Lorsque l'année du gouvernement de ces magistrats était expirée, le peuple était convoqué dans le *forum* de Carthage pour porter son jugement sur leur administration. C'était un jour solennel que celui où le peuple citait les proconsuls à son tribunal. Leurs noms étaient inscrits sur des calculs d'ivoire. Ceux qui avaient administré la province avec talent et intégrité, on leur décernait des louanges et des honneurs, même s'ils étaient absents ; ceux qui, dans leur gouvernement, s'étaient montrés inhabiles et rapaces étaient injuriés et sifflés par le peuple. » Ce reste de liberté, exercée par des assemblées populaires au ve siècle de

---

[1] Retr., lib. II, c. LVIII, platea maritima.

[2] P. 35, ed. 1535.

[3] Chronic., p. 206.

l'empire, est, à coup sûr, un fait remarquable. Comme il nous est transmis par un témoin oculaire, qu'il est peu connu, et qu'il ne s'éloigne pas trop de mon sujet, on me pardonnera de l'insérer dans la Topographie de Carthage en faveur de son importance historique.

PORT MANDRACIUM.

J'ai indiqué plus haut[1] que le *Cothôn* fut le port de la colonie romaine établie à Carthage, l'entrée du port marchand ayant été fermée par la digue que Scipion Émilien y jeta durant le siége de cette ville, et dont les substructions existent encore. Un passage de Procope[2] confirme cette assertion. Nous avons vu[3] que le *Cothôn* ne contenait que 220 navires; or, les pilotes de Bélisaire affirment que le *Mandracium* ne pouvait abriter toute la flotte qui était de 500 vaisseaux, ἅπαντι τῷ στόλῳ τὸν λιμένα ἐκεῖνον οὐχ ἱκανὸν εἶναι. Je répète de nouveau que Mannert[4] appuie de plusieurs autorités, et de son jugement, qui doit être pour nous d'un grand poids, cette opinion, fortifiée d'ailleurs par le récit de Procope[5]. Il paraît que le port de la colonie romaine n'eut point de nom particulier jusqu'au temps de Justinien, où on le trouve appelé *Mandracium* par Procope[6]. Je ne chercherai point à dé-

---

[1] Supra, p. 135.
[2] Bell. Vand., I, 20.
[3] Supra, p. 15.
[4] T. II, p. 281.
[5] Bell. Vand., I, 20.

[6] Λιμένος ὃν δὴ Μανδράκιον καλοῦσιν. Au contraire, l'entrée du *stagnum*, στάγνον, ou le lac de Tunis, est, dit-il (I, 15, B. V), à 40 stades ou 4320 toises de Carthage.

terminer l'étymologie de ce nom, qui ne se trouve même cité dans aucun lexique. Procope [1] nous apprend seulement que l'entrée en était fermée par des chaînes de fer, et que les environs du port étaient habités par des marchands, tant étrangers que carthaginois. Le même auteur, dans son Traité sur les Édifices [2], nous fait connaître que Salomon, par l'ordre de Justinien, fit bâtir un couvent sur le bord de la mer, mais dans l'intérieur des murs, près du port nommé *Mandracium*, et qu'il fortifia si bien ce monastère qu'il en fit une citadelle inexpugnable. « C'est ce temple, νεώς, près de la mer, mais sur le bord intérieur de l'enceinte de Carthage, où vivent, dit Procope [3], des hommes voués au service de Dieu, qu'il est d'usage d'appeler moines, et dans lequel Aréobinde se réfugia avec sa famille, lors de la révolte de Gontharis. »

On voit que les mêmes nécessités se faisaient sentir à sept siècles de distance, et que Justinien bâtit une citadelle pour protéger son port de *Mandracium*, de même que la république de Carthage l'avait fait pour son arsenal militaire du *Cothôn*. Il paraît que cette forteresse et ce couvent existaient encore au XIe siècle, car Békri [4], auteur arabe de cette époque, nous dit, en parlant de Carthage : « Dans l'enceinte de la ville on voit un bassin où les vaisseaux entraient jadis à pleines voiles, mais qui aujourd'hui forme une saline sur les bords de laquelle s'élèvent un château et un monastère appelé *la Tour d'Abou-Soleiman*. » Ce bassin est, à coup sûr, le Mandracium de Procope ; le couvent fortifié par Salomon, est le château et le

---

[1] Ibid.
[2] VI, 5, et Bell. Vand. II, 26.
[3] Ibid.
[4] P. 498.

monastère d'*Abou-Soleiman* qui n'aura fait que changer de nom.

———

THERMES.

Nous avons déjà appris par le témoignage de Valère-Maxime [1] que Carthage avait des bains publics séparés pour les sénateurs et pour le peuple. L'usage des thermes, répandu si universellement dans la mère-patrie, dut, sous un climat plus chaud, s'étendre généralement à Carthage; aussi les Pères de l'église, saint Augustin [2] et le fougueux Salvien [3], en tonnant contre les catéchumènes qui se laissent charmer par les plaisirs des sens, proscrivent les chatouillements, les frictions qu'on donnait dans ces bains, prurigo thermarum. Morcelli assure [4], sans citer exactement les passages, que les inscriptions africaines, publiées par Spon, Gori et Maffeï, font mention des bains de Carthage. Nous savons, par la grande Chronique de saint Prosper d'Aquitaine [5], que, sous le sixième consulat de Dioclétien, et le cinquième de Maximien, on bâtit à Carthage des thermes qui, du nom de cet Auguste, furent appelés *Maximianæ*. Ce sont, à coup sûr, ces thermes que désignent Eusèbe [6] et Optatus cités par Baronius, quand ils disent que plusieurs milliers de chrétiens furent condamnés aux travaux des carrières pour élever des thermes. Peut-être sont-ils désignés

---

[1] Supra, p. 94.

[2] Serm. de catec. rudib. ad diac. Carth., ann. 400., T. IV, col. 281, ad. 1683.

[3] L. c.

[4] Africa christ., t. I, p. 19.

[5] P. 723.

[6] H. E., an 303.

dans l'acte de saint Patrice, évêque et martyr. Julius
proconsul qui *provinciam per ea tempora administra-
bat*, ingressus *thermas* sacra *Asclepio* et *Saluti* per-
egit. Cette mention d'Esculape et de Salus, divinités
principales de Carthage, me fait croire que la scène est
à Carthage, ou assez près de cette capitale, et non à
Pruse, comme l'ont prétendu les Bollandistes et Mazochi. La mention de l'Euripe, du *Cothón* ou *Mandracium*, des eaux chaudes, *aquæ calidæ*, signalées
comme étant près de la ville, d'une place avec des
thermes près du prétoire, enfin de la proximité de la
Sicile et de la possibilité de voir à l'œil nu les éruptions de l'Etna, m'a engagé à regarder comme fort
probable la conjecture que le lieu de la scène, dans
le martyre de saint Patrice, doit être Carthage ou un
lieu très-près de cette ville. J'exposerai dans l'Appendice n° V les faits et les raisons qui me semblent mo-
tiver cette conjecture, et je le dois d'autant plus, que
cette question, traitée par des hommes habiles, a été
fortement controversée.

Je n'ai pu trouver de passage qui indiquât la position
de ces thermes dans cette ville. Nous avons une indication
un peu moins vague pour les Thermes Gargiliens, *Thermæ Gargilianæ*. La grande assemblée (collatio) tenue à
Carthage le 7 juin 411 pour juger en définitive la
querelle des donatistes, se tint dans une salle de ces
Thermes Gargiliens, *in secretario Thermarum Gar-
gilianarum* [1]. Le *secretarium* était probablement le
salon d'attente. Saint Augustin le décrit ainsi : « Les
Thermes de Gargilius, situés au milieu de la ville, édi-

____

[1] App. ad S. Aug., op. 9, col. 48, ed. 1683.

fice vaste, frais, bien éclairé, s'ouvrirent à une très-
nombreuse assemblée: vii kalendis juniis Thermæ Gargilianæ, locus *in urbe media* spatiosus, lucidus, re-
frigerans, conventui denique tanto patuerunt [1].

Victor de Vite [2] décrit une Place Neuve avec des
gradins, au centre de la ville, *in media civitate*. On
peut présumer que ces thermes, indiqués par saint
Augustin comme étant au milieu de la ville, étaient
situés non loin du prétoire et de Byrsa, sur cette Place
Neuve dont ils faisaient l'ornement, ou du moins très-
près, puisque saint Augustin et Victor fixent tous
deux la Place Neuve et les Thermes Gargiliens au centre
de Carthage.

Maintenant, quel est ce Gargilianus qui donna son
nom à ces thermes? Est-ce le Q. Gargilius qui, en 188
de J.-C., commandait l'infanterie et la cavalerie campées
près d'Auzia, et qui fut tué par les *Bavares* [3]! Il serait
plus probable que le médecin Gargilius Martialis, dont
M. Maï a publié un fragment tiré des manuscrits de la
bibliothèque de Naples, aurait donné son nom à ces
bains, car, d'après le même éditeur [4], Gargilius Martialis était un médecin célèbre, cité par Cassiodore [5], par
Apulée [6]; il avait écrit un ouvrage spécial sur les
jardins, les qualités nutritives des légumes, et les
vertus des plantes, et même, au dire de Vopiscus [7], une
histoire des empereurs. Ce biographe le place tout de
suite après Suétone et Fabius Marcellinus. Or, puis-

---

[1] Aug. ad. Donat. post coll.,
c. xxv et xxxv.

[2] L. c.

[3] Maffei, Mus. Ver., p. 463,
n. 1. Orelli, Inscr. n. 529. J'explique l'inscription dans l'ouvrage

sur l'Afrique qui est sous presse.

[4] T. III, p. 416, 417, ed. 1831.

[5] Div. lect., cap. xxviii.

[6] De herbis, cap. lvii.

[7] In Probo, c. ii.

qu'il est cité par Apulée, auteur du temps d'Antonin, Fabricius [1] se trompe quand il dit que Gargilius Martialis vécut sous Alexandre Sévère, ou bien l'auteur du traité *De herbis* serait un autre Apulée que l'Apulée de Madaure. Saxius [2] est plus exact en affirmant qu'on ne connaît pas du tout la patrie de Gargilius ni les dignités dont il fut revêtu. Je ne donne pourtant la construction de ces bains par ce Gargilius que comme une probabilité très-conjecturale.

Ce qu'il y a de certain, c'est que les ruines d'un édifice situé au nord-est des petites citernes [3], et dans lesquelles M. Falbe [4] a cru reconnaître des bains, ne sont pas les restes des bains de Gargilius, car les uns sont à l'extrémité nord-est de la ville, et les autres étaient au milieu.

« C'est un souterrain, dit M. Falbe, divisé en plusieurs petites pièces voûtées qui ont pu servir à des bains. Les murailles de l'une offrent encore de faibles restes d'une peinture à fresque, dans le genre de celles qui décorent les bains de Titus à Rome. »

Le récit d'un miracle, rapporté par un témoin oculaire [5], nous fait connaître à Carthage, en 432, des bains qui étaient ornés d'une statue de Vénus, sans ajouter aucun détail qui puisse nous mettre à même d'en fixer la position.

Procope [6] fait mention des bains publics, très-magnifiques, que Justinien fit bâtir, et qu'il nomma Théodoriens, du nom de Théodora, son épouse. Enfin,

1 Bibl. med. lat., t. III, p. 5o.
2 Onomastic., t. I, p. 36o.
3 Pl. i, n° 66.
4 Carthage, p. 37.

5 De promiss. et prædict., lib. IV, c. vi.
6 De Ædificiis, VI, 5.

le poète latin Félix [1] nous décrit les thermes dits *Alianarum*, qui ne peuvent être les mêmes que les thermes *Gargiliens*, comme Heinsius et Burmann le disent, puisque le synode de 411 se tint dans ceux-ci, tandis que ceux-là, selon le poète Félix, furent bâtis en un an par le roi vandale Thrasamond, postérieur d'un demi-siècle. *Hic unus rex fecit opus Thrasamundus in anno.* Ces bains, qui étaient aussi nommés les *thermes* de Thrasamond, *Thrasamundiacæ thermæ*, étaient revêtus de marbres précieux et ornés de statues de marbre et d'airain. Félix nous dit encore que ce roi bâtit à Carthage une église et un palais superbe.

> Hic quoque, post sacram meritis altaribus ædem
> Egregiasque aulas, quas grato erexit amore,
> Condidit ingentes proprio sub nomine Thermas.

La position de ces trois monuments vandales reste encore à déterminer.

ARC DE TRIOMPHE.

Je ne serai peut-être pas plus heureux pour celle d'un arc triomphal dont les débris restent à Carthage. La connaissance d'un monument semblable, élevé à l'empereur Tacite, en 275, nous a été conservée dans une inscription rapportée par Maffei [2]. Ce prince y est décoré des titres d'empereur très-courageux, de paci-

---

[1] Antholog. vet. Latinor., III, 33, 34, 35, 36 et 37, p. 479-483, ed. Burm.

[2] Mus. Verou, p. 459, n° 3. D'après le P. Ximenez, à un mille de Bazil-Bab *in arcu;* selon Shaw, p. 168, ed. 1738, sur une colonne. *Bazil-Bab,* selon Shaw, est l'ancienne colonie *Bisica Lucana.*

ficateur du monde, *fortissimum imperatorem, pacatorem orbis*. Mais Tacite perdit, dans cette même année, l'empire et la vie. Probus, son successeur, est désigné dans une inscription de la ville de Seluquia [1]. Peut-être Carthage érigea-t-elle aussi à ce grand prince un arc triomphal ; car Vopiscus [2] nous apprend que Probus fit la guerre en Afrique, soumit les Marmarides, tua en combat singulier leur chef Aradion, auquel il fit élever un tombeau de 200 pieds de large ; qu'enfin, il vint à Carthage et rétablit la paix dans cette ville, qui était troublée par les séditions.

La concordance des époques, les victoires de Probus en Afrique, le fait d'armes remarquable que je viens d'indiquer, et le calme qu'il rendit à Carthage, nous paraissent donner à cette supposition une certaine probabilité. Il me semble aussi qu'on peut fixer la position de cet arc triomphal au n° 72 du plan de M. Falbe, d'après la courte description qu'il donne de ces ruines et que je vais citer [3] : « Le n° 72 fut sans doute une porte d'entrée de la ville ; il y existe en effet une grande ouverture, et, latéralement, deux plus petites entre quatre masses de murs dont les voûtes sont tombées. » La connaissance précise que nous avons des arcs de triomphe romains nous fait reconnaître ici un véritable arc triomphal, peut-être l'arc qui fut érigé en l'honneur de Probus, et non une porte d'entrée de la ville, à moins de supposer qu'ainsi que nous le voyons à Reims, ce monument triomphal ne servît en même temps de porte à la cité. Mais il

[1] Maffeï, p. 459, n° 4, d'après le P. Ximenez.

[2] In Probo, c. ix.

[3] Carthago, p. 38.

n'est pas probable que les limites de la ville s'éten-
dissent jusque-là.

MONUMENTS DONT LA POSITION EST INCERTAINE.

Je dois indiquer ici, comme un renseignement utile
à ceux qui entreprendront de nouvelles fouilles sur le
sol de Carthage, les monuments dont le nom seul se
trouve cité dans les auteurs anciens, sans aucun détail
qui en fixe la position. De ce nombre sont la palestre
où Apulée se luxa le pied [1], qui est certainement
l'*agón* dont parlent Tertullien [2] et Pamélius [3]. Un
auteur ancien cité par lui dit qu'alors les combats
gymniques étaient en grande faveur à Carthage, et que
ceux du stade y étaient tombés en décadence. Nous
ne connaissons pas mieux le stade cité par Tertullien [4], si pourtant le stade et l'*agón* ne faisaient pas
partie du gymnase dont j'ai indiqué l'emplacement [5];
les édifices publics consacrés aux écoles, soit de langues, soit d'arts libéraux, soit de philosophie, qui
nous sont indiqués par Salvien [6]; le temple de
Jupiter [7] et de Sérapis [8]; enfin d'autres qui, sans être
nommés, sont indiqués dans les codes Théodosien [9] et
Justinien [10], et dans les écrits de saint Augustin [11]. Il

[1] Florid., p. 131, 134.
[2] De Spectaculis, c. iii, 29.
[3] Tertuliani Vita, an. 204.
[4] Ibid., c. xx.
[5] Ibid., c. xxx. Salvian, Gub.
Dei, VII, 16.
[6] Ibid.
[7] Monum. vet. ad Donatist., p.
162, ed. Optat. Dupin, 1702.
[8] Ibid., p. 167, 170, 171.
[9] L. XVIII, tit. x, t. VI, 280,
ed. Gothofr.
[10] De pagan. sacr., lib. I,
tit. xi.
[11] De Civit. Dei, XVIII, 54.

est bon de remarquer que les empereurs chrétiens, malgré leur piété, cherchèrent toujours à réprimer le zèle fanatique qui détruisait les temples et les idoles [1]. Honorius dit positivement dans la loi que j'ai citée : « de même que nous prohibons les sacrifices, de même nous voulons que les ornements des édifices publics soient conservés [2]. » Il ajoute dans un autre rescrit, adressé à Apollodore, proconsul d'Afrique : « Que personne ne s'ingère de renverser les temples, car nous ordonnons que les édifices restent dans leur intégrité [3]. » Sous Justinien, plusieurs temples existaient encore à Carthage. Ce prince les attribue tous au fisc, excepté ceux qui avaient été donnés par les empereurs précédents, soit à des particuliers, soit aux églises [4]. Maintenant que nous avons la preuve positive que beaucoup de monuments païens existaient encore à Carthage au milieu du vi[e] siècle, on peut conserver l'espoir qu'une exploration plus attentive, surtout que de nouvelles fouilles pratiquées dans les ruines de cette ancienne ville, nous en feront un jour reconnaître les traces, et donneront quelque valeur à ces indications, que l'état actuel de nos connaissances m'a contraint de laisser dans une complète incertitude.

[1] S. August., Serm. 68, t. V, p. 361, ed. 1683, fait les mêmes injonctions.

[2] Sicut sacrificia prohibemus, ita volumus publicorum operum ornamenta servari.

[3] Ne quis conetur evertere (templa). Decernimus enim ut ædificiorum quidem integer sit status.

[4] Loca sacra quæ *Carthagine* sunt ad Augustam domum pertinento, exceptis iis quæ ab imperatoribus vel alicui personæ, vel ecclesiis sunt donata.

BASILIQUES CHRÉTIENNES ET MONASTÈRES.

Nous connaissons à Carthage vingt-un monuments de ce genre : la basilique de Tertullien, l'église *Perpetua Restituta*, la basilique de Faustus, celle de Saint-Agilée, la basilique nommée *Majorum*, la basilique des martyrs Scillitains, celle de Célerine, la basilique appelée *Novarum*, celle de Gratien, la basilique Théodosienne, Honorienne, Théoprépienne, la basilique nommée *Tricillarum*, la basilique de la seconde région, la basilique de Saint-Pierre dans la troisième région, et la basilique de Saint-Paul dans la sixième. Justinien bâtit encore deux églises, celle de la Vierge dans le palais, et celle de Sainte-Prime hors du palais. Il y en avait encore une autre dans le palais, la grande église où se cacha Salomon [1] ; car il est peu probable que Justinien, maître de Carthage depuis deux ans et demi, eût déja pu bâtir l'église de la Vierge, qui était aussi dans le palais. Deux autres avaient été élevées hors de la ville en l'honneur de saint Cyprien, l'une, dans le lieu où il avait subi le martyre, l'autre, dans la rue des *Mappales*, où son corps fut enseveli.

Nous avons déja déterminé la position de ces deux églises de Saint-Cyprien [2] ; celle de la Vierge, qui fut

[1] Procop. Bell. Vand. , II, 14. Ἱερὸν ὅ ἐστι μέγα ἐν παλατίῳ.

[2] La position de ces deux églises de Saint-Cyprien est indiquée par Victor de Vite comme ayant été bâties, l'une sur le lieu de son martyre, l'autre sur celui de sa sépulture [1], deux points que j'ai fixés

[1] Vid. S. August., Confess. V, 8, et Serm. 310. Grégoire de Tours (De gloria martyrum, lib. I, cap. xciv) nous fait connaître le somptueux *ambon* de sa basi-

bâtie dans le prétoire, nous est connue, puisque nous sommes certains de la position de ce lieu. Nous avons montré que la cathédrale *Perpetua Restituta* devait être placée sur le *forum*, dont nous avons assigné la position. Nous connaissons l'existence et nous pouvons fixer l'emplacement du grand *diaconium* de Carthage. Majorin, l'un des principaux chefs du parti donatiste au commencement du ive siècle, avait été lecteur dans le *diaconium* de Cæcilianus, évêque de Carthage [1].

Διακόνιον et plus souvent διακονικὸν, ædes ab ecclesia seclusa quæ diaconorum propria erat; ἐν τῷ τῆς ἐκκλησίας διακονικῷ, dit Philostorge [2]. Ce mot signifie aussi *grand séminaire*, selon Gregoire II, pape [3]. Εἰς τὰ διακόνια τῆς ἐκκλησίας ἐξορίζουσιν αὐτόν [4].

précédemment. Foris muros occupavit duas egregias et amplas sancti martyris Cypriani ; unam ubi sanguinem fudit, aliam ubi ejus sepultum est corpus, qui locus Mappalia vocitatur (I , 5). Il ne faut pas confondre ces deux églises avec une autre qui, selon Procope (I , 21), fut élevée plus tard hors de la ville , sur le rivage de la mer. La fête du saint se célébrait le 16 septembre, à une époque où s'élevaient ordinairement les vents de tempêtes que les Carthaginois, par cette raison , avaient appelés *Cypriens*.

lique : analogius in quo libro supra posito cantatur aut legitur. Nam ex uno lapide marmoris totus sculptus adseritur : id est, mensa desuper, ad quam per quatuor gradus ascenditur, cancelli in circuitu, subter columnæ : quia et pulpitum habet sub quo octo personæ recipi possunt.

[1] Hist. Donat. Append. ad t. 9. S. August., col. 14.

[2] VII, 3.

[3] In epist. II, ad Leonem Isaur. *de clericis delinquentibus.*

[4] C. f. Thes. græc. ling a C. B. Hase et G. et L. Dindorf, t, II, p. 1185. Distinct. 23, Διακονεῖον, diaconium quo subdiaconi non intrant, disent Budée et Henri Étienne.

L'église romaine, qui conserve avec soin ses vieilles traditions , a maintenu cette séparation des diacres et des clercs moins avancés dans les ordres. Dans les grands séminaires il existe une classe pour l'enseignement de tous les cas de conscience qui peuvent naître de l'inobservation du sixième commandement de Dieu, *non mœchaberis*. Cette classe, où les diacres seuls sont admis, porte encore le nom de *Diaconate*.

Maintenant, la position de ce séminaire des diacres est fixée par un passage de Victor de Vite [1], à côté de l'église *Restituta* que j'ai placée sur le forum maritime, peut-être sur l'emplacement du temple de *Bâl* ou Apollon. (Gensericus) pulso episcopo, cum *clero venerabili*, dico ecclesiam nomine Restitutam, *in qua semper episcopi commanebant*, suæ religioni mancipavit.

Enfin, celle du couvent fortifié, bâti par Salomon près du port Mandracium, n'est pas moins certaine. Nous allons nous occuper maintenant de rechercher l'emplacement des diverses basiliques que j'ai indiquées plus haut.

Les édifices civils que les païens nommaient Basiliques étaient, en raison de leur forme et de leur étendue, beaucoup mieux appropriés aux besoins du culte chrétien que les temples. Ce furent aussi les premiers monuments dont le christianisme s'empara pour les consacrer au vrai Dieu. Rome nous en fournit plusieurs exemples, et ce nom même de basiliques que portèrent les églises nous l'indique assez clairement. Il est donc probable que si nous parvenions à déterminer l'emplacement d'un certain nombre de ces monuments chrétiens, nous connaîtrions par là celui de plusieurs basiliques de Carthage païenne, qui n'auront fait que changer de destination. — Nous n'avons qu'une indication très-vague de la basilique de Tertullien, dans un écrit de saint Augustin [2] à l'évêque *Quodvultdeus*. Il nous dit que de son temps les Tertullianistes, dont il ne restait plus qu'un petit nombre, se convertirent, et abandonnèrent aux catholiques leur basilique, qui,

[1] Persec. Vand. I. 3.   [2] Ad Quodvultdeum. hær. 86.

maintenant, dit saint Augustin, est encore très-connue.

C'est en vain que nous avons cherché dans les Pères de l'église africaine quelques détails propres à fixer la position de ces diverses basiliques. Ces édifices étaient trop connus de ces écrivains, qui vivaient à Carthage, pour qu'ils aient cru nécessaire de nous instruire du lieu où ils étaient situés. Je me contenterai donc d'indiquer la basilique de Faustus [1], où se tinrent plusieurs synodes; celle de Saint-Agilée, où était déposé le corps de ce martyr [2], et dans la sacristie de laquelle furent tenus plusieurs synodes; la basilique nommée *Majorem* ou *Majorum*, illustrée par les tombeaux des saintes Perpétue et Félicité, comme nous l'apprend Victor Vitensis [3], qui est peut-être la même que *Perpetua Restituta*, et où saint Augustin prêcha plusieurs sermons [4]; la basilique des martyrs Scillitains, où prêcha encore saint Augustin [5]; la basilique Celerina, et le couvent de Biqua près de cette église, qui nous sont indiqués par Victor Vitensis [6]; la basilique appelée *Novorum* ou *Novarum*, qui ne nous est connue que par saint Augustin [7]; les basiliques de Gratien [8], de Théodose [9], d'Honorius [10]; la basilique Théoprépienne [11]; la basilique nommée *Tricillarum*,

---

[1] S. August. Serm. 111, 261. Vid. Morcelli Africa christiana, t. III, p. 85, 93-164, 167.

[2] Morcelli, t. I, p. 49; t. III, p. 218, 256, 259. Boll. Janv. I, p. 43, col. 1.

[3] Liv. I, c. III.

[4] S. August. Serm. 34, 165, 258, 294.

[5] Serm. 155.

[6] Pers. Vand. I, 3, et p. 106, c. VII, ed. Ruin. S. August. Serm. t. V, col. 267 et 830.

[7] In brev., collat. III, 13, et Serm. 15.

[8] S. August. Serm. 5, col. 749.

[9] Cité par Morcelli, t. I, p. 49.

[10] S. August. Serm. 5, col. 765.

[11] Cit. sans indicat. par Morcelli t. I, p. 49.

où un sermon fut prêché par saint Augustin [1]; la basilique de la seconde région, où se tinrent, en 404,
407, 409 et 410, des conciles contre les Donatistes [2];
enfin celle de Saint-Pierre, dans la troisième région,
que nous fait connaître un sermon de saint Augustin[3],
et la basilique de Saint-Paul, dans la sixième région,
qui est indiquée par Morcelli [4].

QUARTIERS DE CARTHAGE.

L'indication de ces basiliques dans la seconde, dans
la troisième et même dans la sixième région, nous
apprend que Carthage était divisée au moins en six
quartiers ou régions, à l'exemple de Rome, capitale
de l'empire, qui en avait quatorze. Je crois cependant utile d'avertir que je ne rapporte cette sixième
région que d'après Morcelli, qui n'indique aucune autorité à l'appui de son assertion. J'en ai cherché en
vain la preuve dans toute l'antiquité. La seconde et la
troisième, au contraire, sont désignées positivement
par saint Augustin. J'inclinerais à penser que le savant
auteur de l'Afrique chrétienne a commis une erreur
légère en citant cette sixième région, et que la Carthage romaine fut partagée seulement en trois grandes
circonscriptions qui rappelaient les trois parties principales de Carthage punique, la cité, Byrsa et Mégara.

[1] Excerpt. Flori ad Ephesios, 3,   I , p. 388.
S. August. V, col. 312.   [3] Serm. 15, t. V, col. 87.
[2] Appendix ad S. Aug. op. IX,   [4] T. I, p. 49.
col. 44, cod. canon. Eccl. afric.,

—

PORTES DE CARTHAGE.

Je n'ai rien à ajouter à ce que j'ai dit en traitant des portes de Carthage punique. J'ai indiqué [1] qu'il devait y avoir une porte vis-à-vis de la grande route qu'Adrien fit construire de Carthage à Théveste. Une autre porte, que Victor de Vite [2] appelle porta Fornitana, devait conduire à la ville de *Furnos*, qui avait un évêché, ainsi que l'a prouvé Ruinart [3]. D'autres portes de Carthage sont indiquées par Procope [4], mais sans nom particulier, du côté de *Decimum*, le dixième mille sur la route de Carthage à Thapsus. Comme nous avons vu que Carthage ne commença à s'enclore de murs qu'en 424, nous ne devons pas être étonnés de trouver si peu de renseignements sur les portes de cette ville, pendant la domination romaine.

—

ENCEINTE DE CARTHAGE.

Quoique Procope nous parle, en trois endroits [5], des murs de Carthage qui furent réparés par Bélisaire, et auxquels il ajouta un large fossé et un retranchement palissadé, cependant, comme il ne nous donne aucune autre indication, il nous est impossible d'en fixer l'é-

---

[1] Vid. supra, p. 89.

[2] Pers. Vand., I, 3.

[3] Hist. Pers. Vand., p. 146.

[4] Bell. Vand., I, 18, p. 385,

t. I, ed. Dindorf. Bonnæ, 1833.

[5] Bell. Vand., I, 21, 23. De Ædificiis, VI, 5.

tendue et la direction totales. Cependant nous avons vu, par le témoignage positif de Victor de Vite, que du temps des Vandales, les piscines étaient hors de la ville. Il est probable que les lignes de ruines qui s'étendent entre les n°s 110 et 111 [1], ont appartenu à l'enceinte de Carthage, élevée en 424, et réparée par Bélisaire. On y remarque en effet, dit M. Falbe [2], du côté intérieur, des traces évidentes de murs, tandis qu'à l'extérieur le terrain est en pente très-prononcée. Mais, comme nous savons que les piscines étaient en dehors de cette enceinte, on peut supposer, avec assez de vraisemblance, que les murs, à partir du n° 110, se dirigeaient vers le n° 60, à l'endroit où j'ai placé la ligne extérieure des fortifications de l'ancienne Byrsa. A partir de ce point, il devient tout-à-fait impossible d'en déterminer la direction.

Pour ne rien omettre de ce qui touche à la topographie de Carthage, je rapporterai ici les indications, quelque vagues qu'elles soient, du faubourg nommé Aclas où, selon Procope [3], habitait Bélisaire quand il reçut la soumission de Gélimer; d'un couvent situé à un mille des faubourgs de Carthage, qui est mentionné dans un auteur grec anonyme [4]; et enfin du lieu appelé *Fuscianus*, où Montanus subit le martyre [5]. Nous ne savons rien sur la position de ces lieux, sinon que les deux premiers étaient hors de l'enceinte de Carthage, et que le dernier paraît être situé dans la ville elle-même.

---

[1] Pl. 1 de M. Falbe.
[2] Carthage, p. 53.
[3] Bell. Vand., II, 7.
[4] Incerti narratio auct. novissi-mum a Combefis, p. 324.
[5] Act. martyr., c. XVIII, XXIII, p. 236, 238, ed. Ruinart.

TABLEAU GÉNÉRAL DE CARTHAGE.

Maintenant je vais terminer ces recherches par le
tableau de la splendeur et des richesses de Carthage
depuis le troisième jusqu'au cinquième siècle, qui nous
a été transmis par des historiens dignes de toute
croyance. Hérodien[1] nous la représente, du temps de
Gordien, comme une ville fort grande et fort peuplée
qui, ne cédant qu'à Rome seule, disputait le second
rang à Alexandrie. Le géographe que j'ai cité[2], et qui
écrivait sous l'empereur Constance, nous vante la belle
disposition de ses rues et de ses places parfaitement
alignées, la sûreté de son port, et la magnificence du
forum, décoré par le superbe portique des banquiers.
Ausone[3], du temps de Valentinien et de Gratien, lui
donne encore le rang de la troisième ville de l'Empire,
et ne met au-dessus d'elle que Rome et Constantinople. Enfin, il paraît que peu de temps avant la prise
de Carthage par les Vandales, cette ville jouissait encore d'un état très-florissant, comme l'atteste ce tableau brillant que nous en a laissé Salvien[4]: « Je pren-
drai, dit-il, pour exemple Carthage, la première, et
presque la mère de toutes les villes de l'Afrique, toujours la rivale de Rome, autrefois par ses armes et par
son courage, depuis, par sa grandeur et sa magnificence, Carthage, la plus cruelle ennemie de Rome, et
qui est presque la Rome de l'Afrique. Là se trouvent

---

[1] Liv. VII, c. vi.
[2] Class. anct., ed. Maï, 1831, t. III, p. 406.
[3] 286, II, Ordo nobilium ur-bium.
[4] De Gubernat. Dei, VII, 16.

des établissements pour toutes les fonctions publiques, des écoles pour les arts libéraux, des académies pour les philosophes, enfin des gymnases de toute espèce pour l'éducation physique et intellectuelle; là se trouvent aussi les forces militaires, et les chefs qui dirigent ces forces: là s'honore de résider le proconsul qui, tous les jours, rend la justice et dirige l'administration, proconsul quant au nom seulement, mais consul quant à la puissance. Là résident enfin des administrateurs de toute espèce, dont les emplois diffèrent autant que les noms, qui surveillent, pour ainsi dire, toutes les places et tous les carrefours, qui tiennent sous leurs mains presque toutes les parties de la ville et tous les membres de sa population. »

Si nous ajoutons à ce tableau la liste des grands monuments, tels que l'immense aquéduc, l'amphithéâtre, le théâtre, le cirque, le gymnase, le prétoire, les temples d'Esculape, de Cœlestis, de Saturne, et d'Apollon, les places publiques, les basiliques, les monastères, les églises, et tant d'autres édifices dont Carthage était décorée, on pourra se faire une idée des richesses et de la magnificence de cette capitale de l'Afrique sous la domination romaine.

———

RÉSUMÉ

DES PRINCIPAUX FAITS ÉTABLIS DANS CETTE SECONDE DIVISION DE L'OUVRAGE.

Je crois avoir démontré :

1º Que Carthage ne fut pas rasée jusqu'au sol par Scipion ; qu'elle fut seulement brûlée et démantelée.

2° Que la colonie romaine de Caïus-Gracchus, celles de Jules-César et d'Auguste furent placées non à côté, mais sur l'emplacement même de l'aucienne Carthage.

3° Que Carthage, déja très-florissante du temps de Claude, parvint à l'apogée de sa splendeur sous le règne des Antonins.

4° Que l'érection du grand aquéduc de Carthage doit être très-probablement attribuée à l'empereur Adrien, et que celle du château-d'eau de Zucchara peut, avec quelque vraisemblance, être fixée à la même époque.

5° Que l'aquéduc se prolonge sans interruption, pendant vingt-cinq lieues, de Carthage à Zucchara.

6° Qu'on peut regarder comme certaines les positions des temples d'Esculape ou Salus, de Cœlestis (Junon ou Vénus des poètes latins), de Saturne, par conséquent du Vicus Senis ou Saturni, des rues Veneria et Salutaria qui y aboutissent.

7° Le temple de Mémoire et la rue du même nom sont, à coup sûr, dans l'*Hiéron* de Cœlestis; leur position est circonscrite, mais avec moins de précision que les précédentes.

8° L'emplacement du prétoire, de l'*atrium Sauciolum*, des prisons, du tribunal, de la curie, de la bibliothèque, est fixé positivement à Byrsa, au milieu du vaste système monumental de l'acropole.

9° L'*Ager Sexti*, où saint Cyprien fut décapité, la rue des Mappales, la maison de Macrobius, où saint Cyprien fut enterré, les deux églises bâties sur le lieu de son martyre et sur celui de sa sépulture, sont des points sûrs, déterminés par leur juxta-position aux grandes piscines de Malqa.

10° L'amphithéâtre et le cirque sont positifs. Le théâtre et le gymnase sont déterminés par les ruines existantes, et par leur position à l'ouest des piscines du bord de la mer.

11° Le *forum maritime* est placé, avec certitude, au même point où fut *l'agora* de Carthage punique. Le *Vicus argentarius*, le tribunal, sont sur cette place.

12° La *platea nova* est moins certaine; mais l'erreur sur son emplacement et sur celui des thermes de Gargilius ne peut être considérable. J'ignore où étaient les thermes de Maximien, ceux de Thrasamond, et ceux de Théodora.

13° Le port Mandracium est l'ancien *Cothôn*, position certaine, de même que le couvent fortifié bâti près de ce port par Justinien.

14° L'arc de triomphe rentre, pour sa position, son nom, son usage, dans la classe des probabilités.

15° Sur vingt-deux basiliques ou églises, cinq seulement, les deux de Saint-Cyprien, l'église de la Vierge, celle du Mandracium, la cathédrale *Perpetua-Restituta*, ont pu être fixées avec certitude. L'emplacement des dix-sept autres reste à déterminer.

16° Des portes de Carthage, celles d'Utique, de Théveste, de Thapsus, me semblent assez bien placées. Celle de Furnos, *porta Fornitana*, me laisse encore bien des doutes.

17° Quant à l'enceinte élevée en 424, le tracé de la partie orientale s'appuie sur une ligne de substructions. Au nord, leur limite est fixée positivement en deçà des piscines de Malqa. A partir de ce point, le tracé n'est plus qu'une supposition probable.

Sans doute, ce travail est très-imparfait. De nouvelles

fouilles, des plans levés sur une plus grande échelle, l'examen attentif des lieux, la découverte de quelques inscriptions, rectifieront plusieurs points, éclairciront les questions douteuses, me convaincront d'erreur sur beaucoup de choses. Mais la topographie de Carthage romaine n'était pas encore ébauchée, les matériaux n'étaient pas même assemblés : tout était à réunir, à coordonner, à discuter pour en former un ensemble. Je n'ai épargné ni soins, ni veilles pour ce pénible labeur. Il me sera échappé, je crois, peu de faits importants pour la topographie de Carthage. J'aurai atteint mon but, si j'ai rappelé l'attention sur cette ville célèbre, patrie d'Annibal, chantée par Virgile, décorée des mains d'Adrien, et qui, dans les siècles de la décadence, reçoit encore un dernier éclat des noms de Genséric et de Bélisaire.

APPENDICE I.

Les éléphants dont se servaient les Carthaginois paraissent avoir appartenu à l'espèce qui porte aujourd'hui le nom du continent dont ce peuple était alors le maître [1].

Les écrits d'Hérodote [2], de Pline [3] et de Solin [4],

[1] « On ne dompte plus l'éléphant d'Afrique, mais il paraît que les Carthaginois en tiraient les mêmes usages que les Indiens tirent du leur. » Cuvier, Règne animal, t. I, page 240. Buffon paraît aussi avoir partagé cette opinion. T. XI, p. 35, éd. in-4°, 1750.

[2] Lib. IV, cxci, ed. Schweighaeuser.

[3] *In Mauritaniæ saltibus*, lib. VIII, c. 1, *elephantes fert Africa ultra Syrticas solitudines, et in Mauritania.* Idem, c. xi.

[4] *Provinciis Mauritanis Tingitana,* quâ solstitiali plagæ obvia est, quaque porrigitur ad internum mare, exurgit montibus septem, qui a similitudine Fratres appellati, freto imminent; hi montes elephantis frequentissimi..., c. xxv, B, ed. Salmas.

Selon ces deux écrivains, les éléphants de l'Afrique étaient plus petits que ceux des Indes et les redoutaient. Polybe (l. V, c. lxxxiv), Diodore de Sicile (l. II, c. xlii) et Appien (*De Bellis Syriac.*, c. xlii) confirment ce fait; aussi, avant que les savantes recherches de Cuvier (Mémoire sur les éléphants, t. II; première édit.) eussent mis hors de doute que les deux races étaient d'espèce distincte, on devait le soupçonner d'après ce témoignage des anciens, constatant l'infériorité de la race africaine sous le rapport de la taille, de la force et du courage.

Shaw, dans son Appendice (t. II, p. 159, fig. 17), a donné la figure d'une médaille offrant d'un côté la tête de Jupiter Ammon, et de l'autre un éléphant.

Outre les passages que je viens

15.

nous attestent leur existence dans les forêts de la Byzacène et de la Mauritanie; et Appien [1], dans un passage fort curieux, nous apprend d'une manière certaine que les Carthaginois en tiraient des forêts de l'intérieur. Ce peuple, dit-il, instruit des préparatifs que faisait alors, en Sicile, le premier des Scipions, envoya Asdrubal, fils de Giscon, à la·chasse de ces animaux [2] : la suite du récit nous apprend son retour, mais nous laisse ignorer son succès, la direction qu'il avait suivie et la durée de son absence. Aussi est-il permis de supposer qu'il dirigea sa marche, soit du côté de la Mauritanie, soit du côté des Syrtes, où, selon Pline [3] et Hérodote [4], on trouvait aussi des éléphants.

Ce pays, dont parle le naturaliste romain, comme situé au-delà des Syrtes, serait-il le Bournou,

de rapporter de Pline et de Solin pour prouver l'existence des éléphants dans la partie septentrionale de l'Afrique du temps que cette médaille a été frappée, il ajoute : « Le poëte Maxilius, parlant de l'Afrique, s'exprime ainsi :

« *Et vastos elephantes habet.* » (L. IV.)

Les médailles de Bocchus, de Juba Ier et de Juba II, nous présentent sans cesse soit la figure de l'éléphant, soit des têtes coiffées de la peau de cet animal. Une médaille de Hadrumetum, qui représente l'éléphant marchant, semble rappeler l'existence de cet animal dans les régions voisines de la Byzacène.

De plus, des médailles de Ptolomée II, roi de Numidie, qui mourut sous Caligula, indiquent que l'éléphant existait encore à cette époque dans cette province. (Mionnet, Méd. de l'Afr. , t. IV, p. 130, sqq.)

[1] Lib. VIII, c. ix.

[2] Pline nous apprend qu'en Afrique on prenait les éléphants sauvages en creusant des fosses où l'on attendait que quelqu'un de ces animaux vînt à tomber (l. VIII, c. viii), fait confirmé par Plutarque, *De solertia animalium*, et par Élien, *Hist. anim.* l. VIII, c. x et xv. Cette manière de faire la chasse aux éléphants est encore en usage parmi les nègres de l'Afrique et dans l'île de Ceylan. Buffon, t. XI, p. 25, ed. in-4°. Voyez aussi Cailliaud, *Voyage au fleuve Blanc*, t. II, p. 295, 296.

[3] L. V, c. iv, et l. VIII, c. xi.

[4] L. IV, cxci.

où, en effet, nous savons, d'après MM. Denham et Clapperton, qu'il existe dans les forêts qui entourent le grand lac d'eau douce, nommé *Tchad*, des éléphants sauvages et en troupes nombreuses?

C'est, à ce qu'il paraît, le point le plus septentrional d'Afrique et le plus rapproché de Carthage, où l'on en trouve de nos jours ; ceux qui vivent dans les forêts de l'Abyssinie en sont encore plus éloignés et plus au midi.

Le pays de Dongola, dont l'éloignement est le même, par rapport à Carthage, que le Bournou, ne possède point de ces animaux, selon le témoignage de Burchardt [1]. Ces animaux, dit-il, n'ont jamais été vus plus au nord, qu'à deux ou trois journées de marche de Sennâr, dans le district d'Abou Heraze ; car une chaîne de montagnes, large de 6 à 8 heures de marche, s'étend jusqu'au Nil et borne ce district au nord.

Pour juger combien doit être considérable le nombre des éléphants que renferment les forêts du Bournou, je rapporterai ici l'extrait suivant du journal du major Denham [2], où il parle de la première rencontre qu'il fit de ces animaux, en arrivant à Lari, sur les bords du lac Tchad. « Ce matin, dit-il (10 février 1823), je me dirigeai vers l'est pour juger de l'étendue de la forêt et pour découvrir, s'il était possible, une troupe composée de cent cinquante éléphants, qui avaient été vus par les Arabes chargés de faire paître les chameaux. Mon attente ne fut

---

[1] *Travels in Nubia*, p. 283. Voyez aussi Cailliaud, *Voyage au fleuve Blanc*, t. II, p. 217-220.

[2] *Discoveries in Northern ana Central Africa*, in-4°. Lond., 1826, p. 54, 55.

point trompée; à 6 milles du village, dans des terrains bas et sujets aux inondations du lac, mais pour lors couverts d'une herbe touffue et double de la hauteur d'un homme, je découvris ces animaux, dont le nombre excédait certainement celui qui m'avait été rapporté par les Arabes; il était tel, qu'ils semblaient couvrir tout le pays que j'avais sous les yeux. »

D'après un pareil témoignage, on voit bien que l'objet de la mission d'Asdrubal aurait été atteint, en supposant qu'il eût dirigé sa marche vers ces lieux; mais la chose est-elle probable? Question qui exige pour être résolue que nous connaissions, 1° la distance qui sépare Carthage des bords du lac Tchad; 2° le temps nécessaire au voyage, et les difficultés de toute nature qu'il faut vaincre pour y arriver.

Tripoli, lieu de départ des voyageurs anglais, est éloigné du lac Tchad, en ligne droite, de 360 lieues [1], et de 400, en ajoutant $\frac{1}{9}$ pour les sinuosités de la route [2]; cette augmentation, qui pourra paraître trop faible, pèche plutôt par excès, comme on peut s'en convaincre, en consultant la carte de l'ouvrage, où l'on voit que le chemin suivi par ces voyageurs dévie peu de la ligne droite, comme cela arrive presque toujours dans ces vastes plaines de l'Afrique. Cette même correction, appliquée à la distance la plus courte entre Carthage et les bords du Tchad, la porte en nombre rond à 470 lieues, dont les $\frac{5}{6}$ traversent des déserts stériles et presque privés d'eau.

Après avoir ainsi déterminé la longueur du che-

[1] De 20 au degré.

[2] Selon Danville, les distances itinéraires en Égypte donnent lieu à une réduction d'un huitième. *Mes. Itin.*, ed. in-8°. Paris, 1769, p. 181.

min, le même ouvrage nous fournira les moyens de fixer la durée du voyage, toujours ralenti par les obstacles de toute nature que le désert oppose au passage de l'homme et aux animaux qu'il mène à sa suite.

Nous citerons en preuve le temps qu'ont mis le major Denham et ses compagnons pour effectuer leur voyage à Kouka, ainsi que le temps employé par un jeune voyageur, mort depuis, à la suite des fatigues d'un voyage dont la promptitude a frappé de surprise et d'étonnement le major Denham et ses compagnons.

M. Toole, enseigne du 80e régiment, en garnison à Malte, s'était volontairement chargé de la mission périlleuse de porter les lettres et les secours que le gouverneur de cette île voulait faire passer aux voyageurs anglais, dans le Bournou; cet officier, parti de Tripoli, le 6 septembre, est arrivé le 22 décembre à Kouka, résidence du sultan, dans l'espace de cent huit jours, temps très-court, quand on réfléchit aux difficultés de toute nature qu'il avait à vaincre, et aux nombreux délais qui retardaient sa marche.

La caravane servant d'escorte au major Denham et à ses compagnons de voyage, composée de trois cents personnes, a mis trente-sept jours pour se rendre de Mourzouk à Lari, sur les bords du lac Tchad, et exactement le même temps pour le retour; de ce point, à Kouka, il y a encore quinze journées de marche, et de Mourzouk à Tripoli, quarante-quatre, ce qui fait en tout quatre-vingt-seize journées, non compris le délai inévitable que doit toujours entraîner le passage de Mourzouk, résidence du sultan de Fezzan.

En appliquant ces données à la distance de près de 500 lieues, de 20 au degré, qui sépare Carthage du lac Tchad, quatre mois ne paraîtront pas de trop pour la franchir; le retour avec des éléphants en exigerait au moins cinq [1], si toutefois on admet qu'il fût possible de pourvoir à leur subsistance, en passant le désert. Ainsi donc, l'absence du général carthaginois, en supposant qu'il eût pris cette direction, aurait été au moins de neuf mois, ce qui s'accorde peu avec le récit d'Appien; aussi est-il bien plus probable que cette chasse eut lieu dans les forêts plus voisines de la Byzacène, de la Numidie, ou de la Mauritanie.

Le rapprochement de plusieurs passages de Salluste, dans son histoire de la guerre de Jugurtha, ferait croire que ce prince, comme les Carthaginois, tirait aussi les éléphants dont il se servait des forêts situées au pied de l'Atlas [2].

Ce roi malheureux, vaincu par la ruse de ses ennemis et la perfidie de ses amis, fut contraint d'acheter une paix ignominieuse, en livrant aux Romains ses trésors, ses armes et ses éléphants.

Cette dernière condition du traité a lieu de nous surprendre, après avoir lu les événements qui l'ont précédé; surtout le récit de la désastreuse bataille de Muthul, où tous ces éléphants furent pris ou tués.

[1] Buffon (t. XI, p. 42 et 73, éd. in-4°) a dit, en parlant de la vitesse de la marche des éléphants domestiques, « qu'ils font aisément et sans fatigue quinze ou vingt lieues par jour, et quand on les presse, jusqu'à trente-cinq ou quarante. » Mais il ne faut point oublier que cette vitesse de marche des éléphants résulte d'observations faites dans un pays fertile, et ne doit être appliquée qu'à l'estime des traversées de courte durée. Au reste, ce même auteur dit que le pas ordinaire de l'éléphant n'est pas plus vite que celui du cheval.

[2] Cuvier, Mém. sur les éléphants foss., t. II, p. 86.

Sans choquer les vraisemblances, ne serait-il pas possible que les lieux solitaires et boisés [1], qui mettaient le roi et sa faible escorte à l'abri de la poursuite de ces ennemis, ne fussent du nombre de ceux qu'habitaient les éléphants sauvages, et que la chasse qu'on leur fit contribua à la fois à dissiper l'ennui de son exil et à lui procurer ceux de ces animaux dont ce traité l'obligeait de faire l'abandon aux Romains?

Je terminerai cette note par quelques observations succinctes sur le nombre des éléphants dressés qu'entretenait la république de Carthage, parce que je crois qu'on l'a souvent exagéré, et que ce nombre n'a jamais dépassé celui de trois cents, que renfermaient les étables ménagées dans les murs de la ville [2].

[1] Le pays montagneux, couvert de bois et plein d'éléphants et de bêtes sauvages, dont parle Hérodote, me paraît s'appliquer à ces lieux, situés, comme il le dit, au couchant du fleuve Triton, liv. IV, c. cxci. Voy. Salluste, Bell. Jug., c. lix.

[2] En réfléchissant au nombre considérable de ces animaux qui ont vécu et péri dans l'enceinte de Carthage et aux environs, la découverte de leurs ossements dans ces lieux me paraît une conséquence fort naturelle. Cependant le savant célèbre [1] à qui j'emprunte la citation suivante s'en étonne : « car il est singulier, dit-il, qu'on ne déterre point de ces os dans les climats où les éléphants que nous connaissons vivent habituellement, tandis qu'on en a vu en Barbarie, où il n'existe aujourd'hui d'éléphants d'aucune espèce.

[1] Cuvier, Mém. sur les éléphants vivants et fossiles, t. II, p. 54.

Sans vouloir parler de la dent du géant vue par saint Augustin sur le rivage d'Utique, et qui aurait pu faire cent de nos dents ordinaires, le squelette de géant déterré par quelques esclaves auprès de Tunis, en 1559, paraît d'autant plus appartenir à l'éléphant, qu'un second squelette, déterré au même lieu, en 1630, y appartenait certainement, comme le célèbre Peyresc s'en est assuré [2]. » Les deux grands squelettes trouvés dans les environs de Carthage, et dont parle Phlégon de Tralles [3], écrivain grec du 1er siècle, appartenaient aussi, sans aucun doute, à ce grand quadrupède.

Brocchi [4], géologue habile, et qui rapporte ce fait, regardait aussi ces

[2] Gassendi, Vie de Peyresc, lib. IV, in ejus oper. ed. Lugduni, 1658, fol. 306 et 308, et Mag. Ency., sept. 1806, t. V.

[3] De Mirabilibus, ed. Meursii, Lugd. Bat., cap. xviii, p. 87,

[4] Conchiologia fossile, subappennina, t. II, note, p. 617.

Une lecture attentive des historiens qui traitent des guerres de la république, ne m'a jamais présenté aucun exemple d'un nombre aussi considérable, celui qui s'en rapproche le plus étant encore plus faible d'un tiers.

Selon Polybe, les Carthaginois n'avaient que cinquante éléphants au siége d'Agrigente [1], cent aux combats de Rhadès [2] contre Régulus; et dans la guerre contre les Mercenaires, ils en envoyèrent un pareil nombre au secours d'Utique [3].

Enfin, le nombre le plus fort dont parle cet historien est celui de cent quarante, qu'on expédia à Asdrubal [4], qui commandait, en Sicile, l'armée des Carthaginois.

Appien [5] nous dit que ce même Asdrubal, fils de Giscon, qu'on avait envoyé à la chasse des éléphants, en amena cent quarante au camp, près d'Utique, dont l'armée des Carthaginois voulait faire lever le siége. Ce même auteur [6], d'accord avec Polybe [7] et Tite-Live [8], nous assure qu'Annibal n'en avait que quatre-vingts à la bataille de Zama.

Selon Diodore [9] de Sicile, un autre Asdrubal, fon-

os comme fossiles ; son opinion sera peut-être partagée par la plupart des géologues ; j'engage cependant les naturalistes qui auront plus tard l'occasion de visiter ces lieux, de ne pas perdre de vue l'histoire des événements dont ils ont été le théâtre ; car il serait possible de confondre les ossements des éléphants domestiques des Carthaginois avec ceux qu'on nomme proprement fossiles, et « *qui se trouvent pour l'ordinaire dans les couches* *meubles et superficielles de la terre* [1].

[1] L. I, c. xix.
[2] L. I, c. xxxii.
[3] L. I, c. lxxiv.
[4] Vers l'an 255 av. J.-C. *Ibid.*, l. I, c. xxxviii.
[5] L. VIII, c. xiii.
[6] C. xl.
[7] L. XV, c. xi.
[8] L. XXX, c. xxxiii.
[9] Ecl. XXV, c. ii.

[1] Cuvier, Mém., t. II, p. 137.

dateur de Carthagène, en Espagne, rassembla pour la défense de cette province une puissante armée et deux cents éléphants, nombre le plus considérable que m'ait offert l'histoire des guerres puniques et numides.

Selon Pline [1], Lucius Metellus, après une bataille gagnée en Sicile sur les Carthaginois, en l'an de Rome 502, fit transporter en Italie cent quarante-deux éléphants, nombre que l'épitome de Tite-Live [2] réduit à cent vingt, et que Florus [3] ne porte qu'à environ cent [4].

La guerre de Jugurtha [5] ne fournit aucun exemple d'un nombre plus considérable que quarante-quatre, dont la presque totalité périt dans le combat donné sur les bords du fleuve Muthul.

L'histoire de la guerre d'Afrique par Hirtius [6] porte à cent cinquante le nombre des éléphants présents à la bataille livrée, sous les murs de Thapsus, entre César et les forces réunies de Scipion et du roi Juba. C'est, à ce qu'il paraît, la dernière fois que ce paisible animal s'est vu contraint, dans ce pays, de servir les passions haineuses de l'homme et de verser son sang sur un champ de bataille.

Le récit si ample et si détaillé, qu'Ammien-Marcellin [7] nous a laissé de l'expédition de Théodose contre le rebelle Firmus, poursuivi par ce général jusqu'au fond de la Mauritanie, indique que dans ce

[1] L. VIII, c. vi.
[2] Epitome, l. XIX.
[3] L. II, c. ii, § 28, ed. Duker.
[4] Suivant Sénèque, 120. Cuvier, Mém. sur les éléphants vivants et fossiles, p. 6.
[5] Bell. Jug., c. lvii, ed. Haver.
[6] De Bell. Afr., c. xix et xxv, ed Oudendorp., 1737.
[7] L. XXIX, c. v.

temps [1] les armées des princes numides et maures n'avaient plus pour auxiliaire ce puissant quadrupède.

Le silence de Procope, de Victor de Vite, dans leur histoire de la guerre des Vandales, atteste le même fait pour l'époque dont ils racontent les événements [2].

Près de deux siècles plus tard [3], les armées victorieuses des Arabes vinrent arracher aux faibles mains des successeurs de Justinien les conquêtes de Bélisaire, et le nord de l'Afrique devint de nouveau le théâtre d'une guerre sanglante; cependant aucun écrivain de ce temps ne fait mention de l'emploi des éléphants, dont la présence dans les combats n'eût pas manqué de jeter la terreur parmi les Arabes et de servir utilement un peuple amolli par le luxe et une religion de paix.

A partir de cette époque, aucun écrivain, du moins à ma connaissance, n'est venu nous révéler l'existence de l'éléphant dans les forêts de l'Atlas; cependant, dans le xvie siècle, ces solitudes furent parcourues par un voyageur dont la scrupuleuse exactitude est bien connue, par Jean Léon, auteur d'un ouvrage qui est encore aujourd'hui un des meilleurs que nous possédions sur la géographie de cette partie du monde. Ce recueil, plein de renseignements curieux sur l'histoire naturelle de ces pays, ne fait aucune mention des éléphants de l'Atlas; cependant, s'il y en avait eu, comment supposer que Léon eût ignoré un fait aussi in-

---

[1] Sous Valentinien Ier, A. D., 373.

[2] A. D. 406-534.

[3] A. D. 585-697, cf. Schelstrate Eccles. africana sub primate carthaginiensi, p. 319. Morcelli (Afr. christ., vol. III, p. 393) place la prise de Carthage en l'an 691. L'Art de vérifier les dates, en l'an 697; de l'hégire 78, t. V, p. 148, ed. in-8°. Paris, 1818.

téressant et si digne d'être rapporté. Les éléphants dont il parle [1] dans sa description du palais de Mansour, roi de Maroc, faisaient partie d'une ménagerie formée par ce puissant monarque, et avaient probablement été tirés du *Soudan*.

Je dois cependant faire observer qu'un passage d'un géographe arabe [2], qui composait son ouvrage, comme il nous l'apprend lui-même, l'an 460 de l'hégire, 1067 de J.-C., dit aussi, en parlant de *Tandjah* (Tanger), « que c'était jadis la résidence des rois du *Magreb*, et qu'un de ces princes avait dans son armée trente éléphants; » mais comme l'auteur ne cite pas l'époque où régnait ce souverain, il est permis de croire qu'il a voulu parler des anciens rois de ce pays, qui se servaient en effet d'éléphants dans leurs guerres contre les Romains.

Le silence d'Édrisi [3], qui vivait dans le siècle suivant, vient à l'appui de cette opinion, car il ne fait aucune mention d'éléphants dans le *Magreb* ou partie septentrionale de l'Afrique.

Il est superflu d'ajouter qu'aucun voyageur moderne ne parle de cet animal; car le souvenir de son existence a dû disparaître de ces contrées par le laps des temps.

Ce qui est arrivé dans le nord de l'Afrique est à la veille de s'accomplir de nos jours à l'extrémité méridionale de ce vaste continent, où, selon le récit des

---

[1] Desc. Afr., p. 160. Amst., 1632, et p. 74, trad. franç., in-fol. Lyon, 1556.

[2] Abou-Obaïd-Békri. Description de l'Afrique, M⁵. de la Bibliothèque du roi, n° 580, traduit et inséré dans le tome XII des Notices et Extraits des M⁵⁵, p. 564.

[3] Éd. de Hartmann. Gott., 1796.

premiers voyageurs, le nombre des éléphants était prodigieux dans les forêts qui entourent le Cap ; la hache du colon éclaircit tous les jours ces épaisses forêts, et son arme meurtrière poursuit sans relâche le paisible éléphant; contraint de fuir devant la civilisation, sa race disparaîtra bientôt de ces pays, si des lois sages [1] ne viennent protéger sa faiblesse contre la férocité de l'homme.

DUSGATE.

[1] Une loi de la colonie du cap de Bonne-Espérance porte défense de chasser et de tuer les hippopotames, sous peine d'une amende de 1000 rixdales.

APPENDICE II.

SUR L'EMPLOI DE LA POIX OU DU BITUME POUR GA-
RANTIR DES VICISSITUDES ATMOSPHÉRIQUES LA PIERRE
A BATIR EMPLOYÉE DANS LES CONSTRUCTIONS DE
CARTHAGE, ET SUR LES MARBRES ÉTRANGERS DONT
LES DÉBRIS SE TROUVENT PARMI LES RUINES DE CETTE
VILLE.

PLINE [1], dont la présence en Afrique est attestée par
deux passages [2] que je signale, nous apprend que le
territoire de Carthage ne possédait d'autre pierre à
bâtir que le *tofus* ou tuf, pierre molle et fort sujette
aux vicissitudes de l'air qui la faisaient tomber en
poussière, surtout quand elle se trouvait exposée aux
vents humides et chargés de parties salines qui venaient de la mer. Il ajoute que, pour garantir ce tuf
d'un effet aussi nuisible à la durée des édifices, on faisait usage d'un enduit de poix ou de bitume, parce
que la chaux le corrodait.

[1] Plin. Hist. nat., lib. XXXVI,
c. xxii. « E reliquâ multitudine la-
pidum, tofus ædificiis inutilis est
mortalitate mollitiæ. Quædam tamen loca non alium habent, sicut
Carthago in Africa. Exercetur ha-
litu maris, fricatur vento, et ver-
beratur imbri. Sed cura tuentur
picando parietes, quoniam et tec-
torii calce roditur. »

[2] Ipse in Africa *Vidi*, lib. VII,
c. iv. In Byzacio Africæ, post im-
bres vili asello, et a parte altera
jugi anu vomerem trahente, *vidi-
mus* scindi, lib. XVII, c. v.

L'emploi du bitume, dans les constructions de Babylone, est un fait connu [1] : aussi, il n'y aurait rien d'étonnant que Carthage, colonie de Tyr, le grand entrepôt de l'Asie, eût reçu par cette voie le bitume et l'art de l'employer [2].

Quel que soit, au reste, le lieu de son origine, l'usage qu'on en faisait a dû exiger des quantités considérables et des prix fort modiques [3].

Un passage d'Athénée [4], copié d'Aristote [5], répété par Vitruve [6], semble prouver l'existence de sources de bitume près de Carthage.

Schweighaeuser, dans ses annotations sur ce passage, s'appuyant de l'opinion de Saumaise, élève des doutes à cet égard, et pense que le mot ἐπικράτεια τῶν Καρχηδονίων s'applique aux pays de la Sicile alors soumis à la puissance des Carthaginois, et qu'il faut chercher cette fontaine ou à Mytistratum, ou à Agrigente, près de laquelle il existait en effet de nombreuses sources de naphte, selon Dioscoride [7], Pline [8], Solin [9] et d'autres auteurs.

Le naphte provenant de ces sources, et qui était ja-

---

[1] Pliu., Hist. nat., lib. XXXV, c. xv. Voyez, pour l'état actuel des sources de ce pays : Ker-Porter. *Travels*, t. II, p. 315, 361, 440 et 433 ; Macdonald-Kinneir, *Trav.*, p. 467 ; Olivier, *Voyage dans l'empire othoman*, t. IV, p. 299-301 ; Niebuhr, *Voyage en Arabie*, t. II, p. 275

[2] Selon Pline, le bitume de Babylone était transporté à Rome. Celui qui se trouve auprès du lac Asphaltite, en Judée, a pu également avoir été transporté à Carthage par la voie de Tyr.

[3] A Bakou, ville russe, sur la mer Caspienne, et célèbre par des sources nombreuses, le naphte noir se vend 3 sous la livre.

[4] L. II, c. xvii.

[5] De mirabilib. Auscult., cap. cxxiii. Ed. Beckmann, VIII, 3.

[6] VIII, 3.

[7] L. I, cap. c.

[8] Hist. nat., l. XXXV, cap. xv.

[9] Cap. v, et les notes de Saumaise, p. 89, G.

dis employé à l'éclairage, comme celui de Miano, près de Parme, a progressivement diminué de quantité; déja, du temps de l'historien sicilien Fazzello [1], il n'existait qu'une seule de ces sources; aujourd'hui il ne reste qu'une fontaine, dont les eaux sont troublées par une substance bitumineuse [2].

Il est rare que dans un pays le souvenir des phénomènes naturels se perde; aussi aucun voyageur moderne n'a ni vu, ni entendu parler de sources semblables dans la régence de Tunis [3]; cependant, si elles avaient existé, elles n'auraient pas manqué de fixer l'attention des habitants, et par leur singularité même, et par l'utilité qu'on pourrait en tirer.

La régence d'Alger nous en fournit la preuve. A peu près à 30 lieues au sud de la capitale et à 100 lieues en ligne droite de Carthage, se trouve une source de cette nature, appelée *Ayn Kitran* [4], ou la *source de goudron :* selon Shaw [5], les Arabes disent que cette fontaine leur fut accordée miraculeuse-

---

[1] Au commencement du xvie siècle.

[2] Storia naturale della Sicilia, dell' Ab. F. Ferrara, in-4°, Catania, 1813, p. 143.

[3] Il faut cependant admettre comme possible l'existence de sources de bitume dans les environs de Kairouan, d'où l'on envoie à Tunis une grande quantité de goudron (*kitran*). M. Falbe, de qui je tiens ce fait, n'a pas pu me dire si cette substance était tirée d'arbres résineux, ou de la terre.

L'ouvrage de M. Temple ne laisse guère douter que ce ne soit le produit d'arbres résineux, car il dit qu'on en fait une grande quantité dans les montagnes près d'*Esbce-bah* et *Muhdher*, l'ancienne *Tucca Terebinthina*. Ce produit explique l'épithète donnée à l'ancienne ville, et atteste que la coutume de tirer du goudron des pins qui recouvrent ces montagnes, date de loin. *Excursion to Tunis*, t. II, p. 222, 253 et 259.

[4] Édrisi parle du bitume du territoire de Bougie; provenait-il de ces sources, ou en existe-t-il d'autres plus près de cette ville? Page 225, éd. de Hartmann, Gott., 1796.

[5] Tome I, p. 105.

16

ment par leur premier père. Ils s'en servent pour oindre leurs chameaux, au lieu de goudron ordinaire.

M. Guettard, naturaliste distingué du siècle dernier, dans une longue note sur ce même passage de Pline [1], exprime le désir que quelque voyageur fasse connaître la nature de la pierre à bâtir dont j'ai parlé plus haut. Personne, que je sache, n'a encore répondu à ce désir, ce qui m'engage à dire quelques mots sur les matériaux employés dans les édifices de Carthage.

Lors de mon séjour à Tunis (1811-1812), j'ai recueilli parmi les ruines de Carthage de nombreux fragments de marbres, et, postérieurement, j'ai fait venir à Paris une suite d'échantillons des pierres qu'on emploie aujourd'hui dans les constructions de Tunis et de ses environs. Presque toutes ces pierres sont calcaires, quelques-unes seulement sont de grès ferrugineux, de texture lâche et à ciment calcaire. Toutes paraissent appartenir aux dernières époques des terrains tertiaires. Celle qui répond le mieux à la description qu'en a faite Pline, paraît être due à une formation encore postérieure, et appartient probablement aux sédiments lacustres; elle offre la plus grande ressemblance avec les travertins des environs de Rome. Je puis ajouter que cette opinion est partagée par MM. Brongniart et Cordier, qui ont examiné ces échantillons.

Un seul peut être considéré comme un marbre grossier : il est d'un blanc mat, et offre une très-légère teinte rose. Ce marbre est employé aujourd'hui

---

[1] Trad. de Pline, in-4°. Paris, 1782; t. XII, p. 87.

pour faire des colonnes, des dalles et des pierres tumu-
laires. On s'en sert aussi pour fabriquer une espèce de
chaux, de qualité supérieure, employée à badigeonner
l'intérieur des maisons. Elle est connue dans le pays,
selon M. Falbe (à qui j'ai soumis ces échantillons, lors
de son séjour à Paris), sous le nom de *kadal* ou
kadan.

M. Cordier, qui faisait partie de l'expédition de
l'armée française en Égypte, a été surtout frappé de
sa grande ressemblance avec la pierre calcaire du
Djébel Mokattam, aux environs du Caire.

Les carrières se trouvent à un endroit appelé *Mus-
ratia*, près de la montagne de Hammam-el-Enf.
C'est le seul marbre qu'on connaisse actuellement
dans la régence de Tunis[1]. Les anciens paraissent
aussi ne l'avoir pas ignoré : plusieurs édifices, qui subsistent encore, en offrent la preuve, notamment à
Dugga, où, à ce que m'a assuré M. Bineau[2], on voit
un temple dont les colonnes sont faites de ce marbre.

Shaw[3] suppose que la pierre à bâtir, employée à
Carthage[4] et à Utique, fut tirée des carrières dont
parle Strabon[5] et qu'on voit encore aujourd'hui sur
le côté oriental du golfe du Tunis, au sud du cap
Bon, à un endroit appelé *Louaria*. Ce voyageur se

---

[1] Des renseignements postérieurs
m'ont appris qu'il existe aux environs de Kairouan des carrières d'un
beau marbre noir, aujourd'hui très-
employé à Tunis.

[2] Ancien élève de l'École Poly-
technique, ingénieur du bey et pro-
priétaire de la carrière.

[3] T. I, p. 200.

[4] Selon une tradition des habitants de Lilybée, les pierres employées dans la construction des
murs de Carthage furent tirées des
carrières situées à peu de distance
de leur ville. *Carthago de Hendreich;* ed. Amst., 1664, p. 83.

[5] L. XVII, p. 834.

borne à en faire la description, mais nous laisse ignorer la nature de la pierre qu'elles renferment.

Comme la plupart des montagnes et des collines des environs de Tunis n'offrent que des pierres calcaires [1], on peut conclure par analogie qu'elles doivent être aussi de même espèce. On peut aussi ajouter en faveur de cette opinion un passage de Shaw, où il dit : « Les matériaux employés dans les bâtiments qui restent éncore à Iol-Cæsarea, à Sitifi, à Cirta et à Carthage, sont assez semblables, en couleur et en qualité, à la pierre calcaire de Headington [2]. »

Dans deux autres endroits, Shaw fait mention de grandes carrières situées à Tubnah [3], 5o lieues au sud-ouest, et à Tibessa [4], à la même distance, sud-est, de Constantine. Mais ces carrières ne renferment pas de marbre, et il dit [5] : « A voir même le peu qu'on en a mis dans les plus somptueux édifices, on serait tenté de croire que ces carrières n'ont jamais existé, ou bien que le marbre qu'on en a tiré a été transporté ailleurs [6]. »

---

[1] « E 'degno di notarsi che le montagne, ed alture presso Tunisi sono di calcaria conchigliare a stratti tutti orizontali. » *Ferrara, Storia naturale della Sicilia*, p. 35.

[2] Carrières célèbres situées à 2 milles à l'est d'Oxford, au pied des collines de Shotover. La pierre qu'on en tire est un calcaire jurassique. formant partie du groupe Oolitique des géologues anglais. (Voy. *Conybeare et Phillip's Outlines of the geology of England and Wales*, p. 189, et *Geological manual by De la Bèche*, p. 311.

[3] T. I, p. 142.

[4] T. I, p. 165. J. Léon parle aussi de ces grandes carrières, et dit que la pierre qu'on en tire ressemble à celle dont est bâti le Colisée, à Rome, p. 269, éd. in-fol.

[5] T. I, p. 3o3.

[6] M. Texier, sous-intendant à Bône, dans une lettre datée du 6 décembre 1833, adressée à M. Dureau, annonce la découverte qu'il venait de faire aux environs de cette ville, de trois anciennes carrières, dont deux d'un marbre blanc veiné de gris pâle, et qui offrent même quelques blocs d'un blanc pur. Il existe encore des co-

Quoique le sol de Carthage, comme l'on sait, n'offre aucun édifice entier, et pas une colonne debout, le terrain est cependant jonché de marbres les plus précieux, réduits en menus fragments et confondus avec la terre qui les porte. Ces fragments, que j'ai montrés à M. de Buch, savant géologue de Berlin, ainsi qu'à M. Mesnard La Groye [1], ont paru à tous deux provenir des carrières de l'Italie et de la Grèce, d'où ils ont été transportés à Carthage [2].

La même chose se pratique encore de nos jours. Le saheb-el-thaba, ou garde-des-sceaux de Hamouda Pacha, a fait élever à grands frais une mosquée à Tunis, où l'on a employé un grand luxe de marbre de Carrare, non seulement comme objet d'ornement, mais encore comme ouvrage d'architecture. M. Petit-Radel [3] dit : « J'y ai vu tailler, sous ce dernier rapport, des masses énormes destinées à cet usage. Un architecte italien envoyait ses coupes tracées sur un dessin, on les exécutait à Carrare, et les pièces numérotées et

lonnes à peine ébauchées et des blocs dans lesquels les coins sont encore enfoncés pour les détacher de la masse.

Ces carrières sont situées près du Ras-el-hamrah ou le cap Rouge, promontoire occidental du golfe de Bône.

[1] Bien connu par le cours de géologie qu'il fit pendant plusieurs années au collége de France, et dont les sciences et les nombreux amis ont à regretter la mort prématurée. Ce savant géologue se proposait de publier un ouvrage sur les diverses espéces de marbres, tant anciens que modernes, employés à Rome, ville où il s'en trouve réunie la plus grande variété, et où M. Mesnard fit un long séjour pour se livrer à ce pénible travail.

[2] M. Pacho nous dit, que le territoire de Cyrène, comme celui de Carthage, n'offre pas de matériaux précieux, tels que le marbre, le porphyre et le granite, qui sont étrangers au sol et y étaient transportés de loin. (*Voyage dans la Cyrénaïque*, p. 220 et 233.

[3] *Voyage en Italie*, en 1811 et 1812. Paris, 1815, t. III, p. 417.

encaissées étaient ensuite dirigées sur la rade de La-venza, où on les embarquait pour leur destination. »

Parmi ces fragments de marbres étrangers, qui cou-vrent le sol de Carthage, on remarque :

1° Deux ou trois variétés de marbre blanc sta-tuaire qui paraissent provenir des carrières de Paros et de Luni ; il y en a aussi une variété qu'on peut re-garder comme du marbre *Pentélique* ;

2° Plusieurs variétés de marbre *Cipolin* ;

3° Le marbre *jaune de Sienne*, en fragments nom-breux ;

4° Le marbre connu en Italie, sous le nom de *Pavonazzo*.

5° On trouve aussi en très-grande quantité, et quel-quefois en blocs de plusieurs pieds cubes, le beau porphyre feld-spathique, connu sous le nom de *Verde-antico*.

6° Le porphyre rose d'Égypte, dont je me rap-pelle avoir vu, avec le baron de Brou, deux énormes colonnes de la plus belle nuance et d'un grand dia-mètre, qui étaient dans un fossé, derrière la Ma-nouba, maison de plaisance du bey.

C'est une chose digne de remarque, que les Cartha-ginois, qui ont transporté de l'Égypte de si énormes masses de ces beaux porphyres, n'aient pas eu l'idée d'enrichir leurs édifices du beau granite rose de ce même pays. Cependant, ni M. Falbe, ni moi, n'en avons ja-mais pu trouver un seul fragment parmi les ruines [1] ;

---

[1] Shaw, I, p. 137, parle de plu-sieurs colonnes de beau granite, tont entières et d'égale grandeur et grosseur, de 12 pieds de hanteur, qui ornent une mosquée de Constan-tine et qui furent trouvées parmi les ruines de Tattubt, 8 lieues au sud-ouest de Constantine. Il dit aussi avoir vu des colonnes de granite à Ferriana, à Gafsa, et

et, chose encore plus singulière, ces décombres n'offrent (ou du moins, s'il en existe, sont-ils extrêmement rares), aucun fragment de marbre, connu dans le commerce, sous le nom de *brèche africaine*, le *marmor numidicum* des anciens, selon M. Mesnard de La Groye. Cependant, s'il était, comme le nom l'indique, tiré des carrières de la Numidie, comment se fait-il que les Carthaginois aient négligé d'en enrichir leurs édifices, puisque ce marbre était aussi recherché des anciens, qu'il l'est de nos jours [1]? Faut-il supposer qu'on a appliqué à tort cette dénomination au marbre qui la porte? Question qui n'est pas facile à résoudre, vu le peu de renseignements que les anciens auteurs nous ont transmis touchant ses caractères distinctifs.

Pline [2] nous apprend qu'en l'an de Rome 676, le consul M. Lepidus fut le premier qui employa en

de beaux piliers carrés à Gabs, tels qu'il n'en avait point vu dans aucun autre endroit de l'Afrique.

Selon M. Temple (t. II, p. 273), on voit plusieurs belles colonnes de granite à Alarbus, 15 milles au sud-sud-est d'El-Kaf.

Lors de la construction de la mosquée du saheb-el-thaba, ce ministre fit enlever deux belles colonnes de granite, qui gisaient parmi les ruines d'El Djemme; on les envoya en Italie pour les faire polir; travail long et coûteux, puisque Reis Hassuna Mourali, commandant de l'escadre du bey, et qui fut chargé de les transporter à Livourne, m'assura qu'il avait été obligé de faire venir des ouvriers exprès de Rome, et que la dépense s'éleva à la somme énorme de 8,000 piastres d'Espagne.

Ces deux colonnes sont actuellement dans la mosquée neuve, et ont 10 pieds de haut sur 3 pieds de diamètre.

[1] On en voit une colonne de 8 pieds de haut, dans la salle des Muses, au Louvre.

[2] M. Lepidus Catuli in consulatu collega, primus omnium limina ex Numidico marmore in domo posuit magna reprehensione. Is fuit consul, anno urbis DCLXXVI. Hoc primum invecti Numidici marmoris vestigium invenio, non in columnis tamen, crustisve, ut supra Carystii, sed in massa ac vilissimo liminum usu. Lib. XXXVI, c. VIII.

grand le marbre numidique, en masses solides et en dalles; mais cet auteur nous en laisse ignorer les caractères. Dans un autre endroit [1], où il en parle, même silence à cet égard.

Solin [2], dans sa Description de la Numidie, se borne à le nommer « *eximium marmor.* »

Suétone [3], dans la Vie de Jules César, fait mention d'une colonne de ce marbre, qui fut érigée en l'honneur de ce grand homme.

Le poète Stace [4], en décrivant les bains de Claudius Etruscus, dit : On n'y voit briller que le marbre pourpre et jaune, extrait des carrières de la Numidie.

Prudentius [5] l'appelle aussi l'or en roche :

Nativum nemo scopuli mihi dedicat aurum.

Selon Isidore [6], sa couleur tirait sur le safran.

Un poète grec du Bas-Empire, Paul Silentiarius [7], faisant l'énumération des marbres employés à la décoration de l'église de Sainte-Sophie, à Constantinople, dit : Sa couleur est d'or ou de safran.

Morcelli [8] en place les carrières près de Sigus, ville

---

[1] L. XXXV, 1.

[2] Eximio etiam marmore prædicatur, c. xxv.

[3] Postea solidam columnam prope viginti pedum lapidis Numidici in foro statuit scripsitque PARENTI PATRIÆ. C. Suetonii Tranq., J. Cæsar, c. lxxxv.

[4] Sola nitet flavis Nomadum decisa metallis purpura. P. Papinii Statii, lib. I, silv. V, vers. 36.

[5] Apud Barth., h. l.

[6] Numidicum marmor Numidia mittit, ad cutem succam dimittit croco similem; unde et nomen accepit, non crustis, sed in massa, et liminum usu aptum, lib. XVI, orig. c. v.

[7] In Ecphrasi sanctæ Sophiæ templi.

[8] Christiani damnati ad metalla quæ id temporis fodinæ marmoris erant in Numidia, unde tot adhuc in urbe Numidicæ columnæ sunt quas hospes miratur... Sigus, oppidum inter Macomadiam et Cirtam. Africa christiana, t. II, p. 146. Voy. S. Cyprian., ep. 76 (faussement cotée

située entre Macomadia et Cirta, et un peu à l'est de cette dernière ville.

Ces passages prouvent, sans contredit, que la couleur de ce marbre était *jaune* ou *safran*, avec des taches pourpres; or, la brèche africaine n'offre pas la plus faible nuance de jaune; elle est d'un fond gris relevé par des taches d'un rouge de chair, ou d'un rouge sanguin.

D'où je conclus que c'est à tort qu'on a appliqué à cette brèche le nom de marbre de Numidie [1].

DUSGATE.

SABLE AURIFÈRE.

Je rapporterai ici un fait curieux et dont aucun voyageur, à ma connaissance, n'a fait mention jusqu'à présent : le métal précieux que les Carthaginois allèrent chercher dans les mines de l'Espagne, se trouve mêlé avec le sable que les flots de la mer amoncèlent sur le rivage, où gisent aujourd'hui les débris de leur cité.

Je tiens ce fait intéressant, ainsi qu'un échantillon du sable, de feu M. Charles Tulin, consul de Suède, qui m'apprenait dans une note fort succincte que

86). Jos. Castalion in Lamp. Gruter, t. IV, p. 5. Voy. aussi Plin., Exercit. Salmasii, p. 395, et Sidonii. Apoll., carm. XXII, vers. 137. Voy. la note D. L. p. 252.

[1] M. Temple a trouvé parmi les ruines d'Ayedrah (Ad-Medera) plusieurs colonnes de marbre qu'il dit parfaitement conforme à la description que les anciens ont faite du marbre de Numidie : ce marbre offre un mélange de trois couleurs, *jaune*, *rose* et *pourpre*. T. II, p. 210.

le port de Carthage, aujourd'hui comblé par le sable, était exploité comme mine d'or par les habitants du rivage. Ce fait méritait d'être mieux éclairci et me faisait vivement souhaiter d'avoir des détails plus précis; aussi j'engageai M. Tulin à prendre des renseignements exacts auprès des habitants orpailleurs de Douar-el-Châtt [1], sur la quantité d'or que fournissait le sable, et sur les moyens usités parmi eux pour en opérer l'extraction.

Sa réponse ne me laissa rien à désirer et leva tous les doutes que m'avait fait concevoir la brièveté de sa première note sur ce singulier gisement.

Plus tard, en 1829, j'ai pu en conférer de vive voix avec M. Bineau, lors de son séjour à Paris, où il s'était rendu pour solliciter, au nom du bey, l'autorisation du gouvernement de faire construire, à Toulon, une machine propre à débarrasser de ce même sable l'entrée du nouveau port de la Goulette. Les renseignements que j'ai reçus de cet habile ingénieur n'ont fait que confirmer ceux que m'avait déja fournis M. Tulin; d'où il résulte que le sable qui se dépose le long du rivage, depuis l'embouchure de la rivière Miliana jusqu'au cap Sidi-Bou-Saïd, est plus ou moins chargé de paillettes d'or, dont la quantité est assez considérable pour être devenue l'objet d'une exploitation suivie de la part des habitants de la côte.

Outre l'or, ce sable offre aussi une si grande quantité de grains et de cristaux arrondis, de fer titanifère [2], que sa couleur est quelquefois noire : plus

[1] Village situé, comme le nom l'indique, sur le rivage. Voyez la carte.

[2] Ce fer oxidulé-titanifère, attirable à l'aimant, paraît être identique avec celui qui se trouve sur le

même cette couleur est foncée et plus les flots ont opéré un triage, qui diminue le travail des orpailleurs, en débarrassant le sable de toutes les matières terreuses dont il était chargé. L'expérience leur a appris que, sous un volume égal, le sable le plus noir recèle le plus d'or. C'est aussi celui qu'ils traitent par le mercure; moyen dont ils se servent pour obtenir les petites parcelles de ce métal, disséminées dans le sable, et dont l'extraction s'effectuerait difficilement par tout autre procédé. Ils en retirent de cette manière, selon ce que m'a dit M. Bineau, une quantité suffisante pour gagner leur vie, et même au-delà, puisqu'une

rivage de l'île d'Ischia, à Pouzzoles, à Saint-Domingue et dans une multitude d'autres lieux. L'or et le platine l'accompagnent toujours au Pérou; le zircon et le grenat, à l'île de Ceylan et au Puy-en-Velay.

On le traite, à Naples et en Virginie, comme mine de fer; car, d'après l'analyse de M. Cordier, il est composé d'environ quatre-vingts parties de fer oxidulé, quinze d'oxide de titane, et un peu de manganèse et d'alumine; le fer qu'il fournit est de très-bonne qualité.

M. Cordier a fait de cette substance l'objet d'un travail particulier et d'un grand intérêt, à cause du rôle qu'elle joue dans les terrains volcaniques. Voyez son mémoire inséré dans le Journal des mines, t. XXI et XXIII.

La présence du grenat parmi les sables titanifères m'engage à rappeler aux naturalistes qui visiteront Tunis, plusieurs passages des anciens, qui attestent combien cette pierre, l'escarboucle de ces auteurs, était commune à Carthage, puisqu'on lui donnait le nom de *pierre carthaginoise* : Strabon, l. XVII, et trad. franç. Paris, 1819, in-4°, t. V, p. 479; Plin., l. XXXVII, c. VII, p. 779; ed. Hard. Theophr., de lapidib., p. 4. Opp., t. II, p. 227; S. Epiphan., de gemmis, § 4, et Pétrone, p. 207.

Théophraste et Pline parlent, en outre, des émeraudes de ce pays. On les tirait, selon le premier de ces écrivains, d'une île située vis-à-vis de Carthage.

Cette position s'accorde assez avec celle de l'île de Djamour ou Zembra, près du cap Bon.

La carte du capitaine Smyth donne à cette petite île à peu près 6 milles de pourtour, et fait voir qu'elle est composée de 4 pics isolés séparés par des ravins, dont deux offrent des cours d'eau; sa hauteur doit être considérable, car on la distingue de fort loin en mer.

journée leur rapporte quelquefois 2 fr. et même
2 fr. 5o cent., prix très-considérable, comparé à la
journée moyenne de travail dans ce pays.

DUSGATE.

Je donne ici une inscription nouvelle trouvée à
Tunis dans une maison particulière, et rapportée par
le major sir Grenville Temple [1], dont le voyage n'a
paru qu'en avril 1835, pendant que j'imprimais cet
ouvrage. Je présume que la route dont le rétablissement y est mentionné, a eu pour objet de donner
un debouché sur la mer aux marbres de Numidie
dont les carrières se trouvaient à Sigus.

. . . .CESAR. . . .

RVS MAXIMINVS. . .

FELIX AVG GERM MAX SAR. .

MAR MAX DACICVS MAX. SAR. .

MAX TRIB POTEST III IMP. . .

CIVIBVS [2] VERVS MAXIMUS. .

B. .SSIMVS CAES. PRINCEP. .

IVVENTVTIS GERM MAX. .

MAT MA KARTAGINEM. .

VIAM A KARTAGINE. .

AD FINES NVMIDIAE. .

. .GIAEIONSAINCV. .

. .APTAMADQVE. .

. .RESTITUERVNT. .

LXX.

---

[1] Excursions in the Mediterra-
nean Algiers and Tunis, t. II,
p. 3o5. Lond., 1835.
[2] Les titres des deux Maximins
et l'année impériale sont rétablis avec
certitude d'après trois inscriptions
données par Orelli. Inscr. select.,
n°s 963, 964 et 965.

Cette inscription me semble pouvoir être restituée
de cette manière :

[Imperator] CESAR [C. Julius

Ve] RVS MAXIMINVS

FELIX AVG [ustus] GERM [anicus] MAX [imus] SAR

MA [ticus] MAX [imus] DACICVS MAX [imus] [pontifex]

MAX [imus] TRIB [unitia] POTEST [atè] TERTIVM IMP

[erator] QVARTVM

[et] C. JVLIVS VERVS MAXIMVS

[no] B [ili] SSIMVS CAES [ar] PRINCEP [s]

IVVENTVTIS GERM [anicus] MAX [imus]

[sar] MAT [icus] MA [ximus] KARTAGINEM [ornaverunt]

VIAM A KARTAGINE

AD FINES NVMIDIAE [inter] TVGGAM et SIGVM

APTAM ADQVE [tutam]

RESTITVERVNT

SEPTVAGINTA [millia passuum].

La correction de la 12e ligne, si altérée dans la
copie, par les mots *Tuggam et Sigum*, me semble
justifiée par l'indication donnée dans la ligne précé-
dente, que la route se dirige sur les frontières de la
Numidie, *ad fines Numidiæ*. Or, nous trouvons sur
le fleuve Ampsaga, qui séparait la Numidie de la
Mauritanie cæsarienne, une ville appelée *Tucca fines*[1]. En outre, Sigus était le siége de l'exploitation
du marbre numidique dont l'Italie faisait à cette époque une assez grande consommation, et la carte que

---

[1] Peutinger, segm. 1. F. (Itin. vet. Carte de Lapie, f. 5. Ptolem.,
IV, 11, p. 96).

nous venons de citer reproduit exactement la distance de 70 milles donnée par l'inscription entre *Sigus* et *Tugga fines*.

On pourrait peut-être aussi corriger la 12ᵉ ligne de l'inscription de la manière suivante :

AD FINES NUMIDIAE [, Bullæ
Re] GIAE, SICCAE VEN [eri-
æ,] APTAM ATQUE [tutam]
RESTITUERUNT.

—

LXX.

Les deux grandes routes qui, se dirigeant au sud-ouest, partaient de Carthage vers l'intérieur du pays, aboutissaient aux frontières de la Numidie, l'une à *Bulla-Regia*, l'autre aux environs de *Sicca*, deux villes considérables dont les territoires devaient toucher celui de la Numidie.

DUREAU DE LA MALLE.

APPENDICE III.

DISSERTATION SUR LES SOURCES OU A PUISÉ OROSE.

Orose, né à Tarragone, quitta l'Espagne en 414 de Jésus-Christ, comme il le dit lui-même[1]. Il alla en Palestine consulter saint Jérôme, retourna en 416 près de saint Augustin, en Afrique, et passa le reste de ses jours dans cette province. Je ne m'étendrai pas davantage sur les détails de sa vie ; on les trouvera dans les dissertations historiques sur la patrie de Paul Orose, par le marquis de Mondejar, celle de Dabonassés è Ro[2], et dans l'article de M. Veiss, de la Biographie universelle, au mot *Orose*, qui confond les deux dissertations citées. J'ai cru qu'il ne serait pas inutile de rechercher les sources dans lesquelles a puisé cet auteur chrétien du ve siècle, qui a renfermé dans son abrégé de l'histoire de Rome une période de onze cents ans. Orose dit lui-même[3] qu'il s'appuie sur les autorités de Trogue-Pompée, de Tacite et de Justin ; pour les temps avant Jésus-Christ, sa principale source est le savant Trogue-Pompée. J'ai comparé Orose avec Justin, abréviateur de Trogue-Pompée ; tous deux

---

[1] L. VII, 22, 41.

[2] Barcelona, 1702. In-fol. de 396 pages.

[3] I, 10.

choisissent souvent, dans cet auteur, des faits semblables. Plusieurs fois Orose en extrait des faits omis
par Justin, comme l'histoire des Gracques, sur laquelle
Justin ne dit rien. Orose paraît n'avoir pas su le grec[1],
et comme il ne cite presque dans tout le cours de son
histoire jusqu'à Auguste, que Trogue-Pompée et Tite-
Live, il est permis de supposer que ces deux grands
écrivains latins forment les sources principales où il a
puisé pour les sept cent cinquante premières années
de Rome. Il indique, à la vérité[2], Fabius Pictor,
Claudius Quadrigarius et Polybe; ces mêmes auteurs
sont cités aussi par Orose dans le même livre[3]. Claudius Historicus, Valerius Antias, Polybius Achivus,
sont indiqués de cette manière comme les témoignages
sur lesquels il s'appuie dans son cinquième livre[4]. Il
indique même Claudius seul[5], Antias seul[6]. Est-ce
d'après les sources originales, ou n'est-ce qu'une érudition de seconde main? Orose cite encore Claudius
dans le cinquième livre[7], Salluste et Cicéron dans
le sixième[8]. Suétone a été son guide[9] pour l'histoire des campagnes de César; et comme nous avons
les Commentaires de ce grand capitaine, tandis que
cet ouvrage de Suétone est perdu, c'est un bon témoignage de plus, et en même temps une seconde autorité, précieuse pour la critique historique.

Tite-Live est la source principale d'Orose[10] pour les

---

1 Vid. Fabricii Bibl. latin., lib.
IV, c. iii, t. III, p. 537. Vossius
de historicis latinis, t. IV, c. ii,
14.
  2 IV, 13, 20.
  3 C. xx.
  4 C. iii.

5 V, 4.
6 V, 16.
7 C. xxi.
8 C. vi.
9 VI, 7.
10 I. VI, 15.

guerres entre César et Pompée. Suétone est cité par lui[1] pour la guerre de Tibère en Pannonie, Tite-Live pour le grand incendie de Rome[2]. Pour l'histoire après Jésus-Christ, il cite[3] Suétone et Tacite; puis des livres grecs[4], puis Suétone deux fois, et Josèphe une seule, sont indiqués[5]. Dans ce même livre[6] il cite encore Tacite et Josèphe. Pour l'histoire de Domitien, il annonce[7] qu'il a suivi Tacite, comme il l'avait fait pour l'histoire de Titus et la fin du règne de Vespasien. Pour l'époque des Antonins, il cite[8] une lettre originale d'Adrien et des lettres de Marc-Aurèle[9]. Il s'appuie encore[10] sur les témoignages de Justin le philosophe, de Tacite et d'Eutrope, de Tacite et de Trogue-Pompée. Pour l'histoire de Julien, il annonce[11] avoir puisé à des sources originales; dans ce même livre[12], à propos d'Alexandre-le-Grand et des peuples scythes, il invoque le témoignage de Trogue-Pompée et de Tacite. Enfin, pour l'histoire d'Honorius, de Théodose, d'Alaric et d'Ataulphus, il est lui-même un auteur contemporain, et il indique[13] qu'il a puisé à des sources originales.

Orose composa, par l'avis de saint Augustin, cet ouvrage qu'on croit avoir été intitulé, *De Miseria hominum*, destiné à répondre aux plaintes des païens, qui accusaient le christianisme d'être la cause des malheurs de l'empire. Les réfutations d'Orose étaient basées

[1] VI, 21.
[2] VII, 2.
[3] VII, 3.
[4] VII, 5.
[5] VII, 6; VII, 9.
[6] VII, 9.
[7] VII, 10.
[8] VII, 13.
[9] VII, 15.
[10] VII, 14, 19, 27.
[11] VII, 30.
[12] C. xxxiv.
[13] VII, 35, 37, 43.

17

sur les faits ; on doit donc penser qu'il avait étudié soigneusement l'histoire contemporaine, et qu'il avait puisé ses renseignements dans des auteurs dont ses adversaires ne pussent pas rejeter le témoignage.

De plus, cet auteur a été disciple de saint Augustin, auprès duquel il a passé la plus grande partie de sa vie; or, nous savons que le saint évêque d'Hippône a fait plusieurs voyages à Carthage; son disciple a dû l'accompagner, et dès lors les documents fournis par ce témoin oculaire deviennent précieux pour la topographie de cette capitale de l'Afrique.

APPENDICE IV.

PENDANT un séjour de plusieurs mois que je fis à Tunis (1811-1812), j'ai visité, à diverses reprises, ce qui reste du grand aquéduc, à Ariana, et dans les plaines de Manouba et d'Oudéna; ainsi que le monument de Zaghwan, situé au pied de la montagne d'où jaillissent encore les belles sources destinées à l'alimenter. Fort jeune alors, je n'en ai pas moins pris quelques notes sur les lieux, succinctes, il est vrai, mais qui confirment le récit dés voyageurs qui m'ont précédé ou suivi.

J'ai vu encore à cette époque, au village d'Ariana, cachée au milieu des jardins, une arcade beaucoup mieux conservée que celle qui a été vue et décrite par le P. Caroni, qui avait visité ces lieux quelques années auparavant. Celles qui existaient du temps de Shaw étaient encore plus parfaites. La description qu'il en a faite rend la mienne inutile.

Mais comme ce savant voyageur ne fait aucune mention de l'aquéduc qui se voit encore debout dans la plaine de Manouba, à deux heures de marche de Tunis, vers le couchant, j'en dirai quelques mots d'après mes notes rédigées à la suite d'une visite faite en 1811, avec le baron de Brou, militaire fort instruit, qui se trouvait alors à Tunis.

La petite vallée que traverse cet aquéduc, large de trois milles[1], offre une longue suite d'arcades décroissantes de hauteur à mesure qu'elles se rapprochent des deux collines qui la bordent. Leur nombre s'élève au moins à quatre cents, et, dans la partie la plus élevée, présente les dimensions suivantes, d'après un croquis fait sur les lieux, par le baron de Brou. Ces dimensions ont été jugées à vue d'œil, les circonstances ne nous ayant pas permis de prendre des mesures exactes.

	Pieds.
Hauteur de la voûte sous clef.........................	36
Épaisseur de l'assise qui soutient le canal.....	9
Hauteur totale......	45
Largeur de la voûte..................	12
Idem des pilastres..................	12

La plupart des arcades sont d'une maçonnerie fort grossière[2]; cependant on en voit bâties en belles pierres de taille, là où la hauteur est la plus grande, et où passe la route qui conduit dans l'intérieur du pays.

---

[1] Carte de M. Falbe, et la carte n° IV.

[2] En *pisé*, autant que je peux me le rappeler, comme la vieille tour carrée située près de l'aquéduc de Charles-Quint, et dont la construction pourrait remonter jusqu'aux temps anciens, puisque Pline nous apprend que cette manière de bâtir était usitée chez les Carthaginois : « Quid? non in Africa Hispaniaque ex terra parietes, quos appellant formaceos, quoniam in forma circumdatis utrinque duabus tabulis inferciuntur verius, quam instruuntur, ævis durant, incorrupti imbribus, ventis, ignibus, omnique cæmento firmiores? Spectat etiam nunc speculas Hannibalis Hispania, terrenasque turres jugis montium impositas. » Lib. XXXV, c. XLVIII.

En nous dirigeant vers les collines qui bordent la plaine au nord, nous avons trouvé un endroit où l'abaissement des arcades et leur détérioration nous ont permis de pénétrer jusque dans le canal par lequel l'eau passait; la description qu'en a faite Shaw, en parlant des arcades qu'il visita à Ariana, s'applique en tout point au canal superposé aux arcades de Manouba. « Au-dessus de ces arches est le canal par lequel l'eau passait : il est voûté par dessus, et revêtu d'un bon ciment. Une personne de taille médiocre pourrait y marcher sans se courber. De distance en distance il y a des ouvertures, soit pour y donner de l'air, soit pour la commodité de le nettoyer. L'eau y montait, à ce qu'il paraît par les marques qu'elle y a laissées, à près de trois pieds; mais on ne saurait dire exactement la quantité que cet aquéduc en fournissait par jour à Carthage : il faudrait pour cela savoir la pente qu'on lui avait donnée; et c'est ce que je n'ai pas pu découvrir, parce que le canal est à présent détruit en plusieurs endroits, quelquefois de la longueur de trois ou de quatre milles de suite [1]. »

Cette circonstance ajoute encore aux probabilités, déja si nombreuses, qui font regarder les diverses portions d'aquéduc qu'on trouve entre Carthage et Zaghwan, comme faisant partie d'un même ouvrage.

Arrivé au pied des collines, le canal en longe les pentes, et se dérobe à la vue en s'enfonçant sous terre; on peut cependant en suivre les traces, au moyen des ouvertures circulaires précédemment décrites, et qui aboutissent à la surface du sol, en forme de puits,

[1] Tom. I, p. 193.

dont la profondeur est quelquefois de quinze à vingt pieds. Deux petits ravins qui conduisent dans la plaine les eaux des collines, ont mis ce canal souterrain à jour, ce qui permet encore de constater sa continuité.

On m'a assuré que M. Nyssen, consul de Hollande, avait suivi ainsi les traces de l'aquéduc, depuis les citernes de Malqa jusqu'au monument de Zaghwan[1]. Si ce fait est exact, et j'ai tout lieu de le croire, il réfute d'une manière péremptoire l'hypothèse récemment avancée par M. Falbe[2].

Cet observateur exact et éclairé assure n'avoir jamais pu découvrir aucune trace des travaux qui aient pu servir à lier la dernière portion de l'aquéduc qu'on voit dans la plaine de la Manouba, à celle qui se dirige depuis les collines d'Ariana jusqu'à Malqa : il suppose de plus, qu'à défaut de sources pour alimenter cet aquéduc, les citernes de Malqa ne recevaient que des eaux de pluie provenant des collines, comme les fesqya ou réservoirs modernes de Tunis.

Cette opinion admise, une autre question se présente. Comment expliquer les motifs qui ont donné lieu à l'érection des portions d'aquéduc situées dans les plaines d'Oudéna et de Manouba, et dont on peut suivre les vestiges depuis ce dernier point jusqu'à la montagne de Zaghwan, éloignée en ligne droite de vingt lieues communes[3]? Quelle était donc la destination de ce vaste et dispendieux monument, puisqu'il ne devait pas servir aux besoins de la capitale? Ce ne

[1] Une belle carte manusc. de la régence, que je dois à l'amitié du savant ingénieur Humbert, son beau-frère, offre le tracé de l'aquéduc depuis Zaghwan jusqu'à Malqa.

[2] Recherches sur Carthage, n°ˢ 33, 34 et 36.

[3] De 25 au degré.

pouvait être l'ancienne ville de Tunès, dont il est encore éloigné de plus de trois lieues au point le plus rapproché.

La plaine de Manouba, où se termine la dernière portion de l'aquéduc, selon M. Falbe, n'offre aucune trace de grande cité où il devait aboutir.

La longue suite d'arcades qui subsistent encore au sud de Mohammédié, maison de plaisance du bey, n'est pas, il est vrai, très-éloignée des ruines d'Oudéna, ville qui paraît avoir été assez considérable, à en juger par ses restes. Cependant l'aquéduc ne dévie pas de sa direction pour s'en rapprocher.

A défaut donc d'une grande ville, où devait aboutir l'aquéduc, admettons, comme cela devait être, et comme l'histoire en fait foi, que cette partie de la province proconsulaire fut couverte d'un grand nombre de petites villes aujourd'hui ensevelies sous leurs propres décombres.

Admettons de plus, que, dans leur intérêt et pour satisfaire au besoin le plus pressant d'un pays chaud, celui de boire une eau salubre, fraîche et pure, on trouve un motif suffisant pour expliquer l'érection de ce monument aussi vaste qu'utile.

Ces deux hypothèses admises, il en résulte : 1° que les deux aquéducs de Manouba et d'Ariana furent alors distincts et éloignés l'un de l'autre de six milles.

2° Que les eaux de pluie provenant des collines d'Ariana, étaient celles dont on faisait usage à Carthage[1], tandis que toutes les villes de la plaine avaient à leur disposition les eaux limpides de Zaghwan!

---

[1] Falbe, *Recherches sur Carthage*, p. 37.

Comment expliquer cette négligence pour leurs propres besoins, de la part des habitants de la capitale, et cette préoccupation exclusive pour les intérêts de la province? Comment supposer qu'une comparaison tellement à leur désavantage n'ait pas frappé tous les esprits et soulevé toutes les voix? Le résultat a dû être, à mon avis, la jonction des deux aquéducs, à laquelle la nature du terrain n'opposait aucun obstacle capable d'arrêter des ingénieurs aussi habiles que ceux dont disposait l'empereur Adrien. Le monument même en question nous atteste leur habileté pour conduire de pareils travaux.

Aussi, je ne doute nullement que de nouvelles recherches ne mettent ce fait hors de doute, et ne prouvent que le canal souterrain de l'aquéduc de Manouba se continue, en longeant la pente des collines, jusqu'au village d'Ariana.

MONTAGNE DE ZAGHWAN.

M. Falbe n'ayant pas décrit la montagne de Zaghwan, dont les belles et abondantes sources alimentaient l'aquéduc, j'en dirai quelques mots : elle est située à 12 lieues [1], en ligne droite, de Carthage, et au double de cette distance si l'on suit le tracé de l'aquéduc. Sa hauteur est assez considérable pour que, de son sommet, on découvre une grande partie de la régence de Tunis [2].

[1] De 25 au degré.

[2] Sir Grenville Temple (*Excur-* *sions to Algiers and Tunis.* Lond., 1835, t. 1, p. 203) confirme plei-

Personne n'a encore déterminé cette hauteur; cependant, on pourrait, sans difficulté, se transporter sur sa cime avec un baromètre.

Son élévation ne doit pas être beaucoup au-dessous de mille toises, puisqu'elle est visible de très-loin en mer et sert de balise aux marins qui naviguent le long des côtes, comme l'ont très-bien observé Édrisi [1] et Bekri [2].

Un témoin digne de foi [3] et qui connaissait parfaitement la forme de la montagne, m'assure l'avoir relevée dans les parages de l'île de Lampadouse, ce qui supposerait une hauteur encore plus considérable que celle que je viens de nommer; car, entre le point le plus rapproché de cette île et le sommet de Zaglíwan, on trouve en ligne droite 120 milles géographiques, distance qui excède d'un quart celle à laquelle sa cime doit être visible, en la supposant de 1,000 toises, l'œil au

---

nement cette assertion : « Du sommet de la montagne, dit-il, l'œil embrasse une grande partie du beylik. Au nord, nous vîmes distinctement toute la baie de Tunis et les collines qui la dominent, Ghar-el-Meleh (Porto-Farina); dans l'ouest, nous distinguâmes les montagnes d'El-Kaf, couvertes de neige ; et au sud, la ville de Suse et l'île de Lampadouse, là où l'horizon de la mer se confondait avec le ciel. »

[1] Mons altus, prope Kairuan situs. Tendunt ac dirigunt ad eum naves cursum suum ex alto mari inde eum conspicientes. Ed. Hartmann, Gottingæ, 1796, p. 256.

[2] « La montagne de Zaghwan, d'une grande élévation et qui domine les eaux, est appelée *Kelb-alzokak* (le chien du détroit), attendu que, grace à sa hauteur extraordinaire, elle sert de point de reconnaissance pour les navigateurs : en effet, on l'aperçoit de plusieurs journées, et son sommet se perd dans les nuages. Souvent il arrive que le pied de cette montagne est baigné par la pluie, tandis que le faite est complétement à sec. » Notices et Mss., tom. XII, première partie, p. 501.

[3] Reis Hassuna-Mourali, qui commande depuis long-temps les escadres du bey de Tunis et dont le nom est bien connu de tous les officiers de la marine militaire de France et d'Angleterre, qui ont servi dans la Méditerranée.

niveau de l'Océan et une réfraction égale à 0,08. Celle d'un quart, quelque forte qu'elle puisse paraître, n'est cependant pas sans exemple, ni même très-extraordinaire, car les observations du général Roy[1], ainsi que celles du colonel Mudge[2], attestent qu'elle va quelquefois en Angleterre, jusqu'à un tiers de l'arc. Le récit du capitaine Scoresby[3], dont l'exactitude n'a jamais été contestée, offre même un exemple où elle va presque à la moitié de l'arc; car une montagne, haute seulement de 3,500 pieds anglais, ou $547^{\text{toises}}4$, a été vue par cet habile navigateur, à la distance de 140 milles géographiques.

Aussi, sans supposer à la montagne de Zaghwan une hauteur plus considérable que 1,000 toises, nous pouvons admettre comme bonne l'observation que je viens de rapporter, car elle a été faite par un très-beau temps : de plus, la position de l'observateur était très-favorable, puisqu'il était placé au sud-est de Zaghwan, à l'instant où le soleil se couchait derrière

---

[1] On terr., refract. philosoph., Transact., 1790, p. 233.

[2] Philosoph. Transact., 1800, p. 716, 724. M. Biot (*Recherches sur les réfractions extraordinaires*, 1810) a trouvé, par des mesures précises, que n ou le coefficient de la réfraction pouvait avoir diverses valeurs comprises en $\frac{1}{2}$ et o; il a même trouvé $n > \frac{1}{2}$ et $n < o$; mais les cas sont très-rares.

On trouve aussi dans les Voyages de M. de Humboldt aux régions équinoxinales du nouveau continent (éd. in-8°, t. I, p. 192, 205) des observations très-intéressantes sur les effets de la réfraction, et où il entre dans des détails du plus haut intérêt pour les marins, sur la visibilité des montagnes isolées dans la vaste étendue des mers, ou placées sur les côtes des continents; il explique, jusqu'à un certain point, pourquoi, par un ciel également serein, l'état du thermomètre et de l'hygromètre étant exactément le même dans l'air qui avoisine le pic de Ténériffe, cette montagne est cependant tantôt visible, tantôt invisible aux navigateurs qui en sont également éloignés.

[3] *Voyage to West Greenland*, in-8°. Edinburgh, 1823, p. 107.

la cime de la montagne et faisait ressortir ses teintes rembrunies sur l'azur d'un ciel que ne troublait aucun nuage.

La montagne s'élève abruptement de la plaine, et présente deux sommités distinctes, appelées *Ras-el-arma* ou *urma* et *Ras-el-qasá*; la dernière est la plus élevée et la plus méridionale. Un chemin praticable aux piétons conduit jusqu'au sommet, où quelques cénobites, qui vivent d'aumônes, ont fixé leur habitation près d'une source d'eau [1]. Au pied, se trouve une petite ville habitée principalement par les descendants des Maures, d'origine espagnole; la position en est très-agréable, entourée de jardins de la plus belle végétation, due à l'abondance des sources qui s'y trouvent, et dont les eaux sont aujourd'hui célèbres pour la teinture en écarlate des bonnets de laine fabriqués à Tunis.

La porte de la ville, qui regarde le levant, est de construction romaine, et offre, comme l'avait déja dit Shaw [2], sur la face apparente de la clef de la voûte, une tête de bélier, et au-dessous l'inscription AVXILIO. Près de là, on voyait, à l'époque de mon voyage, quelques colonnes fort mutilées.

A un petit quart de lieue, au couchant de la ville située au-dessous du pic le plus élevé, se trouve l'édifice qui servait de château d'eau à l'aquéduc; sa forme est exactement celle d'un fer à cheval; les murs construits en pierres de taille (de même nature que

---

[1] Je suis redevable de ce fait à Shérif Hassuna d'Ghies, beau-frère du pacha de Tripoli; car, du temps de mon court séjour à Zaghwan, on m'assura qu'il serait impossible, ou du moins extrémement difficile, de parvenir à la cime.

[2] Vol. 1.

celle de la montagne[1]), sont encore très-bien conservés.

L'eau qui sort du réservoir est employée à l'irrigation des jardins; il s'en échappe cependant une quantité assez considérable, qui coule encore dans le canal de l'aquéduc, dont j'ai pu suivre les traces, pendant plusieurs milles, dans la plaine, quoiqu'il soit fort dégradé et ne s'élève qu'à peine au-dessus de la surface du sol.

DUSGATE.

L'impression de cet ouvrage ayant éprouvé quelques retards, je suppléerai à ce qui manque à ma notice de l'aquéduc et de son château d'eau, en ajoutant ici les mesures de ces deux grands monuments, d'après le major sir Grenville Temple, auteur du voyage le plus intéressant qui, depuis le temps de Shaw, ait paru sur la régence de Tunis.

Ce voyageur paraît partager l'opinion que j'ai exposée plus haut sur la réunion qui a dû exister entre les diverses portions de l'aquéduc dont on voit les restes depuis Zaghwan jusqu'à Carthage; il admet surtout la continuité du canal souterrain qui, comme je le suppose, réunit les arcades de la plaine de la Manouba avec celles dont on voit les vestiges près du village d'Ariana.

---

[1] C'est un calcaire compacte, bleuâtre, semblable à celui des Apennins, aux environs de Pise.

Quant à sa conjecture sur l'origine punique des portions de l'aquéduc construites en pierres de taille, et qu'il regarde comme les plus anciennes, elle me paraît moins fondée; au reste, je renvoie le lecteur aux pages 136 et de cet ouvrage, où M. Dureau réfute cette opinion, et où il prouve, à n'en pas douter, que ce monument est postérieur à la république, et ne date que du temps des Romains, ayant été érigé, selon toutes les probabilités, sous le beau règne d'Adrien.

« Les portions les mieux conservées du grand aquéduc se voient dans la grande plaine de la Miliana, qui s'étend depuis le Mohammédié jusqu'à Oudéna, et à quatre milles au-delà de la Manouba, où sa direction court du sud-sud-ouest au nord-nord-est. Arrivé au pied d'une chaîne de collines, l'aquéduc en longe les pentes jusqu'au village d'Ariana, où il reparaît de nouveau dans la plaine. Le nom que lui donnent les Arabes est celui de *Khanayah-Turgoush.*

« Les dimensions et les proportions des diverses portions de ce grand monument n'offrent pas moins de variété que le style et les matériaux qui entrent dans sa construction; car, tandis que les piliers de construction punique ne mesurent que 8 pieds 6 pouces [1], sur 10 pieds 1 pouce, et ne laissent entre eux qu'une ouverture de 14 pieds 1 pouce, ceux qui sont construits en *pisé* offrent une largeur de 14 pieds 7 pouces, sur 12 pieds 2 pouces, et sont séparés par une ouverture de 15 pieds 10 pouces, quelquefois même de 20 pieds.

---

[1] Le pied anglais est, au pied de roi, comme 16 : 15, ou plus exactement, comme 81 : 76.

La hauteur de l'aquéduc varie aussi selon les mouvements du sol; elle atteint, dans quelques endroits, 98 pieds, mais la moyenne ne va pas au-delà de 66 pieds.

« Le canal voûté, par lequel l'eau passait, a 5 pieds de hauteur et 3 pieds de largeur; l'intérieur est revêtu d'un ciment très-dur, et au niveau du fond de ce canal on a pratiqué une rigole pour faciliter l'écoulement des eaux.

« La plus ancienne, c'est-à-dire la portion punique de l'aquéduc est en pierres de taille, et on voit encore aujourd'hui, sur plusieurs de ces pierres, les lettres et les numéros qui ont servi à indiquer aux ouvriers la place qu'elles devaient occuper.

« Quelques-unes des arcades paraissent avoir été anciennement restaurées au moyen de dalles ou de briques de grande dimension; d'autres sont entièrement construites en *pisé*, tandis que la portion de l'aquéduc qui s'étend depuis le Marabout de Sidi-Jebalé, au-dessus d'Ariana jusqu'à Carthage, est bâtie, ainsi que les citernes et les autres édifices de cette ville, en petites pierres de forme irrégulière, enchâssées dans un ciment d'une grande dureté; il paraîtrait cependant, à en juger par le pilier qui subsiste encore dans le village d'Ariana, que cette portion de l'aquéduc était jadis revêtue de pierres de taille qui ont été arrachées par les Maures pour être employées dans leurs constructions.

« La portion de ce grand monument, construite en *pisé*, est composée de plusieurs couches ayant chacune 3 pieds 6 pouces de large, réunies par un ciment; elles paraissent avoir été moulées dans des cadres de bois, comme il est d'usage encore aujourd'hui à Tunis.

« Des poutres enchâssées dans ces couches de *pisé* se sont bien conservées ; le bois en est encore sain : il serait difficile de déterminer si elles ont fait partie de l'échafaudage, ou si elles ont été employées pour consolider l'édifice.

« La forme du temple de Zaghwan est celle d'un fer à cheval, dont la profondeur égale la largeur, c'est-à-dire 118 pieds.

« Au fond se trouve une cellule qui a 18 pieds 6 pouces de long sur 15 pieds de large et 24 pieds de haut jusqu'au sommet de la voûte. Tout le reste du temple est ouvert ; une galerie voûtée, de 15 pieds de large, régnait autrefois tout autour ; vingt-six colonnes de 14 pieds de haut en soutènaient le toit ; ces colonnes ont été enlevées, mais les pilastres correspondants, attachés au mur, en déterminent la hauteur.

« Dans l'espace qui sépare chaque pilastre, se voit une niche, où nous pouvons supposer qu'on avait placé des statues de nymphes ou de naïades. Au fond de la cellule, se trouve une niche beaucoup plus grande que les autres, destinée à recevoir la statue d'une des divinités supérieures qui présidaient aux sources, telle que Hercule, Diane ou Minerve.

« Les murs de ce temple ont 3 pieds 5 pouces d'épaisseur, et paraissent avoir été garantis de l'humidité par un autre mur extérieur qui ne s'élève qu'au niveau du sol. Deux perrons, qui regardent le nord, conduisent aux deux extrémités de la galerie couverte.

« Le bassin, dont la forme est presque celle d'un 8,

et qui a 28 pieds 8 pouces de long sur 15 pieds 7 pouces de large , se trouve placé entre les deux perrons. Ce bassin sert encore aujourd'hui comme réservoir aux eaux que les habitants vont puiser au moyen de marches pratiquées dans l'enceinte même du bassin. »

APPENDICE V.

Les Bollandistes [1], ou plutôt J. Raveinstein, qui a traduit en latin l'acte grec du martyre de saint Patrice, tiré de la bibliothèque de Saint-Laurent, à Florence, avaient fait de Patrice un évêque de Pruse, sans autre autorité que le titre d'Ἐπισκόπου τῆς Πρύσης qui est en tête de cet acte, dont plusieurs parties ont été évidemment retouchées à une époque très-postérieure. Cette opinion a été adoptée par Godescard [2] et par Mazochi [3]. Cependant Tillemont [4] et Lequien [5] doutent que ce Patrice soit évêque de Pruse, et que Pruse soit le lieu où il ait subi son martyre. Ruinart [6] en fait de même, et a retranché du titre le nom de Pruse.

Le nom de Patricius est plutôt latin que grec : de plus, ce nom était commun en Afrique ; le père de saint Augustin s'appelait Patricius, et il mourut en 371, à un âge avancé [7].

Mazochi a consacré cinq diatribes et cinquante-

---

[1] 28 avril, p. 575.

[2] Vie des Saints, 28 avril.

[3] Commentarii in vetus marmoreum sanctæ Neapolitanæ ecclesiæ kalendarium, t. II, p. 354-406.

[4] Hist. eccles., t. V, p. 505.

[5] Oriens christianus, t. I, p. 616.

[6] Act. martyr., p. 555.

[7] Vid. Morcelli, Afr. christ., t. II, p. 276.

deux pages in-4° à deux colonnes, pour établir que Patrice fut évêque de Pruse, aujourd'hui Brousse, que son martyre eut lieu l'an 100 de Jésus-Christ, que le proconsul Julius, cité dans l'acte sans nom de famille, est Julius Bassus, petit-fils du rhéteur cité par Sénèque [1], quoique Quintilien [2] le nomme Junius Bassus.

Je vais prouver, par le texte des actes mêmes, que ce martyre ne peut dater du premier siècle de l'ère chrétienne, et que le proconsul Julius, qui condamna Patrice, ne peut être, comme le prétend Mazochi, le proconsul de Bithynie Julius Bassus, cité par Pline le jeune; car dans cet acte même, traduit par Mazochi [3], Patrice donne au sénateur proconsul le titre de *Clarissimus*, λαμπρότατος. Or, nous savons que ce titre est fort postérieur à Trajan. La plus ancienne mention de ce mot pour exprimer un sénateur se trouve dans Tertullien. Ce fait est attesté par Casaubon [4]. Il me semble donc beaucoup plus probable que le proconsul Julius, auteur du martyre de Patrice, est Marcus Julius, proconsul d'Afrique, en 292, qui est nommé dans une inscription [5], et que ce Patrice fut évêque de Pertusa, près de Carthage, dont le nom aura été changé en celui de Prusa, ville plus connue des Grecs. C'est ce que je vais tâcher d'établir, en employant seulement les actes originaux.

Le proconsul Julius [6] se rend aux Thermes et sacri-

---

[1] Controv., 3, 4, 12, etc.

[2] VI, III, 27, 57.

[3] T. II, p. 383.

[4] Hist. August., p. 797, not. 3; t. I et t. II, p. 459, not. 1.

[5] Maffei, mus. Veron., p. 459, n° 6. Cette année est célèbre par l'adjonction des deux Césars, Galère et Constance, que Dioclétien et Maximien se donnèrent comme adjudants aux fonctions impériales. Morcelli, Afr. chr., ann. 292, 1.

[6] Mazochi, p. 380.

fie à Esculape et à Salus. Nous savons que ces divinités étaient spécialement honorées à Carthage, que leurs temples étaient situés auprès du prétoire [1], et que les empereurs romains y adressaient souvent et leurs prières et leurs présents. De plus, nous avons vu que les Thermes de Gargilius étaient situés sur la place Neuve, et dans cet acte [2] on voit que la scène se passe sur un forum garni de *septa*, dont on ouvre les rideaux, et que remplit une multitude de peuple [3]. Ensuite, quand Patrice a été décapité, on enterre son corps dans l'euripe public, ἐν τῷ εὐρίπῳ τῷ δημοσίῳ. Or, Strabon [4] nous a fait connaître cet euripe, canal creusé aux frais du public, qui entourait l'île du Cothôn. Ajoutez à cette considération, que la place des Thermes, *platea nova*, est voisine de l'euripe du Cothôn, et que ce lieu était fort convenable pour la sépulture du saint, qu'on plaçait ordinairement près du lieu de son martyre. Enfin, un argument qui prouve que la scène ne peut être à Pruse, en Bithynie, et qui rend assez probable qu'elle est à Carthage ou près de Carthage, en Afrique, est donné par l'acte même. Lorsque le proconsul dit à Patrice : Dis-moi quelle est la puissance qui rend ces eaux si bouillantes, *edissere quo auctore fervens hæc aqua tantum ebulliat*, Patrice lui répond que ce phénomène s'opère de même que les éruptions de l'Etna [5], par la puissance du Dieu

---

[1] Vid. supra. Æsculapio deo qui vestræ Carthaginis arcem indubitabili nomine propitius respicit. Apul. florid., p. 145. Voy. mon plan III.

[2] Mazochi, p. 384.

[3] Cumque consularis jussu vela allevata fuissent, multitudo locum complevit.

[4] P. 832, lib. XVII.

[5] Τοῦ ἐν Σικελίᾳ πυρὸς, mont Etna, dit Ruinart, p. 555.

qui a créé le ciel et la terre. Cet acte très-intéressant donne la véritable théorie du feu central et de là chaleur croissante des sources, à mesure qu'on s'enfonce dans l'intérieur de la terre. Les puits forés, de tout temps connus en Afrique, avaient, sans doute, fait connaître à Patrice ce fait curieux. Il développe ainsi sa théorie : « Le feu est dans le ciel et sous la terre. Les eaux souterraines sortent, comme par des siphons, pour venir à la surface; c'est la cause de la chaleur des sources thermales. Celles qui sont plus éloignées du feu souterrain sortent plus froides, celles qui sont plus près du feu et échauffées par lui sourdent sur terre, douées d'une chaleur iusupportable. Il y a aussi des sources tièdes, parce qu'elles naissent à une certaine distance du feu central [1]. » Enfin, dans les Ménées grecques traduites par Mazochi, Patrice, pour appuyer son opinion sur le feu central renfermé dans les entrailles de la terre, dit au peuple et au proconsul: Ne m'en croyez pas pour Sodôme, où j'ai pourtant été moi-même, prenez-en le témoignage de vos yeux; cette flamme qui s'élance de la bouche de l'Etna, en Sicile, n'est pas très-loin de vous et peut s'offrir à vos yeux, toutes les fois que vous voudrez la regarder, *sed qui ex Ætna Siciliæ prorumpit ignis, nec procul est,* οὐ πόῤῥω, *et palam est omnibus spectare cupientibus.* Moi-même j'ai vu une montagne, éloignée de Naples de 6 milles, sur le sommet de laquelle s'ouvrait un vaste gouffre par lequel les flammes semblables à des vagues s'élevaient, en lançant des pierres à 300 toises au-dessus de la cime du mont;

---

[1] Act. S. Patricii, p. 555, ed. Ruinart, t. II, p. 385. Mazochi.

leur torrent brûla les terres voisines, jusqu'au moment
où les prières d'Étienne, très-pieux évêque de Naples,
dans ce temps, firent arrêter la flamme [1]. Un évêque
de Naples, en 79 de J.-C., comme cherche à l'établir
Mazochi, me semble un fait bien extraordinaire. Du
reste, il avoue lui-même que cet Étienne n'a point été
placé par le diacre Jean sur les tables de marbre de
Naples, qui contiennent le nom de tous les évêques
de cette ville [2].

Il est évident que de Pruse en Bithynie on ne
peut voir les éruptions de l'Etna, qui sont au contraire
très-facilement visibles à l'œil nu, du cap Bon et de plusieurs points de la côte, depuis Carthage jusqu'à Bi-
zerte. Car l'Etna a 1,640 toises de hauteur, la colonne
de flamme en avait 300; et puisque Strabo voyait de
Lilybée les vaisseaux sortir du port de Carthage, à
plus forte raison devait-on distinguer facilement une
colonne de feu qui s'élevait à 1,940 toises au-dessus
du niveau de la mer.

La conjecture que j'émets du changement de Pertusa en Prusa s'appuie sur ces bases. Pertusa était le
siége d'un évêché cité dans l'Itinéraire d'Antonin [3], à
14 milles de Carthage. J'ai établi, dans un travail récent
sur la géographie ancienne de l'Afrique, que les *Persanæ
aquæ*, citées par Apulée [4] comme des eaux thermales
très-chaudes, sont le même lieu que Pertusa, qui est
peut-être la ville de Πάρθος d'Appien. Il ne serait
donc pas étonnant que, de même que pour les besoins

---

[1] Piissimi ejus temporis episcopi Stephani. Mazochi, p. 398.

[2] Mazochi, p. 397, not. 233.

[3] P. 45, 46, ed. Vesseling,

et tabula Peutinger. Vid. Morcelli, Afric. christ., t. I, p. 255.

[4] Florid.

de la petite ville étrusque de Vulcia, on a conduit les eaux sulfureuses de Musignano, qui en était à plus de 3 lieues de distance, on eût fait arriver dans l'un des thermes de la voluptueuse Carthage, soit les thermes de Gargilius, soit les thermes de Maximien, les eaux chaudes de Pertusa, qu'Apulée employa pour se guérir d'une luxation dangereuse. Peut-être les eaux chaudes d'*Aquæ calidæ*, Hammam-el-Enf, situé à 8 $\frac{2}{3}$ [1] milles du cap de Carthage, ont-elles été appliquées à cet usage? La présence, dans ces bains, d'Esculape et de Salus, divinités puniques qui président à la guérison des maladies et qu'honoraient spécialement les Carthaginois, nous engage à croire que les propriétés remarquables et la grande chaleur de ces eaux [2] avaient dû déterminer cette capitale à en doter l'un de ses thermes. Adore donc, dit le proconsul à Patrice, notre père Esculape, πατρὸς ἔμων Ἀσκληπιάδου, pour que tu puisses échapper aux fouets, aux liens, et habiter sans crainte ta patrie.

Ce passage, rapproché de celui d'Apulée, que j'ai cité, semble indiquer que le lieu de la scène est à Carthage, et que l'évêché de Patrice n'en est pas éloigné.

Un autre passage du même acte [3] nous donne la température de ces eaux, qui était celle de l'eau bouillante [4], car le proconsul dit au martyr : *Ubi in has te thermas ego præcipitem dari jussero, Christus uri*

---

[1] De 60 au degré, dit M. Falbe, p. 65 et p. 5.

[2] Je tiens de Sidi Hassuna de Ghies, beau-frère du bey de Tripoli, que les eaux d'Hammam-el-Enf ont 36° de chaleur, et que celles de Gourbes, *Curubis*, en ont moitié plus.

[3] Ruinart, p. 556; Mazochi, p. 387.

[4] Comme celles de Gurgitello, dans l'hôpital d'Ischia.

ille nequaquam te sinet? Et, lorsque Patrice y est précipité, les gouttes d'eau qui en jaillissaient brûlaient les soldats qui entouraient le bassin [1]. Cette température ne peut convenir aux eaux thermales de Brousse ou Pruse, qui n'ont que 28 à 29 degrés de chaleur, ce dont M. Charles Texier s'est assuré récemment en y plongeant un thermomètre. J'ai cherché en vain, dans Shaw [2] et les autres voyageurs plus récents, le degré de température des eaux de Pertusa ou d'Hammam-el-Enf, *Aquæ calidæ*, qui sont à 8 milles géographiques de Carthage. J'indique cette détermination aux voyageurs futurs.

Quant à la date de 292, que j'ai fixée pour ce martyre, d'après une inscription où est relaté le nom du proconsul Marcus Julius, elle pourrait s'appuyer encore sur la ressemblance des termes employés par saint Pion [3], dont le martyre est de 250, époque bien constatée. Saint Pion emploie, en parlant du feu central, les mêmes paroles que vous trouvez ensuite dans la bouche de saint Patrice. Il est sûr que l'un a copié l'autre; et, comme le discours de saint Pion eut une grande célébrité, je présume que Patrice l'a imité dans sa réponse au proconsul.

Une différence de date entre le martyre de notre Patrice, que je crois évêque de Pertuse, et celui de

---

[1] Stillæque absistentes e thermis circumstantes milites urebant. Σταγόνες ἀπερράντισαν (ἀπηρράνθησαν) ἔφλεξαν ἀνίατος. Je signale cet iotacisme, qui se retrouve fréquemment dans ces actes et me semble déceler une retouche postérieure.

[2] Il indique celle des eaux de Hamman - Meskouteen : boiling as I made the experiment, a piece of mutton very tender in a $\frac{1}{4}$ of an hour, p. 231, ed. in-fol., 1738. Shaw's trav. F° 299, in-4°, ed. fr.

[3] Ruinart, Act. martyr., c. iv, p. 142.

Patrice, prétendu évêque de Pruse, doit être remarquée. Patrice, évêque de Pruse, est commémoré dans les Ménées grecques, le 19 mai. Acacius, Ménandre, Polyainos et soixante-neuf autres sont donnés comme ses co-martyrs. Au contraire, l'acte traduit en latin par les Bollandistes et Mazochi ne cite que Patrice tout seul, comme martyr, et place sa commémoration le 28 avril.

En résumé, il me semble,

1° Que le proconsul Julius ne peut être le Julius-Bassus du règne de Trajan;

2° Que le martyre de Patrice ne peut être de cette époque, et qu'il n'a pu exister, pas plus que l'évêque Étienne de Naples, en 79, au temps de la première éruption du Vésuve;

3° Que ce Patrice n'a pu être évêque de Pruse, en Bithynie;

4° Je ne donne que comme une conjecture, mais qui présente d'assez fortes probabilités, ce que j'ai cherché à établir : que Patrice fut évêque de Pertusa, près Carthage; que sa mort doit être fixée à l'an 292, sous le règne de Dioclétien, époque féconde en martyres; enfin, que le lieu de la scène est Pertusa, Curubis, peut-être même Carthage, où les eaux chaudes avaient pu être amenées dans l'un des thermes de cette ville, soit de Pertusa, soit de Gourbes ou d'*Aquæ calidæ*, qui en étaient très-voisines.

FIN.

TABLE

GÉNÉRALE ET ALPHABÉTIQUE

DES MATIÈRES.

A

B

C

D

E

une opinion fausse, 101. — Réfutation, 176. — Cité 9, 45, 109, 121, 139.

EUSÈBE, cité 21, 206.
EUTROPE, cité 117, 137.
EYRIÈS (M.), cité 127.

F

FABER, cité 161.
FABRICIUS réfuté, 209, cité 256.
FALBE (M.), capitaine de vaisseau et consul général de Danemark à Tunis, auteur de deux excellentes cartes topographiques de Carthage et de son territoire, et de recherches sur l'emplacement de Carthage, 5. — A lui appartient l'honneur d'avoir déterminé la véritable position de Carthage, 101. — Cité 9, sqq. 15, sq. 18, sq. 21, 23, 30, 33, sq. 41, 44, 48, sqq. 55, 66, 68, 73, 79, sq. 82, 87, 90, sq. 93, sq. 126, 131, 153, 167, 171, 172, 174, 183, 189, sqq. 191, 193, sqq. 197, sq. 209, 211, 220, 241, 243, 246, 260, 262, sqq.
FAUSTUS, nom d'une basilique de Carthage, 217.
FAZZELLO, cité 241.

FÉLICITÉ (Sainte). Son martyre cité 187, 198.
FÉLIX, poète latin, cité 210.
FESTUS, cité par Bochart, 14.
FLORUS, cité 42, 69, 98, 106, 178, 235.
FLOTTE africaine établie par Commode, 157.
FORNITANA, nom d'une porte de Carthage, 89.
FORSTER, cité 92.
FORTUNES énormes en Afrique, 152.
FORUM ou Agora. Sa position, 18. — Scipion l'occupe, 63. — Sa position respective par rapport à la Curie, 75. — Consumé par un incendie sous Antonin-le-Pieux, 156. — Celui de la Carthage romaine, 198, sqq. — Justinien le fait augmenter, 202.
FREINSHEMIUS, cité 52.

G

GARGILIUS donne son nom aux thermes de Carthage, 208. — Qui était ce personnage, 209.
GALÉNIUS, cité 53.
GASSENDI, cité 233.
GÉLIMER, roi vandale, coupe l'aqueduc de Carthage, 149.
GÉLON. Son traité avec les Carthaginois, 96.
GILL (M.) employé par M. Ritter dans la Géographie comparée, 3.
GUILLAUME DE NANGIS, employé par M. Ritter dans la Géographie comparée, 3. — Cité 143.

GENSÉRIC ramène à Carthage les statues qui en avaient été enlevées par Scipion, ibid. sq.
GIUF (le petit), nom d'une localité, 145.
GOULETTE (fort moderne de la), placé au bout de l'ancienne Tænia, 12.
GRACQUES, sont les auteurs du rétablissement de Carthage comme ville romaine, 114. — C. Gracchus y conduit les colons, 117.
GRATIEN, nom d'une basilique de Carthage, 217.

H

I

N

Q

R

S

T

U

V

W

X

Y

Z

FIN DE LA TABLE.

www.ingramcontent.com/pod-product-compliance
Lightning Source LLC
LaVergne TN
LVHW050401060726
842524LV00002B/426